深港澳金融科技师一级考试专用教材

创新管理通识

主　编　魏　炜
副主编　秦　弋
参　编　刘月宁　魏其芳　本　力
　　　　石　璐　唐小丽　都闻心

机械工业出版社

创新管理是金融科技人才需要具备的重要基础能力之一。本书整合了管理学、经济学、心理学等多学科关于创新管理的知识，提供了一个跨学科的创新管理知识系统，帮助读者快速了解创新管理的全貌。本书既注重创新管理核心理论，又注重创新管理最新方法，还引用了许多国内外创新管理的实战案例，是一本全面、实用、前沿的创新管理教材。

本书可作为深港澳金融科技师一级考试的专用教材，也可供从事或有志于从事金融科技的人员、金融机构相关业务部门的工作者，以及希望了解金融科技相关理论知识和实际应用的读者学习参考。

图书在版编目（CIP）数据

创新管理通识/魏炜主编. —北京：机械工业出版社，2020.5
深港澳金融科技师一级考试专用教材
ISBN 978-7-111-66258-7

Ⅰ.①创… Ⅱ.①魏… Ⅲ.①企业管理-创新管理-资格考试-自学参考资料 Ⅳ.①F273.1

中国版本图书馆 CIP 数据核字（2020）第 145775 号

机械工业出版社（北京市百万庄大街22号　邮政编码100037）
策划编辑：裴　泱　　　　　责任编辑：裴　泱
责任校对：张玉静　梁　静　封面设计：鞠　杨
责任印制：邓　敏
北京中兴印刷有限公司印刷
2020年10月第1版第1次印刷
169mm×239mm・17.25印张・306千字
标准书号：ISBN 978-7-111-66258-7
定价：54.00元

电话服务　　　　　　　　　网络服务
客服电话：010-88361066　　机　工　官　网：www.cmpbook.com
　　　　　010-88379833　　机　工　官　博：weibo.com/cmp1952
　　　　　010-68326294　　金　书　网：www.golden-book.com
封底无防伪标均为盗版　　机工教育服务网：www.cmpedu.com

编写说明

2019年2月,中共中央、国务院印发的《粤港澳大湾区发展规划纲要》明确提出,以香港、澳门、广州、深圳作为区域发展的核心引擎;支持深圳推进深港金融市场互联互通和深澳特色金融合作,开展科技金融试点,加强金融科技载体建设。金融科技是粤港澳大湾区跻身世界级湾区的引擎推动力,人才是推动金融创新的第一载体和核心要素。为响应国家发展大湾区金融科技战略部署,紧扣科技革命与金融市场发展的时代脉搏,持续增进大湾区金融科技领域的交流协作,助力大湾区建成具有国际影响力的金融科技"高地",深圳市地方金融监督管理局经与香港金融管理局、澳门金融管理局充分协商,在借鉴特许金融分析师(CFA)和注册会计师(CPA)资格考试体系的基础上,依托行业协会、高等院校和科研院所,在三地推行"深港澳金融科技师"专才计划(以下简称专才计划),建立"考试、培训、认定"为一体的金融科技人才培养机制,并确定了"政府支持,市场主导;国际化标准,复合型培养;海纳百川,开放共享;考培分离,与时俱进"四项原则。

为了使专才计划更具科学性和现实性,由深圳市地方金融监督管理局牵头,深圳市金融科技协会、资本市场学院等相关单位参与,成立了金融科技师综合统筹工作小组。2019年4月,工作小组走访了平安集团、腾讯集团、招商银行、微众银行、金证科技等金融科技龙头企业,就金融科技的应用现状、岗位设置、人才招聘现状和培养需求等进行了深入的调研。调研结果显示:目前企业对金融科技人才的需求呈现爆炸式增长趋势,企业招聘到的金融科技有关人员不能满足岗位对人才的需求,人才供需矛盾非常突出。由于金融科技是一个新兴的交叉领域,对知识复合性的要求较高,而目前高等院校的金融科技人才培养又跟不上市场需求的增长,相关专业毕业生不熟悉国内金融科技的发展现状,不了解金融产品与技术的发展趋势,加入企业第一年基本无法进入角色,因此,各家企业十分注重内部培训,企业与高校合作成立研究院并共同开发培训课程,自主培养金融科技人才逐渐成为常态。但是，企业培养金融科技人才的成本高、周期长，已经成为制约行业发展的瓶颈。

工作小组本着解决实际问题的精神，在总结调研成果的基础上，组织专家对项目可行性和实施方案进行反复论证，最终达成以下共识。

专才计划分为金融科技师培训项目（简称培训项目）和金融科技师考试项目（简称考试项目）两个子项目。其中，培训项目根据当下金融场景需求和技术发展前沿设计课程和教材，不定期开展线下培训，并有计划地开展长期线上培训。考试项目则是培训项目的进一步延伸，目的是建立一套科学的人才选拔认定机制。考试共分为三级，考核难度和综合程度逐级加大：一级考试为通识性考核，区分单项考试科目，以掌握基本概念和理解简单场景应用为目标，大致为本科课程难度；二级考试为专业性考核，按技术类型和业务类型区分考试科目，重点考查金融科技技术原理、技术瓶颈和技术缺陷、金融业务逻辑、业务痛点、监管合规等专业问题，以达到本科或硕士学历且具备一定金融科技工作经验的水平为通过原则；三级考试为综合性考核，不区分考试科目，考察在全场景中综合应用金融科技的能力，考核标准对标资深金融科技产品经理或项目经理。考试项目重点体现权威性、稀缺性、实践性、综合性和持续性特点：①权威性。三地政府相关部门及行业协会定期或不定期组织权威专家进行培训指导。②稀缺性。控制每一级考试的通过率，使三级考试总通过率在10%以下，以确保培养人才的质量。③实践性。专才计划为二级考生提供相应场景和数据，以考查考生的实践操作能力。④综合性。作为职业考试，考查的不仅仅是知识学习，更侧重考查考生的自主学习能力、团队协作能力、职业操守与伦理道德、风险防控意识等综合素质。⑤持续性。专才计划将通过行业协会为学员提供终身学习的机会。

基于以上共识，工作小组成立了教材编写委员会（简称编委会）和考试命题委员会，分别开展教材编写工作和考试组织工作。编委会根据一级考试的要求，规划了这套"深港澳金融科技师一级考试专用教材"。在教材编写启动时，编委会组织专家、学者对本套教材的内容定位、编写思想、突出特色进行了深入研讨，力求本套教材在确保较高编写水平的基础上，适应深港澳金融科技师一级考试的要求，做到针对性强，适应面广，专业内容丰富。编委会组织了来自北京大学、哈尔滨工业大学（深圳）、南方科技大学、武汉大学、山东大学、中国信息通信研究院、全国金融标准化技术委员会、深圳市前海创新研究院、上海交通大学上海高级金融学院、深圳国家高技术产业创新中心等高校、行业组织和科研院所的二十几位专家带领的上百人的团队，进行教材的编撰工作。

此外，平安集团、微众银行、微众税银、基石资本、招商金科等企业为本套教材的编写提供了资金支持和大量实践案例，深圳市地方金融监督管理局工作人员为编委会联系专家、汇总资料、协调场地等，承担了大部分组织协调工作。在此衷心地感谢以上单位、组织和个人为本套教材编写及专才计划顺利实施做出的贡献。

2019年8月18日，正值本套教材初稿完成之时，传来了中共中央、国务院发布《关于支持深圳建设中国特色社会主义先行示范区的意见》这一令人振奋的消息。该意见中明确指出"支持在深圳开展数字货币研究与移动支付等创新应用"，这为金融科技在深圳未来的发展指明了战略方向。

"长风破浪会有时，直挂云帆济沧海。"在此，我们衷心希望本套教材能够为粤港澳大湾区乃至全国有志于从事金融科技事业的人员提供帮助。

编委会

本书特邀指导专家

陈雪萍　北京大学汇丰商学院创新创业中心副主任
陈晏堂　合合信息联合创始人兼副总裁、启信宝创始人兼董事长
黄汉东　资道智能总经理
叶冠炀　资道智能研究副总监
周　伟　深圳企捷信息科技有限公司创始合伙人
张正明　深圳冠郡信息咨询有限公司首席创新顾问

前 言

金融科技是一个充满创新活力的新兴领域。互联网、人工智能等新技术的兴起，为古老的金融行业带来了许多创新的可能。许多金融公司转型成为金融科技公司，许多科技公司也进入金融领域，推动金融科技创新。随着知识爆炸和分工的细化，创新活动越来越需要协同不同背景的人才，齐心协力，共同完成充满挑战的目标。系统的创新管理变得越来越重要。掌握创新管理的方法，组织金融人才、技术人才、管理人才等进行协同创新，越来越成为应用技术手段推动金融行业变革的关键。

本书旨在为致力于推动创新变革的人们提供一个系统的创新管理知识框架。在商业环境越来越不确定的今天，创新越来越成为一种常态化的工作。创新管理是一个快速发展的跨学科知识体系。本书在编写时，力求整合管理学、经济学、心理学、信息技术、工程学、传播学等不同学科的理论和方法，为读者提供较为全面的理解创新管理的视角。本书在内容选取上注重经典和前沿的均衡，既让读者了解百年来创新管理的经典理论和方法，又能够把握互联网时代以来创新管理的新认识、新工具。

本书共分为十章，包括创新管理理论基础、商业模式创新、创新人力资源管理、创新领导力和组织管理实践、产品创新、技术创新、知识管理与知识创造、创新思维和方法、创新项目管理和走向开放的创新管理。

本书由北京大学汇丰商学院魏炜教授担任主编。编写人员包括北京大学汇丰商学院的魏炜、本力、秦弋、刘月宁、唐小丽、都闻心，以及资道智能的魏其芳、石璐。各章的编写人员分别是：第一、三、四、六、八、九章由秦弋编写，第二、十章由魏炜、刘月宁编写，第五章由魏其芳、石璐编写，第七章由都闻心、唐小丽、本力编写。

感谢深圳市地方金融监督管理局对本书的悉心指导。感谢资本市场学院、深圳市金融科技协会等机构的周密组织。感谢名片全能王、喜马拉雅FM等公司在本书撰写过程中提供的案例支持。感谢北京大学汇丰商学院陈玮教授、本力老师对本书撰写的大力帮助。感谢陈雪萍、陈晏堂、黄汉东、周伟、叶冠炀、张正明等专家为本书提供了宝贵的审稿意见。

创新管理是一个仍然在快速发展中的学科。由于编者能力有限，书中难免有疏漏和不足之处，恳请各位读者提出宝贵意见。

本书编写组

学习大纲

学习目的

本门课程的学习目的在于让学员熟悉创新管理的知识框架，掌握商业模式创新、产品创新、技术创新、创新项目管理的方法与工具，理解创新人力资源管理、创新领导力、知识管理的逻辑与实践，培养学员的创新思维，提升学员在易变、模糊、不确定与复杂环境下的创新管理能力。

学习内容与学习目标

学习内容		学习目标
第一章 创新管理理论基础	第一节 创新管理概述	1. 熟悉创新管理的内涵 2. 了解创新管理的经典理论 3. 掌握创新管理的前沿理论
	第二节 创新管理的经典理论	
	第三节 创新管理的前沿理论	
第二章 商业模式创新	第一节 商业模式研究回顾	1. 了解商业模式理论的发展过程 2. 熟悉商业模式的定义 3. 了解商业模式的研究对象和构成要素 4. 掌握商业模式设计与创新方法
	第二节 商业模式：利益相关者的交易结构	
	第三节 商业模式设计与创新方法	
第三章 创新人力资源管理	第一节 创新人才的招聘	1. 了解认知能力测试、行为面试等常用创新人才甄选方法 2. 掌握试错、刻意练习等常用创新人才发展方法 3. 熟悉设置适度挑战目标、创建容忍犯错的氛围等激励创新人才的方法
	第二节 创新人才的发展	
	第三节 创新人才的激励	
第四章 创新领导力和组织管理实践	第一节 创新领导力的要素	1. 了解创新领导力的要素 2. 掌握组织架构的类型及创新组织架构的特征 3. 熟悉组织文化的基本概念及创新组织文化的特征
	第二节 创新型组织结构设计	
	第三节 打造鼓励创新的文化	

（续）

学习内容		学习目标
第五章 产品创新	第一节 产品及产品经理概述	1. 了解产品和产品经理的发展过程 2. 了解产品的定义，学会提出产品概念 3. 掌握需求采集的方法、需求分析模型、功能和 MVP 的分类 4. 熟悉产品创新的工具
	第二节 产品定义与概念提出	
	第三节 需求分析及原型设计	
	第四节 产品开发的创新管理	
第六章 技术创新	第一节 技术结构和技术创新	1. 了解技术的结构以及技术是如何进化的 2. 掌握如何预测技术发展的趋势 3. 了解如何进行技术开发
	第二节 技术创新的趋势预测	
	第三节 技术平台和技术创新管理	
第七章 知识管理与 知识创造	第一节 知识管理方法	1. 掌握知识管理的内涵、三大派别及相关方法 2. 了解知识管理的传统技术、智能技术以及企业常用的知识管理工具、系统 3. 掌握组织中知识工作者、知识型组织的内涵，了解知识转化的四种模式
	第二节 知识管理常用的技术与工具	
	第三节 组织中的知识创造	
第八章 创新思维 和方法	第一节 打破常规	1. 了解打破常规的定义及创新者如何打破常规 2. 熟悉创新者跨界交叉思考的几种方法 3. 了解创新者如何系统思考
	第二节 跨界交叉	
	第三节 系统思维	
第九章 创新项目 管理	第一节 可预测环境下的项目管理	1. 了解可预测环境下的项目管理 2. 熟悉不确定情境下项目管理的理念 3. 了解不确定情境下项目管理的方法
	第二节 不确定环境下项目管理的理念	
	第三节 不确定环境下项目管理的方法	
第十章 走向开放的 创新管理	第一节 创新范式的演变——从封闭到开放	1. 了解开放式创新的内涵 2. 了解从封闭式到开放式创新范式的演变 3. 了解开放式创新管理的方法与程序 4. 掌握走向开放的创新的典型模式与路径 5. 熟悉开放式创新的风险与防范措施
	第二节 开放式创新：内涵与理论框架	
	第三节 走向开放的创新管理：方法与工具	
	第四节 企业的开放式创新：模式、路径与最佳实践	
	第五节 风险与防范	

目 录

编写说明
前言
学习大纲

第一章　创新管理理论基础 ………………………………………………………… 1

　　第一节　创新管理概述 ……………………………………………………… 2
　　第二节　创新管理的经典理论 ……………………………………………… 7
　　第三节　创新管理的前沿理论 ……………………………………………… 15

第二章　商业模式创新 …………………………………………………………… 25

　　第一节　商业模式研究回顾 ………………………………………………… 26
　　第二节　商业模式：利益相关者的交易结构 ……………………………… 30
　　第三节　商业模式设计与创新方法 ………………………………………… 38

第三章　创新人力资源管理 ……………………………………………………… 55

　　第一节　创新人才的招聘 …………………………………………………… 57
　　第二节　创新人才的发展 …………………………………………………… 63
　　第三节　创新人才的激励 …………………………………………………… 69

第四章　创新领导力和组织管理实践 …………………………………………… 77

　　第一节　创新领导力的要素 ………………………………………………… 78
　　第二节　创新型组织结构设计 ……………………………………………… 83
　　第三节　打造鼓励创新的文化 ……………………………………………… 87

第五章　产品创新 ………………………………………………………………… 95

　　第一节　产品及产品经理概述 ……………………………………………… 97

第二节　产品定义与概念提出 102
　　第三节　需求分析及原型设计 116
　　第四节　产品开发的创新管理 128

第六章　技术创新 138
　　第一节　技术结构和技术创新 139
　　第二节　技术创新的趋势预测 144
　　第三节　技术平台和技术创新管理 149

第七章　知识管理与知识创造 155
　　第一节　知识管理方法 158
　　第二节　知识管理常用的技术与工具 166
　　第三节　组织中的知识创造 175

第八章　创新思维和方法 188
　　第一节　打破常规 190
　　第二节　跨界交叉 196
　　第三节　系统思维 201

第九章　创新项目管理 206
　　第一节　可预测环境下的项目管理 208
　　第二节　不确定环境下项目管理的理念 214
　　第三节　不确定环境下项目管理的方法 219

第十章　走向开放的创新管理 226
　　第一节　创新范式的演变——从封闭到开放 228
　　第二节　开放式创新：内涵与理论框架 233
　　第三节　走向开放的创新管理：方法与工具 239
　　第四节　企业的开放式创新：模式、路径与最佳实践 241
　　第五节　风险与防范 250

参考文献 255

第一章
创新管理理论基础

【学习目标】

1. 熟悉创新管理的内涵；
2. 了解创新管理的经典理论；
3. 掌握创新管理的前沿理论。

【导入案例】

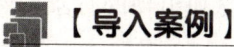

阿波罗登月计划的创新管理

1961年5月25号，美国总统约翰·肯尼迪（John Kennedy）发表了《关于国家紧急需求向国会的报告》，宣布发起一项空前的创新计划——人类有史以来的首个登月计划。肯尼迪说："我相信现在到了这个国家兑现承诺的时刻，去完成这个目标，在十年结束之前，将人类送上月球，并安全地返回地球。"当时很多美国人反对这个大胆、创新的计划，以当时的技术和实力，美国能够实现这样一个计划吗？后面如人们所知，载人登月的计划如期实现，成为人类探索未知世界的一场壮举。支撑这个壮举实现的是一套超前的管理框架，以及一群能够激活团队创新精神的管理者们。

在20世纪60年代的美国，僵硬的科层制管理模式在组织中泛滥。在这种模式下，层层审批流程压抑了员工的创新活力。面对登月这样一个复杂而又充满挑战的目标，传统的科层制组织架构是无法适应的。为此，美国航天局和各方的合作伙伴建立了一个分散的、扁平化的管理框架，以共同应对复杂的协作。

这套管理框架包括一些重要的原则，包括聘用最佳人才、下放权力、承担合理风险、拥有道德勇气等。为了提高效率，工程师们设计了一些新的管理工具。例如，低层人员也希望能够把想法或者问题迅速地向上反馈，从而快速解决问题。这时有一位管理者建立了周一便签系统，要求工程师们在每周一递交一页长的报告用于审阅。报告到达决策人手中之前的链条只有一环，使决策速度大为加快。阿波罗登月计划的工作人员当时平均年龄只有 26 岁，他们中有不少人在项目结束后进入商界，把项目管理的经验应用在其他领域，也获得了成功。

计划的发起者肯尼迪总统也是该项目得以成功的重要保证。他是一个现实的理想主义者，在国会演讲之前，他对登月这件事情进行了深度的思考。他在演讲中甚至给出了详细的过渡步骤，以及达成目标所需要的资金来源。在他雄心勃勃的目标和务实的态度下，阿波罗登月计划最终得以实现。

问题：在阿波罗登月计划中，创新管理发挥了什么作用？

（资料来源：改编自《阿波罗登月计划的管理启示》，FT 中文网（2019-04-29），作者：安德鲁·希尔）

随着商业复杂性的增加，创新越来越成为一种有组织的活动，而非仅仅依赖创新者个人的奇思妙想。本章首先介绍了创新管理的概念和出现的背景，然后介绍了包括约瑟夫·熊彼特（Joseph Schumpeter）、彼得·德鲁克（Peter Drucker）、埃弗斯特·罗杰斯（Everett Rogers）、克莱顿·克里斯坦森（Clayton Christensen）、埃德蒙·菲尔普斯（Edmund Phelps）和彼得·蒂尔（Peter Thiel）等创新管理大师们的经典和前沿创新理论。创新管理是一个正在成长起来的学科，本章旨在帮助读者了解创新管理的基础概念和理论，为系统学习创新管理打下基础。

第一节　创新管理概述

一、从创新者到创新管理

创新者是一群改变世界的人。人们生活在一个被创新者改变的世界里。回想一下十年前跟现在的不同：十年之前人们还在路边召唤出租车，但现在人们已经可以在出行之前约好网约车，节省了等车的时间；十年之前人们还用纸币支付，但现在人们用微信和支付宝支付，出门已经习惯不带现金；十年之前人们买东西还需要去商场，但现在拿出手机随时随地都可以在网上买到想要的东西；十年之前人们还会去看报纸或者门户网站，但现在打开今日头条，可以随时刷新出最新的为我们定制的信息。我们生活在一个不断变化的世界里面，创新者是这些变化的源头。创新者不断地去挑战固有的假设，不断地为这个世界创造新的惊喜。

当提到创新者时，人们常常会想到一些才华出众的个体。在商业创新领域，会想到比尔盖茨（Bill Gates）、史蒂夫·乔布斯（Steve Jobs）、马云、马化腾等，他们以聪明和才智改变了这个世界；在科技创新领域，会想到爱因斯坦、居里夫人这样伟大的科学家，他们的发明和发现改变了人们对世界的看法；在艺术创新领域，会想到莫奈、毕加索这样的艺术家，他们用作品改变了人们对世界的体验。人们常常想到的是一个个聪明的、有创造力的个体，他们的创意在不断地改变世界。

然而，随着知识爆炸和分工细化，创新越来越成为一种有组织的活动，而非才华出众的个体的单打独斗。于是，创新管理者对创新活动的价值越发重要。创新管理者并不需要自己创造所有的东西，而是会用一种特有的管理方式把有创意的人组织起来，去创造新的产品、服务和商业模式。开篇案例中举的阿波罗登月计划是一个划时代的科技创新，也是划时代的管理创新。由于问题的极端复杂性，没有任何一个天才能够告诉大家，照我说的去做，这个事情就能做成。因此，阿波罗计划无法使用当时盛行的严格的科层制管理方式管控成员，只能用扁平化管理的方式来组织协调大家，通过不断沟通协调、磨合改进的方式把大家的智慧都发动起来，推动了这个前无古人的宏大计划的实行。

即便是乔布斯这样的天才，也兼具技术创新者和创新管理者的双重身份。乔布斯的成功既源于本身产品设计的天赋，也源于他能够组织起很好的销售团队、设计团队、工程技术团队和供应商，共同打造卓越的产品。乔布斯打造了开放的生态，让成千上万优秀的程序员为 iPhone 开发精彩的应用程序，这使得 iPhone 成为有史以来最成功的电子消费产品。乔布斯是个天才，但他的天才不仅表现为自己的创意，更多源于他的卓越创新管理能力，他的创新管理的范围不仅是自己公司内部，而是超越自己公司外部的边界，让全世界最优秀的创意都能为 iPhone 所用。

华为的任正非更是杰出的创新管理者的典范。任正非并非技术出身，但是华为可以把全世界最聪明的脑袋用起来，创造出卓越的产品。例如，东欧有很多优秀的数学人才，华为就在东欧设立研究机构，让这些人才为自己所用，为工程中的数学难题提出创造性的解决方案。任正非创造了一个让人才能够发挥才能的环境，使得优秀人才能够脱颖而出。

创新管理能够让一群杰出的人才在一起工作，形成合力。随着知识的爆炸，社会分工越来越精细。原来可能会有一个什么都能搞定的通才，但现在一个人穷其一生能把一个领域学得精深就已经非常不容易。在分工细化、各个领域的专业人才越来越多的时代，还需要有一种人把这些专才协同起来，带领大家实现共同的目标。这就需要创新管理的能力。

创新管理不等同于宽松自由的环境。听到创新管理，人们常常会觉得等同于让员工在一种自由宽松的环境中工作。例如一些知名的硅谷公司让员工带宠物去上班，工作场所有很多可以随意取用的零食，工作氛围也比较宽松。创新管理并不止于此，它关注的不仅是个体员工创意的发挥，更关注通过何种机制把各种各样的人才协同在一起，实现一个从未有人实现过的挑战性目标。下面，我们简要回顾一下管理学的发展历史，看看创新管理是如何出现的。

二、创新管理的内涵

创新管理是随着企业管理的发展而一起发展起来的。

在 20 世纪早期的管理学中，科学管理秉持"X 理论"，假设人都是懒惰、被动的，所有的员工都被视为一个一个机械性的零件，只要按照标准化的动作去做就可以了。这时候的管理并不强调创新。

而到了 20 世纪 30 年代，切斯特·巴纳德（Chester Barnard）发现组织的本质是一个复杂的协作系统，不能将其视为一种明确分工的僵硬结构。组织中每个人原本都追求自己的利益，如果说放任每个人都去做自己想做的事情，那么这群人在一起什么事情都做不成，是乌合之众。切斯特·巴纳德认为，管理者有三项基本的职责：第一，定义清楚一个组织目标，要明白组织前进的方向是什么；第二，要建立并维持一套沟通体系，让大家理解方向是什么；第三，要用各种方式激励组织成员，让组织获得个人目标的满足，从而为共同目标而奋斗。切斯特·巴纳德的组织理论指出了确定目标和协同组织成员是管理的基本职能。一个有效协同起来的组织，一群人可以力出一孔，共同实现个体无法完成的创新目标。

彼得·德鲁克提出了知识工作者的概念，进一步阐述了创新管理的重要性。在彼得·德鲁克看来，知识工作者与之前的体力劳动者有本质的不同，他们生产的产品是知识、创意和信息。这些产品其实本身毫无用处，只有通过另外一位知识工作者把他的产品当作投入，转化为另一种产出，才会产生价值。知识工作者的创意如果只是停留在自己的大脑里是没有价值的。只有当协同起一群人来，每个人为了一个共同的目标，贡献自己的创意，取长补短，把事情做成，这些创意才有价值，这就是创新管理的过程。

传统的商业竞争环境长期保持稳定、简单，企业注重效率而不是创新。然而，现在已经进入到一个以 VUCA 为特征的新经济时代。VUCA 是 Volatility（易变性），Uncertainty（不确定性），Complexity（复杂性），Ambiguity（模糊性）的缩写，代表了这个时代商业环境的特征，并对组织管理产生深刻的影响。本书把创新管理定义为组织在快速变化、复杂、模糊和不确定的环境下，协同组织内部成员和组织外部利益相关者，共同为顾客创造新价值的管理方法。

在 VUCA 的时代，许多传统的管理方法遇到了挑战。

1. 科层制组织架构僵化

传统组织是沿着一级级的层级往下排布的，各个层级之间等级森严，下级要服从上级，这种组织称为科层制组织。科层制组织是非常僵硬的，当面对全新的不确定的目标时，高层不一定能做出正确的反应。高层能把握一个方向，但具体怎么做也不是很确定。在这种情况下，传统科层制中对很多目标的分解，任务的执行，考核机制的设立都会出现问题。

2. 绩效考核失效

很多企业会做 KPI（Key Performance Indicator，关键绩效指标）考核。爱奇艺最早进入在线视频领域的时候，创始人相信这件事情一定能做成，但是由于在线视频的外部环境不成熟，尤其是移动支付的闭环还没有打通，每年的 KPI 都是没有完成的。这时候爱奇艺是应该坚持还是放弃？创始人出于对大方向的坚信，带领团队坚持下来，直到在纳斯达克上市。作为一个管理者，在这样的不确定情况下，怎样给团队信心？怎样把团队组织起来坚持到胜利？这些都是创新管理需要回答的问题。

3. 目标管理难以实施

在组织里，创新管理体现在各个层面，从新业务、新产品的开发，到工作中新的工作方法的创造，都需要创新管理。在新业务拓展的管理中，尤其需要强大的管理能力。在阿里巴巴最早做支付宝的时候，并没有人知道数字时代应该怎样做支付。在腾讯做微信的时候，也没有人知道在移动互联网时代人和人的沟通方式是怎样的。在这种情况下，目标是未知的，需要在做的过程中一点点摸索出来，这时候的组织管理方式和目标确定的情况下完全不同。

4. 项目规划不可预测

创新管理对待产品开发也和传统管理方式不同。原先软件产品开发按照瀑布流模式，采用阶段式开发，把软件开发过程中分为固定几个阶段：完成需求文档、设计软件架构、完成交互细节、编写代码、测试、部署，采用阶段式评审，每个阶段结束由上到下进行相应的评审，评审通过后进入下一阶段。而现在越来越多的互联网产品开发采用快速迭代、敏捷开发的模式。先定一个大致的方向，开发最小可行性产品，然后在和用户的交互中，一点一点把还不够完善的产品做起来，把不完美的产品做到完美。

这个时代已经很难找到一个非常稳定的行业，创新管理越来越成为一种常态。不同层级的管理者都需要了解创新管理。对于企业来说，创新管理越来越成为核心竞争力所在。表1-1列举了2019年一季度胡润大中华区21家新上榜的独角兽企业，独角兽企业是那些成立十年之内，估值超过10亿美元的公司。如果持续观察独角兽企业榜单，会看到中国公司已经进入一个创新制胜的时代，不再像从前靠低廉的成本优势，模仿国外的创新取胜。创新也越来越表现为营销、产品、商业模式等全方位的创新。创新的速度越来越快，一批独角兽企业创立三四年就发展到相当规模，并实现了上市。现在已经进入到一个创新经济的时代，跟德鲁克观察到的20世纪70年代的美国很类似，有充满创新精神的公司努力创造新的产品和服务，并获得奖赏。

表1-1 2019一季度胡润大中华区21家新上榜独角兽企业

企业名称	企业估值范围（亿人民币）	总部所在地	行业	企业名称	企业估值范围（亿人民币）	总部所在地	行业
SheIn	100	深圳	电子商务	康众汽配	70	南京	新零售
蛋壳公寓	100	北京	房产服务	空中云汇	70	香港	互联网金融
涂鸦智能	100	杭州	人工智能	明略科技	70	北京	人工智能
小马智行	100	北京	人工智能	诺米	70	广州	新零售
新潮传媒	100	成都	文化娱乐	图森未来	70	北京	人工智能
百融金服	70	北京	互联网金融	岩心科技	70	深圳	互联网金融
斑马网络	70	上海	汽车交通	壹米滴答	70	上海	物流服务
哒哒英语	70	上海	教育	谊品生鲜	70	合肥	电子商务
G7	70	北京	人工智能	掌门1对1	70	上海	教育
货拉拉	70	香港	物流服务	准时达	70	成都	物流服务
驹马物流	70	成都	物流服务				

根据全球知名创业投资研究机构CB insights报告，截至2019年1月，在总共361家独角兽企业中，美国有178家，位居第一，中国（包括我国香港）有93家，位于第二，而排名第三的英国仅有19家。中国正在快速转型成为创新驱动的经济体。在经济政策上，中国正在拥抱熊彼特，采用长远的、鼓励创新的经济政策，鼓励企业家通过创新活动推动经济增长的产业更迭。

第二节　创新管理的经典理论

在这一节，我们对创新管理的三个经典理论进行介绍，包括约瑟夫·熊彼特的创新理论，彼得·德鲁克的企业家创新理论以及埃弗雷特·罗杰斯的创新扩散理论。这些理论的形成时间从20世纪初期到20世纪80年代，构成了创新管理重要的理论基石。三位研究者的背景不同。约瑟夫·熊彼特是一位经济学家，他提出企业家的创新活动是经济发展的动力，奠定了创新经济的理论框架。约瑟夫·熊彼特的创新理论是理解创新管理理论体系的起点。彼得·德鲁克直接继承了熊彼特的思想，从企业管理的角度深入探讨了创新经济和企业家精神的内涵。而埃弗雷特·罗杰斯则从传播学的角度解释了创新的扩散过程。这三个经典理论虽然形成时间都已经有几十年甚至上百年，但仍然在深刻地影响着当代对创新的理解，是创新理论体系的源头所在。

一、约瑟夫·熊彼特的创新理论

奥地利经济学家约瑟夫·熊彼特是创新理论的先驱。早在1912年，熊彼特就发表了《经济发展理论》，认为经济发展是创新的结果。在1942年出版的《资本主义、社会主义与民主》中，熊彼特进一步提出"颠覆性创新"这一对后世影响深远的概念，影响了彼得·德鲁克、克莱顿·克里斯坦森、埃德蒙·费尔普斯等后继创新研究者和现代商业的话语体系。熊彼特的主要观点如下：

1. 创新造成了经济的周期性波动

熊彼特观察到经济活动是不稳定的，呈现出周期性的波动。经济兴衰的根本原因是什么？熊彼特认为，经济周期是由于创新活动所引发的。当企业家把创新引入新的行业并获得超额利润时，就会引发行业内的模仿活动，刺激大批投资进入，使得早期进入者的垄断地位被削弱，创新所带来的利润降低。最终，创新所带来的盈利机会消失，经济开始衰退，直到新的创新行为再次唤醒行业的活力。熊彼特非常精辟地描述出了创新和经济发展的关系。在经济周期中，没有一种创新可以让企业永远保持竞争优势，企业要想持续发展，必须要持续创新。

2. 创新是多个维度发生变化的新组合

熊彼特提出组合创新的概念，他提出，创新不是单一维度的，而是在多个维度发生变化，从而产生了新的组合。这些维度包括：引入一种消费者不熟悉的新的产品，引入一种新的生产方式，新的市场的开放，征服或控制原材料或半制成品的新的来源，一种新的组织方式。

创新不仅是爱迪生发明灯泡这样发明新的产品，还包括经营和组织形式的创新、新市场的创新、新的生产工艺和原材料的创新等。熊彼特在当时的历史条件下，对创新进行了全面、深入的解读。创新可以有很多种表现形式，每一种表现形式都可能引发创新活动。这些不同的创新表现形式在当代创新活动中仍然可以观察到。本书结合创新管理最新的进展，从商业模式、组织管理、人才管理、知识管理、项目管理、产品创新、技术创新等全方位对创新管理进行解读，也继承了熊彼特的创新有多种表现形式的观点。

3. 颠覆式创新

熊彼特认为创新是一个"充满创新性的毁灭过程"。经济处在永恒的变动中，这种变动主要的推动力量不是战争、革命等大事件，而是企业家创造的新的消费品、新的生产方式、新的生产组织形式等。企业家是创新的根本动力。企业家是从事创新活动，推动产业从旧结构往新结构转变的人。熊彼特在一百多年前就提出了企业家的创新活动是经济发展的动力，是了不起的洞见。20世纪30年代，经济学家约翰·凯恩斯（John Keynes）和熊彼特发生了一场激烈的论战，凯恩斯主张经济增长来源于持续的资本投入和人力投入，而熊彼特坚持经济增长来源于破坏性创新的观点。这场论战在当时以凯恩斯的暂时胜利告终，主张政府加大投入刺激经济的凯恩斯主义也盛行一时。然而，在更长远的时间跨度来看，熊彼特所主张的企业家创新活动是经济增长动力的观点，在中美两大经济体都得到了印证，创新越来越成为全球经济发展的动力。

熊彼特把经济看作一个动态变化的系统，而非静态的均衡。企业家是创新的核心驱动力。理解熊彼特对理解中国正在经历的经济转型至关重要。2014年夏季达沃斯论坛上，李克强总理提出"大众创业，万众创新"的理念。2015年，国务院出台《关于大力推进大众创业万众创新若干政策措施的意见》，推动了全国创新创业活动的发展。同年，在北京中关村举办了首届"全国大众创业万众创新活动周"，掀起了举国创新创业的高潮。中国正在快速成为全球领先的创新创业大国。然而，我们也要看到，创新活动在不同经济体、不同区域、不同行业之间存在巨大的差异。一些行业由于创新人才的集聚和新技术的引入，每隔几年就会发生一次剧烈的变化；而有的行业长期处在静态均衡的状态，但可能会因为一个极具创新的企业家的出现而颠覆。

扩展案例 1-1

洞洞鞋的兴衰

卡骆驰（Crocs）创立于 2002 年，其创始人利用加拿大的一种特殊塑料，采用模压工艺，制作出了布满洞洞的塑料拖鞋，因而被称为"洞洞鞋"。洞洞鞋一经上市便饱受争议，尽管被人们吐槽款式奇丑，但由于穿着舒适且经久耐用，随即走红全球。2002 年，洞洞鞋在 90 个国家销量超过 3 亿双。2006 年，卡骆驰在美国纳斯达克上市，估值一度高达 60 亿美元。同年，卡骆驰开始发力中国市场并迅速走红。

2007 年，卡骆驰开始进行多元化转型。但是，在 2009 年卡骆驰却遭遇上市后的首次巨额亏损，亏损幅度高达 1.84 亿美元。2016 年，卡骆驰全球销量降至 5 610 万双，同比下降 4.2%，销售额同比下跌 4.95% 至 10.36 亿美元，全年净亏 3 173.8 万美元。同时在中国市场，卡骆驰销售额也同比下降 12.5%。

"洞洞鞋的产品烙印太深了，导致其他产品研发的惯性思维，固有单品、爆款成功之后都有些故步自封，在成功之后创新研发上束手束脚。虽然洞洞鞋本身带有一定的时尚流行性以及功能性，但在消费者自我主张的时代，时尚和功能性产品极易被新时尚与新功能产品所替代或更新。"

二、彼得·德鲁克的企业家创新理论

《创新与企业家精神》是彼得·德鲁克 1985 年完成的著作。这本书完成的背景，是美国 20 世纪 70~80 年代就业机会的快速增长。当时美国经济面临着能源危机等一系列挑战，但是美国的经济和创造的就业岗位却仍然实现了快速增长。并且，同时的欧洲和日本并没有出现相应的增长。德鲁克把这种现象归因于美国经济从管理型经济向企业家经济的转型，归因于企业家精神的快速发展。

德鲁克继承了熊彼特的观点，认为创新的企业家所引发的动态失衡是经济发展的常态，而创新是企业家特有的工作。企业家不是指任意一个开办自己新企业的人，而是创造出新的产品、服务，有创新精神的新企业创办者、大公司的经理人等。甚至企业家可以存在于大学等非营利组织中。

德鲁克着眼于建立一套关于企业家创新的系统理论。企业家的核心是寻找变化，对变化做出反应，并把变化视为机遇加以利用。德鲁克认为，很多企业家成功率很高的原因在于他们找到了一套成功创新的方法，降低了创新的失败率。

德鲁克在熊彼特对创新的定义基础上又向前发展了一步，他认为创新是赋予资源一种新的能力，使其能够创造财富。凡是能够使得现有资源的财富生产潜力发生改变的事物都足以构成创新。创新不一定和技术有关，甚至可以仅仅是一个观念。资源本身是没有价值的，但是通过创新给资源赋予了价值。

在《创新与企业家精神》中，德鲁克聚焦了以下四个问题：

（一）机遇的来源

机遇是创新的灵魂。创新是企业家把握机遇，打破平衡，建立行业新秩序的过程。对于企业来说，所有的变化都是机遇的来源。德鲁克特别指出了创新机遇的七大来源，这些来源包括产业内部的机遇来源和产业外部的机遇来源，分别简述如下：

1. 意外事件

偶然、突发的事件所带来的机会，需要企业家开放心态，进行识别和把握。意外事件是变化的征兆。机遇常常出现在人们意想不到的地方。当事实和预期不相符合的时候，可能会是重要的发展机遇。例如，原本打算主推某种产品，但是这种产品没有销售成功，反倒是另一种原来没有预期的产品一炮走红。那么这中间可能蕴含着未曾发现的某种机遇，这种产品可能激活了某种之前没有想象到的需求。创新不是严格规划出来的，即便原先的目标没有实现，在结果中仍然可能蕴含着新的机遇。

2. 不协调的事件

不协调也是变化的征兆，它是客观现实和每个人的主观想象之间的差异。不协调的事件提供了创新的机遇。这些不协调的事件包括：产业中经济现状之间的不协调；某个产业中认知和现实情况的差距等。例如，当人们觉得经济不太发达地区的人们不会买汽车这样的奢侈品时，是假定汽车仅仅是一种交通工具。但是，汽车并不仅仅是交通工具，还是自由、移动性、权力和浪漫情调的象征。

德鲁克指出，隐藏在现实与认知之间不协调背后的，往往是智者的傲慢、强硬和武断。创新者不能代替客户决定真正要购买怎样的东西。当创新者的认知和现实出现不一致时，是重要的创新机会的来源，因为这可能揭示了新的创新的可能。

3. 程序的需要

这里提到的程序的需要是针对某个具体工作流程的改造和创新。例如，街头的汉堡店已经出现了上百年，然而只有当麦当劳出现之后，人们才找到了将汉堡用标准化流程生产的过程。医院里的事务繁杂，常常容易出错。一张小小的清单，让约翰·霍普金斯医院原本经常发生的中心静脉置管感染比例从 11% 下降到了 0；15 个月后，更避免了 43 起感染和 8 起死亡事故，为医院节省了 200 万美元的成本。

4. 产业和市场结构

产业和市场结构看起来很稳定，一些行业里的竞争格局似乎可以保持多年稳定的状态。但实际上，产业结构很脆弱，可能会在内部或外部的冲击下，瞬间发生剧烈的变化。当变化发生的时候，行业里每个企业都需要做出积极的反应，适应变化，变化是创新的机遇所在。

5. 人口统计数据

前面的三种变化都是来源于产业内部，而产业外部的变化也可能会引发创新的机会。人口统计数据的变化是各种变化中最容易预测的。例如，某些年份出生人数的增加（如婴儿潮），会在此后的几十年对消费市场形成持续的影响。而随着人口结构转向老龄化，养老市场的创新机遇也大为增加。

6. 认知的变化

认知的变化是某种社会意识的变化所引发的创新机会。当认知发生变化的时候，事实本身没有发生变化，但是社会的风尚变了。例如，随着物质的富裕，社会逐渐形成"健康食品"的概念，这些概念引发了一系列食品行业的机遇。

7. 新知识

基于知识的创新包括基于技术知识的创新和非技术知识的创新。和其他创新相比，知识的创新的时间跨度要长，知识需要花费很长的时间才能转化为可以应用的技术，要转化成可以上市的产品需要更长的时间。此外，知识的创新往往需要融合多个学科的知识，把零散的知识结合起来，才能形成系统的解决方案。

（二）企业家创新的原则

关于机遇的来源能够帮助创新者发现机遇，而创新的原则能够帮助创新者把握机遇。德鲁克提出了以下创新的原则：

（1）有目标，有系统的创新始于对机遇的分析，而对机遇的分析则始于对创新基于未来的彻底思考。

（2）创新既是理性的又是感性的，因此，创新的第二项要做的事情就是多走出去看看，多问、多听。

（3）创新若要行之有效就必须简单明了，目标明确。它应该一次只做一件事情，否则就会把事情弄糟。

（4）有效的创新始于细微之处，它们并不宏大，只是努力去做一件具体的事情而已。

（5）一项成功创新的最终目标是取得领导地位。

这些原则对今天的创新者仍然有重要的借鉴意义。创新不是起源于宏大的设想，而是细微之处，需要创新者专注、持续、深入的坚持，开放心态了解多方意见。然而，创新最终是要用新的东西替代旧的东西，确立创新的领导地位。

（三）企业家如何管理一个组织

创新不是靠一个人单打独斗完成的，德鲁克进而提出如何让一个组织成为创新的组织，提出了企业家管理（Entrepreneurial Management）的一些要点：

1. 视变化为机遇

组织必须接受创新，并愿意视变化为机遇，而不是威胁，必须承担起企业家的艰苦工作，并通过制定政策和措施来营造企业家氛围。

2. 系统评估

必须对公司作为企业家和创新者的表现进行系统的评估。

3. 完善架构和制度

要求建立组织结构、人员任用与管理、薪酬、激励和奖励等方面的具体措施。

4. 创新放弃政策

凡是废弃的、过时的、没有生产力的，以及错误的、失败的和误导性的工作均应该被放弃。

5. 适应变化

企业要清醒地认识到，现有产品、服务、市场、分销渠道、程序、技术的繁荣和生命周期都非常有限，通常都很短暂。

（四）企业家创新战略

最后，德鲁克提出，为了在创新的外部竞争中获胜，创新者制定的典型企业家战略有以下五点：

1. 孤注一掷

有一个雄心勃勃的计划，瞄准建立一个新产业或者新市场，建立前所未有的新事物。因为这个策略的风险相当高,所以必须针对一个有足够高回报,雄心勃勃的目标。孤注一掷针对的是颠覆性的创新。

2. 创造性模仿

等别人创造了新的事物,但火候还不到的时候,开始行动,或者用强大的营销网络把尚未被推广的新产品快速推广。例如 ZARA 会捕捉流行风尚,快速生产并推向市场。创造性模仿并不是要从零开始创造一个新的需求,而是要比竞争对手更好地满足已经存在的需求。

3. 企业家柔道

企业家柔道是针对某个巨头防守薄弱的细分市场进攻,占领一个小市场作为根据地,进而逐渐占领大片市场。初步进入的市场往往是利润微薄,巨头看不上的小市场,但是通过提供价格低廉、质量也稍差一些的产品,后进入者建立起了滩头阵地,进而攻占更大的市场。

4. 生态利基

找到并占据一个专门的"生态利基"。和企业家柔道不同,企业家柔道是希望进入一个大市场,而生态利基则是要在一个小市场获得稳固的地位,成为隐形冠军。

5. 改变产品、市场或一个产业的经济特征

很多需求已经存在,只是由于顾客觉得麻烦没有形成大的市场。例如,美国的新娘常常希望送精美的瓷器给来参加婚礼的宾客,但是又不知道这些宾客是否需要。有一家瓷器公司就提供了婚礼登记表的服务,逐一向要赠送的宾客询问,是否需要瓷器,以及需要怎样的瓷器。由于这个微小的创新,节省了新娘赠送瓷器时花费的时间,为瓷器创造了新的用途。

比起熊彼特关注宏大经济体系的创新和变革,德鲁克从管理学的视角出发,对创新管理进行了深入的阐述。德鲁克所探讨的创新管理的问题,包括如何进行有目的的创新,如何管理创新活动,如何制定创新战略以赢得市场等,这些在今天仍然是很有意义的话题。

三、埃弗雷特·罗杰斯的创新扩散理论

埃弗雷特·罗杰斯是美国新墨西哥大学传播学教授,是从传播学和社会学角度研究创新扩散(Diffusion of Innovation)的先驱,对新产品、新技术如何由边缘成为主流提出了极具解释力的模型。虽然创新扩散理论提出于 20 世纪 60 年代,在 20 世纪 90 年代开始的信息技术革命浪潮中,创新扩散理论仍然受到重

视,并被杰弗里·摩尔(Jeffery Moore)演绎成一套"跨越鸿沟"的创新创业理论。

创新扩散理论的提出,是为了回答一个问题:如何让人们接受一个新的观念。新观念的传播是一个很慢的过程,很多新的想法并不容易被人们所接受。如何提高创新扩散的速度呢?

(一)创新扩散四要素

创新扩散是创新通过一段时间,经由特定的渠道,在某一社会团体的渠道中传播的过程。创新扩散有以下四个关键要素:

1. 创新

创新可能是一样新的东西、方法、观念等。罗杰斯认为,是否创新要从群体的角度看,而不是纯客观地看。哪怕一样东西已经被发明很久,但对某个群体而言,这样东西仍然是新的,那么这就是创新。

2. 传播渠道

创新通过人和人之间的信息共享实现传播。熟悉和了解某个创新的人通过把信息传递给另一个不熟悉和不了解某项创新的人,从而实现创新的传播。传播可以通过大众媒体,也可以通过一对一的口口相传。

3. 时间

从了解到采用某项创新需要花费时间,群体中不同成员采用创新的早晚存在差异,有些人较早采用,有些人较晚采用,形成创新传播过程中的不同群体。

4. 社会系统

创新的扩散发生在一定的社会系统里,可能是某个村庄、社团、兴趣小组、公司等。任何社会系统不仅包括创新的接纳者,也包括创新的反对者。对创新的接纳不仅发生在个体层面,而且可能会由于意见领袖的影响力而影响到整个社会系统。

(二)五类创新采纳者

在同一社会系统里的个体采纳创新的顺序有所差异。创新采纳者可以分为以下五类:创新者、早期采纳者、早期大多数、后期大多数和落后者。

1. 创新者

创新者对新的想法有浓厚的兴趣,是风险偏好者,愿意在产品还不成熟的时候就积极使用,甚至参与到产品的改进中。创新者是创新扩散进入某个社系统的引路人，并积极推动新思想在社会系统中的应用。

2. 早期采纳者

早期采纳者和当地社会系统联系非常密切，往往是社会系统舆论导向的把握者，社会系统中其他成员的效仿者。他们对待新产品谨慎而积极，是创新传播扩散中的关键环节。

3. 早期大多数

早期大多数人数最多，占到总人数的三分之一。他们会积极和同伴互动，但不一定像早期采纳者一样会引领舆论意见。他们会深思熟虑，用更长的时间做出决策。他们不会做第一个吃螃蟹的人，但是也不会做最后一个抛弃陈腐观念的人。他们会谨慎地跟随潮流，但不会领导潮流。

4. 后期大多数

后期大多数占到总群体的三分之一。这部分在采纳创新产品上比较滞后，常常持怀疑态度，往往是因为周围人都采用了某项创新而不得不行动，以免显得落伍。他们也有可能是出于具体的经济利益而采取某项创新。

5. 落后者

这部分人比较保守，拒绝改变。只有确定创新不会失败，他们才愿意尝试。

第三节 创新管理的前沿理论

一、埃德蒙·菲尔普斯的大众创新理论

埃德蒙·菲尔普斯是哥伦比亚大学经济学教授，2006 年诺贝尔经济学奖获得者。他的创新理论有以下重要观点：

1. 基于草根的大众创新推动了经济繁荣

菲尔普斯认为社会制度、科学发明、航海发现并不是缔造国家繁荣的根本原因，而渗透到大众草根阶层的创新精神才是经济腾飞的持久动力。菲尔普斯回顾了经济发展的历程，发现在经济历史上绝大多数时间，创新活动的强度都是很低的。经济体长期处在循规蹈矩的状态。古代经济最高的成就是各个国家之间的商贸往来，如丝绸之路这样的世界性贸易之路。商业经济并没有对生产中的创新有太大影响。各个国家之间的生产水平差异不大。

然而，在19世纪20至70年代，英国、美国、法国和德国进入了快速发展阶段，实现了经济起飞。关于这个起飞的过程，一些经济学家认为是资本扩张的结果，而熊彼特认为是创新推动了新旧结构的转型，推动了经济的发展。不同于熊彼特和之后的经济学家认为，是这一时期的科学发现推动了经济的颠覆式创新，菲尔普斯认为，一些没有被记载的微小创新的累加，可能超过了那些重大发明，因此，是草根创新的累加，推动了社会由商品经济时代进入了现代经济时代。

2. 现代经济不仅创造了巨大的物质财富，还改变了人们工作的职业体验，以及在现代城市中新的生活体验

现代经济是具有高度活力（充满创新的意愿、能力和抱负）的经济。创新是新工艺或新产品在世界上的某个地方成为新的生产实践。在活力水平保持不变的情况下，社会实际的创新节奏可能会出现显著的波动。在传统的经济学中，消费被当作生产的唯一目的，人们是为了生存而工作。但是人们渐渐意识到，工作也会带给人精神的愉悦和挑战。人们不仅仅关注生存，也关注如何更好地开展生产和生产更好的产品。越来越多的工作蕴含有创新的成分，人们的工作是对新创意的构思、开发、推广和检验，从传统经济的重复、枯燥升级为现代经济中的改变、挑战和原创性。随着工作本身性质的变化，人们从工作中获得的回报不仅是物质回报，也包括作为精神回报的"现代体验"——遇到新情况和新问题的兴奋，以及解决问题产生的满足感。

菲尔普斯通过经济史的回顾，敏锐地发现了现代经济和传统经济的不同，指出了"大众创新"的真正根源所在。工作性质的变化，越来越多创造性工作岗位的出现，使得每个人都能够有机会在工作中享受解决难题的精神愉悦，逐渐形成一个地区、国家和时代的创新精神。这种创新精神是经济增长的根本动力。不同于熊彼特把创新仅仅归结于企业家改变产业结构的颠覆式创新，菲尔普斯更多看到的是工作性质的变化和创新精神的兴起，看到的是每一个人的力量。

【扩展案例1-2】

奈飞文化准则

奈飞（Netflix）创立于1997年，目前是全球付费订阅用户数最多的流媒体平台。

奈飞发现，进入21世纪，管理员工的基本假设发生了变化。管理并不是要

在员工忠诚度、人员稳定和职业发展方面做工作，而是同时实施相关项目来提升员工的敬业度和幸福感。管理者的本职工作是建立伟大的团队，按时完成那些不可思议的工作。

在奈飞，创新文化打造的过程如同创新业务打造一样，通过不断试验，奈飞逐渐取消了所有保守的政策和流程，全面颠覆了20世纪的管人理念。前CHO（Cheif Human Resource Officer，首席人力官）帕蒂·麦考德归纳出八条奈飞文化准则，从多个角度揭示了奈飞为什么要对传统的企业文化理念发起冲击，以及它在打造自己的企业文化的过程中究竟提出了哪些颠覆性的观点。

（1）只招收渴望挑战的成年人，然后清晰而持续地和他们沟通将要面对的挑战是什么。成年人最渴望的奖励，就是解决挑战性问题的成就感。

（2）要让每个人都理解公司业务。员工需要以高层管理者的视角看事物，以感受到自己与所有层级、所有部门都必须解决的问题有真正的联系。

（3）绝对坦诚，才能获得真正高效的反馈。员工要公开谈论问题，随时坦诚沟通。

（4）只有事实才能捍卫观点。提问的态度必须真诚，如果以一种真正感兴趣的态度来询问别人正在面临的问题，就可以在双方之间建立起一座牢固的"理解之桥"。

（5）现在就开始组建未来需要的团队。从未来的规划出发，建立一支理想的团队；确定要解决的问题、确认解决问题的时间期限、确认能够成功解决这些问题的人选，并确认要解决这些问题他们应该怎么做；然后问自己，需要做哪些准备，以及要招怎样的人。

（6）员工与岗位的关系，不是匹配而是高度匹配。不要追求一流选手，一家公司的一流选手可能是另一家公司的二流选手。

（7）按照员工带来的价值付薪。薪酬系统通常在评估员工价值方面是滞后的，而招聘应该是关于未来的。

（8）离开时要好好说再见。员工应该做好准备，时不时换一份新工作，不论在一家公司还是去一家新公司，目的都是以喜爱的方式工作，做让我们充满激情的事情。同时，如果表现不够好，也应该有人告诉我们，要么快速纠正过来，要么去一家新公司。

（资料来源：帕蒂·麦考德（Patty McCord），《奈飞文化手册》）

二、克莱顿·克里斯坦森的颠覆式创新

克莱顿·克里斯坦森的颠覆式创新理论，是从公司的内部对巨大创新变革

发生之时大公司如何应对进行探究，为什么一些事后看起来非常显然的失败无法避免？克里斯坦森关注的并不是那些官僚体系严重、盲目自大、管理层老化、短视、缺乏技术和资源的大公司，而是那些锐意进取、认真倾听客户意见、大胆对新技术进行投资、管理完善，但是最终在行业巨变中仍然失去了领导地位的公司。例如，在零售巨头西尔斯（Sears）占据美国零售额2%，如日中天饱受赞誉的时候，折扣零售和社区中心兴起，最终对西尔斯形成巨大的冲击。开创小型计算机市场的DEC公司，错过了开创比小型机更小的个人计算机行业的机会。这些公司经历了从辉煌到衰退的快速转变，仿佛是一夜之间从教科书上的典范成为反面案例，在面对市场的结构性变化时突然"垮掉了"。

克里斯坦森指出，成功的公司在决策方法上有问题，从而埋下了失败的隐患。因为这些公司认真听取用户的意见，专注于为用户提供更多、更好产品的新技术并投入巨大，以及仔细研究市场趋势把资本投入给那些回报最大的创新项目。这些做法是帮助这些公司成功的秘诀，但是在遭遇非连续性的行业变化之时，反而成为阻碍公司创新的做法。有些时候，不听取用户的意见，对获利点低、性能比较差的产品进行开发，去追求小规模而不是大规模市场，反而能够有所成就。在面对行业变化之时，无论是缓慢的变化还是剧烈的变化，公司需要谨慎考虑两种策略。

克里斯坦森区别了持续性技术和突破性技术。持续性技术具有渐变的特征，是按照主流市场用户所重视的方向不断改进性能，持续升级。突破性技术是一种在近期内可能使产品体验变得比主流市场产品变得更差，但是具有少数激进的用户所喜欢的一些特性。例如，主流市场的产品可能是高性能，但是昂贵、不易携带的，朝着性能优化的方向不断升级。而突破性技术可能性能差了很多，但是体积小、好携带。这些技术出现的时候，产品性能不佳，市场也比较小，公司在这些市场上赚不到钱，也不够重视。大公司在这个新市场变得不够大之前往往采取观望态度，结果导致错过市场快速发展的机会。

克里斯坦森引入了价值体系来解释为什么大公司会错过这些突破性技术。价值体系是公司识别用户的需求并做出反应、解决问题、获得输入，并对竞争者做出反应并努力创造利润的环境。在一个价值体系里面，每家公司基于过往对市场的看法和对新技术经济价值的理解，会对持续性技术和突破性技术带来的报酬形成不同的预期，这些预期的不同会进一步影响公司内部资源的分配。对于持续性技术而言，经济回报是可以预测的，但是突破性技术的经济价值往往难以得到认可。通过对磁盘行业的深入研究，克里斯坦森描述了大公司拒绝突破性技术是怎样发生的：

突破性技术往往首先是在大公司内部发明的，但这些创新都是研发人员自己做出的，并非出于高层的授意。在磁盘行业从5.25in⊖向3.5in转型的小型化时代，行业领先的大公司率先制造了产品原型。在14in向8in硬盘转型的过程中情况也相似。销售人员从公司主要客户那里获得反馈，工程师把这些产品展示给销售人员，销售人员找主流市场的客户询问，但效果不佳。因为这些产品有一些明显的缺陷，例如小型的硬盘容量也较小，不能满足现有客户的需求。这些技术就被搁置了起来。

已定型的公司加速持续性技术的发展。为了满足当前用户的需求，销售人员根据用户的反馈，推动一些主流用户提出的明显需求。即便这些持续性技术耗费更多的资金投入，也因为有明确的客户需求，看上去风险比较小。

通过反复实验，新的公司建立起来，突破性技术的市场也形成了。一些不得志的研发人员加入了一些新的磁盘公司，继续突破性技术的探索。在探索的过程中，他们发现了快速成长的新兴市场，而之前在大公司不受重视的技术恰好可以满足这个市场。

新加入的公司向市场上方移动。在新市场成熟的过程中，新兴公司发现，即便一开始技术不完善，也可以在不断迭代的过程中随市场一起成熟。于是，这些公司不仅占有了新兴市场，而且开始向上方攻击，攻占大公司所在的主流市场。

已定型的公司为了维护它们的用户基础姗姗来迟。当主流市场受到威胁的时候，大公司才做出反应，找到原有的产品原型再推向市场，希望保持主流市场的地位。然而，这时候新技术已经"失去了突破性特点"，随着技术的迭代日益成熟，可以在市场中和原有的主流产品一较高下。并且，新公司在制造成本和设计经验上已经形成不可逾越的优势。大公司进入这一市场时往往不愿意放弃利润，而新兴公司会采用价格战进一步绞杀大公司，最终导致大公司不仅没有把握新兴市场，原有市场的份额也被新兴公司夺去。

任何市场在同一时间都存在两个市场，即高端市场价格高、获利大、通常是已经定型的公司通过持续性技术的创新而从主流用户那里获得巨额的收入。与此同时，还可能存在一个价格低、获利小、通常是突破性技术引发的低端市场。大公司从事创新的经理们应该如何做？克里斯坦森给出了四条建议：①把

⊖ 1in＝0.025 4m

突破性技术和正确的用户配对；②把突破性技术放置在足够小的、对小的胜利感到兴奋的组织；③在寻找市场的过程中及早、低成本地失败；④商业化时，找到或开发重视新技术的市场，而不是寻求技术上的突破。

> **扩展案例 1-3**

手机相机越来越强大，谁还会用单反相机？

数码相机流行至今不过十几年的时间。2000 年前后，数码相机以更低的拍摄成本，更大的存储空间，多种预设拍摄方式，迅速取代了胶片相机的主流地位。从个人计算机普及开始，数码相机就呈现爆发式的增长，人们拍照的数量达到胶片相机时代的 60 倍。据佳能（中国）副总裁回忆，2010 年之前，佳能相机每年的销售量都能达到 1.5 倍的增长。

2010 年也是手机摄像头崛起的元年。这一年，社交分享网站 Instagram 诞生，主流运营商规模建设 4G 网络，图片视频传播的速度和费用大大降低。但是当时，这个现象并没有引发大部分传统相机厂商的担忧，主要在于成像质量的差异。2010 年前后，数码相机的像素已经突破 2 000 万，而 iPhone 的像素仅为 500 万，是数码相机 1998 年的水平，镜头的功能也较为单一。

然而，手机摄像头发展的速度超出了传统相机厂商的预料。2015 年，iPhone 6s 的像素已超千万，而且能够拍摄 4K 画质的视频。拍照迅速成为手机厂商的卖点。手机镜头升级速度变快，从单摄到双摄、三摄，场景识别、人脸捕捉等算法的优化也日新月异。更为重要的是，消费者拍照的目的发生了巨大的变化，由记录变成分享。2017 年，图片分享网站 Flickr 上，智能手机拍摄的照片数量占到 50%，而单反相机仅为 33%。

单反相机在像素飙升的道路上仍然在持续进步，从 2012 年尼康 D800 的像素突破 3 000 万，到 2015 年佳能 5DSR 的像素达到 5 060 万，但是高像素已经无法再激发消费者的热情。随着美图软件的出现，消费者已经不再追求前期的成像质量，而是可以通过后期的优化处理做出很漂亮的照片。很多相机厂商意识到威胁，但仍然只能通过提升成像质量来应对。包括固定镜头相机和单反相机在内的数码相机市场在迅速萎缩。2010 年，日本国际相机影响器材工业协会的数码相机出货量达到 1.21 亿台的高峰，但是随后一路下跌。到 2017 年，仅为 2 500 万台，比 2003 年的 4 340 万台还要低，是巅峰时期的 1/5。

市场研究公司 Gfk 的数据表明，2018 年中国数码相机的市场规模萎缩，但平均售价从 5 707 元上升到 6 379 元。数码相机的中端市场被手机替代严重，但还保留有一部分高端市场。这是因为线下摄影工作室越来越多，人们愿意去工作室拍摄一些高质量的，有纪念意义的照片。

（资料来源：邓舒夏，《手机摄像头越做越强大，相机厂商如何应对？》）

三、彼得·蒂尔的从 0 到 1

彼得·蒂尔是硅谷著名创业者和投资人，他是电子支付工具 Paypal 联合创始人之一，大数据公司 Palantir 的创始人以及 Facebook 早期投资人。他在斯坦福大学创业课的内容被斯坦福大学法学院学生布莱克·马斯特斯（Blake Masters）整理成为《从 0 到 1：开启商业与未来的秘密》，其中关于创新的很多观点影响深远。

《从 0 到 1：开启商业与未来的秘密》是一本关于如何预见和创造未来的书。蒂尔认为，世界必然会变得不同，但变化必须基于当前的世界。未来的进步可以是两种形式：第一，水平进步，照搬已经取得成就的经验，直接从 1 跨到 N，水平进步是容易想象的；第二，垂直进步，或深入进步，是要探索新的道理。从 0 到 1 的进步是一种难以想象的进步，需要尝试从未做过的事情。从 1 到 N 的进步的典型是全球化，把一个地方有用的东西推广到全球。而从 0 到 1 的进步的典型是科技，科技被定义为任何使事情更容易完成的方法。

蒂尔提出，创新性垄断（Creative Monopoly）是从 0 到 1 的关键。在完全竞争的情况下，所有公司出售的是同质化的产品，从长远看没有公司会获得经济利益。和完全竞争相反的是垄断，垄断公司可以自由定价、自由决定供给量，实现公司利益的最大化。当企业通过提供给消费者其他企业无法提供的产品时，创新性垄断就实现了，这些垄断企业不必陷于每日的生存竞赛，可以有时间对长远进行规划，推动社会进步。蒂尔认为，竞争通常出现在模仿者之间，当大家生产相似的产品时，会出现同质化的竞争，打价格战。创新者应当追求建立垄断的地位，避免竞争。蒂尔进一步提出实现垄断性创新的四种方法：①专利技术。这里不仅是讲专利技术的数量，更重要的是要有明显优势的专利技术。那些只有比它最临近的替代品好 10 倍的技术才能实现真正的垄断优势。②网络效应。一项产品随着使用的人越来越多而变得更加有用。③规模经济。垄断企业越大，开发一项成品的固定产品就被更高的销量分担。④品牌优势。打造一个强势品牌是形成垄断的最有力方式。

蒂尔认为，创新者的世界是一个幂次分布的世界，大部分创新都会失败，但少数创新会创造巨大的价值。追随主流只能获得平均收益，而冒险和孤注一掷才有可能获得远超平均水平的收益。实现垄断地位的创新者，是依靠每一个关键时刻都做出非主流的关键决定,包括找到一个胜过其他所有市场的市场,找到一种胜过所有分销策略的策略,把握某些远比其他时刻重要的时刻等。

四、拉里·唐斯和保罗·纽恩斯的大爆炸式创新

我们处在一个剧烈变化的商业时代,一些创新具有巨大的能量,能够在数月甚至数日之内撼动那些看似有着牢固根基的企业。拉里·唐斯和保罗·纽恩斯把这种情况称为"大爆炸式创新"。和罗杰斯的创新扩散理论相似,大爆炸式创新也把创新视为一个扩散的过程,但是不同的是,大爆炸式创新把创新视为一个突变而非渐变的过程。这是因为进入移动互联网时代,关于商品的信息通过社交网络能够快速扩散,只要合适的新产品出现,就可能在社交网络上被快速引燃,成为现象级的产品。一款产品从默默无闻到天下皆知可能仅仅需要几个小时时间。例如,2012年,游戏愤怒的小鸟刚刚发布三天,下载量就达到1 000万次。新产品、新服务有可能越过早期采纳者的阶段,直接进入大众市场,获得成功。唐斯和纽恩斯用"鲨鱼鳍模型"来描述这个过程(见图1-1)。

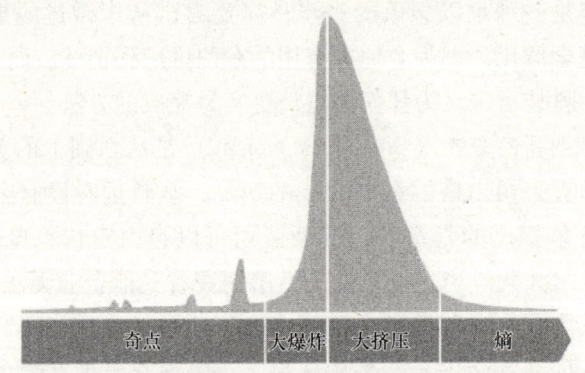

图1-1　鲨鱼鳍模型

(资料来源:拉里·唐斯、保罗·纽恩斯《大爆炸式创新》,2014)

阶段一:奇点——物质和能量的慢慢聚集。

"奇点"是宇宙诞生之前混沌无序的起点。在这个阶段,创新者会进行各种组合创新的尝试。创新者没有精心制定的商业模式,也没有战略计划和盈利方案。但是他们会密切和顾客合作,尝试各种各样的想法。实验的成本低廉,大部分会失败,但是少数成功的实验会带来巨大的成功。

在奇点阶段,一些行业的梦想家起到了至关重要的作用,他们充满好奇心,对改变行业的各种趋势充满兴趣,可能会提出一些看起来不切实际的建议。他们可能是客户、供应商、行业分析师或者任何人。他们会密切观察行业中各种

要素的变化，尝试各种组合，等待最佳的进入时机。当他们觉得时机成熟，会和早期用户之间快速开展合作，组建可能只有几个人的创新团队，以低成本的创新快速迭代，伺机向行业领先的大公司发起挑战。

阶段二：大爆炸——突如其来的成功和急剧膨胀的市场。

大爆炸式创新摧毁现有市场是突然发生的。它不是针对各个细分市场缓慢地控制，而是快速拿下所有用户，实现"赢家通吃"的垄断式创新。企业将经历一场"灾难性的成功"，公司业绩快速增长，但是公司内部并没有做好准备。

大爆炸式创新能够快速拿下整个市场，是因为在移动互联网时代市场信息变得完美，消费者可以随时从其他消费者那里获得关于产品的即时信息。关于产品或服务的信息快速扩散，顾客持续不断地口碑传播。这对于一家公司是成功的机会，也可能是由于准备不足而造成的失败。例如，2011年，提供房间共享服务的初创企业Airbnb发现来自顾客和房东的邮件突然从每天几十封增至每天1 000多封。由于人手不足，公司回复邮件的时间从几小时变成几天。Airbnb意识到这是公司成败的关键时刻，立刻进行连续4个月的客服人员持续招聘和培训，把客服团队扩大了三倍，最终使得公司惊险地越过了这个阶段。

阶段三：大挤压——已知系统崩塌，逃离猝死线。

大爆炸之后，新产品或服务可能会立刻面临"大挤压"的陷阱，这个阶段比大爆炸阶段还要危险，高速增长的企业在瞬间可能会跌落谷底。当创新的产品或服务在市场大获成功之时，大量的模仿者可能会跟进，使得市场迅速饱和。移动互联网之前，由于信息传播缓慢，市场可能需要数年或数十年才能达到饱和。而在移动互联网时代，充分的市场信息和快速模仿的情况下，市场可能会迅速达到饱和，而消费者的品味这时候可能也会瞬间发生变化。一个看似繁荣的新市场在瞬间可能就会消失，投资者也会快速失去信心。例如，2010年，中国互联网爆发"千团大战"，数千家团购网站进入市场。然而，在激烈的市场竞争中，团购网站纷纷转型，团购行业经历了惨烈的大挤压阶段。

阶段四：熵——下一次阶段来临前的平静。

在物理学的宇宙大爆炸理论中，熵是宇宙的能量渐渐消散，不存在任何实际活动的阶段。而在大爆炸创新理论中，在大挤压结束的时候，顾客、企业和投资人都放弃了这个崩塌的行业，一些残存有价值的资产被快速出售。一些公司及时转身，不断找到新的奇点，开启一轮轮新的大爆炸创新。而更多的企业遭受打击，一蹶不振，以倒闭告终。例如，经过五年的大浪淘沙，美团、大众点评、糯米等团购网站占据了团购网站的头部，但是团购作为一个行业本身的风口已经过去，各大团购头部网站纷纷弱化团购。其中，美团把握住了O2O生活服务的风口，利用团购带来的流量，切入外卖配送、酒店旅游、到店消费、电影票销售等领域，全面转型成为本地生活服务商。

【要点回顾】

本章介绍了创新管理的概念以及创新管理的核心理论。随着知识爆炸和社会分工的细化，创新活动越来越依赖于有系统的创新管理。创新管理是组织在快速变化、复杂、模糊和不确定的环境下，协同组织内部成员和组织外部利益相关者，共同为顾客创造新的价值的管理方法。创新管理是基于经济学、管理学、传播学等多个学科的交叉领域。本章以时间为序，介绍了约瑟夫·熊彼特的创新理论、彼得·德鲁克的企业家创新理论和埃弗雷特·罗杰斯的创新扩散理论三个经典创新管理理论，和埃德蒙·菲尔普斯的大众创新理论、克莱顿·克里斯坦森的颠覆式创新理论等前沿创新管理理论。

【复习题】

1. VUCA中的V是什么的缩写？（　　）
   A. 易变性　　　　B. 不确定性　　　C. 复杂性　　　　D. 模糊性
2. 创新扩散曲线中，位于最左端的是？（　　）
   A. 创新者　　　　B. 早期采用者　　C. 落后者　　　　D. 早期大多数
3. 组合创新是哪位学者提出的？（　　）
   A. 埃弗雷特·罗杰斯　　　　　　　B. 彼得·德鲁克
   C. 约瑟夫·熊彼特　　　　　　　　D. 迈克尔·波特

第二章
商业模式创新

【学习目标】

1. 了解商业模式理论的发展过程；
2. 熟悉商业模式的定义；
3. 了解商业模式的研究对象和构成要素；
4. 掌握商业模式设计与创新方法。

【导入案例】

百果园：生鲜水果连锁企业的新零售之路

2001年，百果园创立于深圳，截至2018年年底，百果园拥有3 700多家门店，23个全温区仓储配送中心，覆盖全国70多个城市，当年集团销售额超过100亿元。早在2008年，百果园便开始探索电商模式——网上百果园。2014年，百果园内部已经明确线下开店为线上服务，开店选址要结合未来线上业务发展而做决策。2016年，线上运营经验逐渐丰富的百果园合并生鲜电商一米鲜后开始自建APP，但截至当年年底，百果园的在线销售份额占比几近于零。到了2017年，百果园在新版APP上构建了全新的会员体系并将线上线下的会员体系打通，线上销售占比跃升至12%~15%。进入2018年，百果园也进行了全渠道的布局，将商业经营的各个环节数据化，通过自营APP+小程序+第三方平台等渠道积极尝试转型为线上线下一体化的新零售社区平台，当年线上销售额突破20亿元。

百果园之所以能够领跑生鲜新零售，关键原因在于其3 000多家门店及78%的包销和协议控制的种植基地。通过门店覆盖，百果园构建了全国最大的生鲜自提网络，并解决了生鲜最后一公里的配送难题，将线下老客户就近顺利平移到了线上。而78%的包销和协议控制的种植基地则是百果园垂直一体化布局的表现。生鲜领域共识的痛点之一就是产品的非标准化，如何使水果标准化，即消费者不论何时购买同一种水果，品质和口感都几乎一致？为了解决这一问题，百果园很早就在着手垂直一体化产业链的布局。2005年，百果园成立了果品供应链管理公司，不仅负责水果的统一采购，还直接参与到水果的生产环节。在上游，百果园布局了近230个水果种植基地，在全国范围内搭建了17个初加工配送中心。百果园多年来一直在进行上游改造，通过引进先进种植理论、提供科学种植技术。2018年，百果园战略投资了"慧云信息"，通过将"物联网、人工智能、大数据"与农业生产经营相结合，已为1 000多个种植基地提供了从生产到销售的"互联网+农业"服务，这一系列的投资和布局，不仅提升了产业的作业效率，最核心的是保障了果品在源头的品质。好水果不是选出来的，而是种出来的。

历经多年的探索，百果园建立了一套完善的从产业端到消费端的交付体系。从商品产地、供应商到配送中心，通过百果园干线物流，再到百果园一体化门店，百果园将田间地头和到达消费者的各环节信息串联起来，实现端到端的数字化、标准化管理，构建出一个"水果零售供应链王国"。过去水果行业的种植缺乏标准化的概念，但是在新零售时代，货的变革从上游的种植端就体现出来，通过对上游的把控，用标准体系让水果成为规格、重量等指标都统一的标准化产品，例如线上销售基地直发产品，在基地端就解决了标准化问题。百果园在全产业覆盖的基础上，通过种植标准化、采后标准化、流通标准化加速了新零售转型之路。

问题：百果园的商业模式是什么？

（资料来源：改编自"新零售背景下生鲜连锁企业的供应链分析研究——以百果园为例"，《中国商论》2017年08期，作者：刘世明，胡子瑜，陈惠红）

第一节　商业模式研究回顾

随着信息技术与电子商务的迅猛发展，商业模式创新成为理论界和实践界的热门话题。2005年英国经济学人智库（Economist Intelligence Unit）的一项调查显示，超过50%的高管认为，对于企业的成功而言，商业模式创新比产品和服务创新显得更为重要。2008年，IBM的报告显示，其调查的所有高管都认为有必要进行商业模式调整，有些高管认为可以通过商业模式创新来永远改变企业的市场地位。全球经济的发展和互联网的出现使得企业的运营方式和盈利方式发生了翻天覆地的变化，商业模式被人们用来描述新的生产方式，在实践界，商业模式得到广泛重视，人们用商业模式解释企业的成功。

一、商业模式溯源

商业模式这一术语起初被应用于 20 世纪 70 年代的计算机科学期刊中，但直到 20 世纪 90 年代才引起社会广泛关注，并在短时间内成为世界范围内企业界与学术界最为流行的词汇之一，这与当时快速兴起又破灭的互联网泡沫紧密相关：一方面，20 世纪末以互联网为代表的信息技术的快速发展，为企业提供了比以往任何时期都更为丰富的创新途径与创新空间，一大批基于互联网技术的新模式企业应运而生。如 Yahoo、Amazon 及 eBay 等新兴企业，在短短几年时间里萌发壮大，给传统企业带来了巨大的冲击与挑战，全球经济的发展和互联网的出现使得企业的运营方式和盈利方式发生了翻天覆地的变化，"商业模式"被人们用来描述这些新的方式并逐渐流行。另一方面，在 2001 年互联网泡沫破裂之后，许多拥有先进技术的互联网企业由于缺乏良好的商业模式而破产倒闭。而另一些尽管技术可能不是最好的，但由于拥有好的商业模式的企业依然保持了很好的发展。于是，人们进一步认识到，在技术变革加快、市场全球化发展以及需求环境更加不确定的时代，决定企业成败最重要的因素不再仅是技术，而是与之结伴而行的商业模式。

很多学者从商业模式的字面含义出发定义商业模式，指出所谓商业模式是企业为了获取利润而进行的，与交换直接相联系的各种相关活动的整体性描述，是企业赚钱的方式，是企业如何运作的解释（Magretta，2002）等。也有学者将其进一步描述为在一个公司的消费者、联盟、供应商之间识别产品流、信息流、货币流和参与者主要利益的角色和关系（Weill & Vitale，2001），是企业与合作伙伴及买方之间的三种流——价值流、收益流和物流的独特组合（Mahadevan，2000）等。

二、经典商业模式要素模型

随着商业模式研究的不断深入和扩展，逐步形成当前几类比较主流的商业模式定义，以及在该定义下的主要商业模式要素组成。

美国宾夕法尼亚大学沃顿商学院拉菲尔·阿米特（Raphael Amit）教授和西班牙 IESE 商学院克里斯多夫·左特（Zott）教授（2001 年）认为，商业模式是以用户价值创造为核心的活动系统，主要由三大要素构成：活动内容、活动的连接和对活动的治理。

瑞士的亚历山大·奥斯特瓦德（Alexander Osterwalder）博士和洛桑大学伊夫·皮尼厄（Yves Pigneur）教授等学者（2005年）认为，商业模式是企业创造价值、传递价值、获取价值的基本逻辑，他们提出了商业模式九要素模型：重要伙伴、关键业务、核心资源、价值主张、客户关系、渠道通路、客户细分、成本结构、收入来源。商业模式九要素模型涉及了战略、营销与运营等管理模块，如图2-1所示。

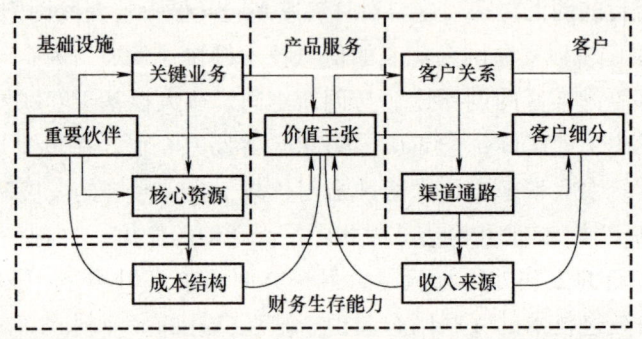

图 2-1　商业模式九要素模型

Innosight 公司的联合创始人马克·约翰逊（Mark W. Johnson），哈佛商学院"颠覆性创新之父"克莱顿·克里斯坦森（Clayton M. Christensen）教授和 SAP 公司的联席首席执行官孔翰宁（Henning Kagermann）在 2008 年发表于《哈佛商业评论》的《重塑商业模式》一文中，提出了商业模式的四大要素：客户价值主张（指帮助客户完成某项重要工作的方法，强调的是交易方式，也包含了产品和服务的价值主张）、盈利模式、关键资源及关键流程。客户价值主张和盈利模式分别明确了客户的价值和公司的价值；关键资源和关键流程则描述了如何交付客户价值和公司价值（见图2-2）。克里斯坦森认为，四要素商业模式框架看起来简单，但各部分之间的关系复杂、相互依靠，任何一个要素发生大的变化，都会对其他要素和整体产生影响。成功企业都会设计一个比较稳定的系统，将这些要素以连续一致、互为补充的方式联系在一起。

北京大学魏炜和清华大学朱武祥（2007年）提出了魏朱商业模式六要素模型：业务系统、定位、盈利模式、关键资源能力、现金流结构和企业价值（见图2-3）。业务系统是指交易结构的角色、关系和构型，其中角色阐明交易主体从事的业务活动，关系表示交易各方的业务交易和治理交易关系是什么。构型是指从事业务活动的利益相关者因交易而形成的网络拓扑结构。定位强调满足利益相关者需求的方式，也就是与利益相关者之间的交易方式。盈利模式和现

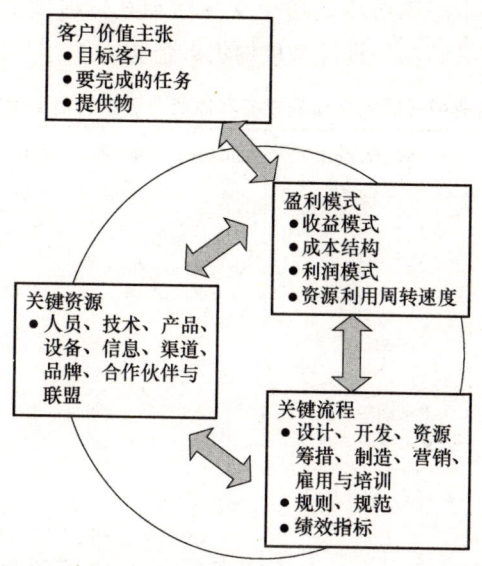

图 2-2　商业模式四要素模型（Johnson, Christensen & Henning）

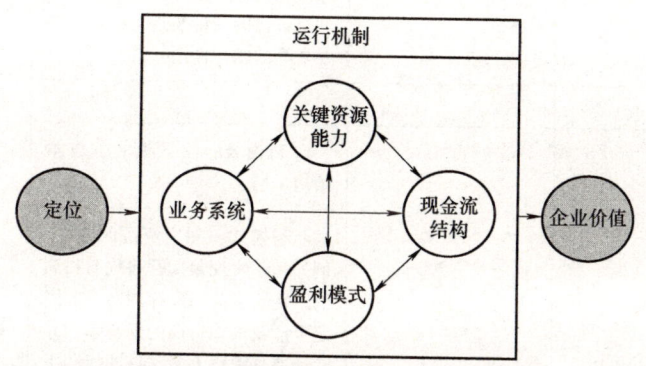

图 2-3　魏朱商业模式六要素模型

金流结构阐明交易定价，盈利模式强调与交易各方的收支来源及收支方式，现金流结构强调时间序列上现金流的结构和分布。关键资源能力强调的是支撑交易结构的重要资源和能力。企业价值是未来自由现金流的贴现。其中企业价值是商业模式的结果，其他五个要素紧紧围绕利益相关者的交易结构。魏朱的商业模式定义及要素构成没有涉及战略、营销、运营、财务等其他学科的内容，是一个完整、系统、独立的商业模式体系。

与其他商业模式定义及构成要素相比（见表 2-1），魏朱商业模式的定义和构成要素不仅关注企业内部，也关注企业外部的商业生态系统。强调打破企业边界，分析企业所在生态系统中的各个交易活动在价值创造方面存在的问题和提升的机会，根据交易结构的设计来重构焦点企业。

表2-1　魏朱商业模式的定义和构成与其他商业模式的定义及构成要素对比

魏&朱 六要素	Amit&Zott 三要素	Johnson，Christensen & Henning 四要素	Osterwalder&Yves Pigneur 九要素
定位：满足客户需求的方式（即交易方式）		客户价值主张：帮助客户完成某项重要工作的方法	
业务系统构型：交易结构的拓扑连接	活动的连接		
业务系统角色（从事某业务活动的主体是谁）	对活动的治理（由谁从事某项活动）		合作伙伴
业务系统关系			
业务系统角色（从事的业务活动是什么）	活动内容（包括哪些活动环节）	关键流程：一系列的运营流程和管理流程，以确保其价值传递方式具备可重复性和扩展性	关键活动
关键资源		关键资源：可以为客户和公司创造价值的关键要素，以及这些要素间的相互作用方式	核心资源
关键能力			
盈利模式：收支方式、收支来源		盈利模式：收入模式、成本结构	收入来源
现金流结构		盈利模式：利用资源的速度，例如为了实现预期营业收入和利润，需要多高的库存周转率、固定资产及其他资产的周转率，并且还要从总体上考虑该如何利用好资源（现金流结构的特征）	
企业价值	设计要素：创新、锁定、互补、效率		

第二节　商业模式：利益相关者的交易结构

一、区分业务活动与管理活动

商业模式首先把企业活动分为两类：业务活动和管理活动。商业模式的研究对象是业务活动，管理活动是为了驾驭和驱动业务活动所开展的活动。因此，业务活动的设计决定了管理活动的匹配。因此，商业模式与管理模式（包括战略管理）的关系，首先，商业模式设计决定了所需要的管理能力以及对应的管理模式；其次，管理模式是对商业模式执行的有效加强和互补。

与商业模式涉及企业"内""外"不同，管理模式的研究对象——管理者和员工，属于商业模式中的内部利益相关者。在设计焦点企业业务活动的时候，考虑的焦点并非执行和控制，而是业务活动、资源能力、权利的分拆与重构，以期达到最大的交易价值。在商业模式设计中，首先是明确从事业务活动的角色、角色间的关系，以及角色的构型、盈利模式和现金流结构等，然后从这些业务活动设计的过程中，确定在管理模式范畴内对于组织、控制、人力资源、企业文化的要求。

简而言之，商业模式研究的是企业是怎样运转起来的，反映的是企业的运行机制，是企业的基础结构。就比如企业是一辆车，不同类型的车的发动机、底盘、车身等的结构和配置不同，在使用中的功能、应用场景、车辆效率也不同。管理模式看重的是企业目标的确定和业绩的达成，类似于驾驶车辆的目的地、路线选择、驾驶风格、驾驶水平和交通规则，确保车辆安全准时到达。因此，商业模式设计应该先于管理模式设计，商业模式调整优化可以从企业定位、业务系统、关键资源能力、盈利模式、现金流结构这五个方面的任何一个或多个方面着手，每一个方面的调整都会引起或者需要管理模式进行必要的调整和优化。而管理模式的优化，能够保证商业模式创新设计得到强有力的执行。

二、核心概念：交易

交易是商业模式的核心概念，商业模式对交易的研究，既不在于交易的行为与过程，也不在于交易的标的（交易的内容），而是在于交易的形态及其结构。本节内容主要针对商业模式的交易及其相关概念进行讨论。

（一）利益主体、利益相关者与焦点企业

1. 利益主体

利益主体是指在交易中具有资源和能力禀赋的独立主体。它分为外部利益主体，如供应商、竞争对手、客户、用户、政府、金融机构等；以及内部利益主体，如企业内部从事业务活动的研发、采购、销售等部门，或一个小的项目组或个人；还有一类介于内部和外部之间的利益主体，如志愿者、加盟商等，可以称为类内部利益主体。

2. 利益相关者

针对某利益主体 A 而言，与其有交易关系的利益主体均被称为该利益主体 A 的利益相关者。利益相关者同样分为外部利益相关者、内部利益相关者和类内部利益相关者三类。利益主体和利益相关者的区别主要是是否存在交易关系。而在商业模式的设计创新过程中，当前不存在交易关系的利益主体，也因其所具有的资源和能力禀赋，而存在交易的价值和可能性。

由于利益相关者分为内部、类内部和外部三大类，在进行商业模式分析时，怎样的利益主体才算是利益相关者呢？确定利益相关者的评判标准主要有三个方面：具备独立的利益诉求和责任界定，有相对独立的资源和利益的输入输出，可独立进行价值衡量。从这个标准出发，不仅传统意义上的供应商、渠道、客户等，可以看成是利益相关者，某个企业内部部门，例如采购部门，也可以是一个利益相关者，界定的标准在于它与其他部门之间是否存在可界定的交易关系，以及可以独立承担的责任划分。

3. 焦点企业

焦点企业是指在众多利益主体中，商业模式所要研究的目标企业。在一个交易关系中，如果一方是我们的研究对象，那么其他外部各方就是外部利益相关者，而从事内部交易的主体就是内部利益相关者。

（二）活动、能力、资源、效率与角色

要充分理解商业模式的交易概念，需要对商业模式中的与交易相关的一组概念进行区分和确认。首先是企业所选择从事的业务活动，这是在交易中形成企业商业模式构型的基础，正是由于不同企业选择从事着不同的业务活动，而这些活动的拆分、选择和交易的丰富组合，才会形成形态各异的交易结构。其次是能力与资源，这两个要素不但决定了利益相关者从事业务活动的可行性和投入产出水平，同时也往往是被识别、拆分、参与交易，并通过交易实现重新配置的客体。从交易视角来看，在交易中不同的利益相关者承担着不同的功能和定位，这就是交易的角色；而衡量商业模式优劣的一个重要标准，就是在该交易结构下，达成交易的投入产出比，也就是交易的效率。

1. 活动

企业的活动可以分为两大类：一类是直接增值的业务活动；另一类是为了实现业务活动而开展的管理活动。活动之间的稳定、系统性的连接，就形成流程。业务活动之间的连接是业务流程，管理活动之间的连接是管理流程。业务活动由业务所对应的工作流、信息流、实物流和资金流组成，常见的业务活动

包括研发活动、设计活动、生产活动、销售活动等。所有的企业都不能脱离业务活动，业务活动的需求，决定了管理活动的安排。商业模式所研究的是业务活动的选择问题，即利益主体从所处的商业生态系统中选择从事哪些业务活动，这些业务活动有哪些利益相关者，与这些利益相关者的交易及交易结构是怎样的等。一个利益主体可以从事多个活动，如一般制造型企业会包含研发、采购、生产、销售、服务等多个业务活动；一个利益主体也可能只从事某一个活动，如某些金融机构在交易中通常只从事融资这一项业务活动；同一个活动也可以被多个利益主体从事，例如企业的营销活动，可以由负责大客户直销的销售人员承担，也可以同时由负责渠道销售的经销商承担。

管理活动是企业驾驭业务活动、为业务活动提供支持的活动，是为了实现业务活动目标而进行的计划、组织、领导、激励和控制等一系列活动。业务活动和管理活动之间既可以区分开来，又需要相互匹配。多个业务活动可以匹配同一个管理活动，例如经营计划这个管理活动的范围可以覆盖到企业的多个业务活动；单一业务活动也可以匹配多个管理活动，例如研发设计活动，需要匹配从计划到控制的系统的管理活动。

2. 能力、资源与效率

能力和资源用来衡量利益主体在活动环节的投入产出水平，效率则是对投入产出比的衡量。能力与利益主体的产出有关，而产出又分为两个部分：效果和效率。能力的效果一般用业务规模来衡量，业务规模越大，说明活动的产出水平越高，能力越大。能力的效率是指投入产出比，投入产出比越高，能力的效率越高。能力的效果和效率并不一定一致和同步，换言之，需要达到业务活动的效果最大化或效率最大化，所需要的利益主体的能力是不一样的。在交易当中，一些情况下需要利益主体具备快速提升业务规模的能力，而另一些情况则需要利益主体具有较高的投入产出比，这时候需要对所需的能力进行区别判断。

资源与利益主体对活动的投入有关。企业资源可以分为有形资源和无形资源，也可以分为支持型资源和输入型资源。有形资源包含机器、设备、厂房、土地、原材料等，而无形资源是指企业所拥有的客户关系、数据、信息、品牌、商标、专利等。支持型资源如场地、设备、人等，在会计核算中一般属于间接成本；输入型资源如半成品、原材料、数据、信息等，在会计核算中一般属于直接成本。资源可以通过成本来进行衡量和比较，成本包括会计成本和机会成本。在一些活动中，利益主体可能需要支付较高的成本才能获得所需的资源，而对另一些利益主体来说，获得这些资源的机会成本非常低，这就为交易的设计创新提供了可能。

3. 角色

角色是拥有既定资源能力的利益主体在交易结构中的功能。关于角色的定义包含三个方面的要点：第一，角色是从事某一项或某几项活动的利益主体，是类的概念，如销售角色、研发角色。而利益主体是角色的实例，如某具体的销售人员或研发人员。第二，角色直接从事一些活动。一个角色可能从事多个活动，也可能从事某一个活动。决定在交易中承担怎样的功能，投入哪些资源能力，就可以定义一个利益主体在商业模式中所扮演的角色。角色的定义不同，给利益主体带来的可能拓展的价值空间就完全不同。第三，角色之间存在交易活动，因此恰当的角色设计，会激励利益主体将其所拥有的，在整个商业生态系统中最具比较优势的能力，或者最具成本比较优势的资源发挥到极致，就能够提升交易的整体价值增值，从而惠及相应的利益主体。

（三）交换、合作与交易

1. 交换

交换是指买卖双方的一次交易行为。在一次交易中，交易双方每一方都希望能够获得最大的价值剩余。其中，卖方的价值剩余 = 卖方的交易价值（价格×销量）- 卖方的交易成本 - 卖方的货币成本。同理，买方的价值剩余 = 买方的交易价值（效用 & 收入）- 买方的交易成本 - 买方的货币成本。此处的货币成本是指产品或服务的直接成本。由于是一次交易，因此，买卖双方都希望通过压缩对方的剩余来让自己的交易剩余最大化。

2. 合作

合作是指双方或多方长期持续的相对稳定的交易形态。在合作当中，交易的整体价值增值 = 双方总的交易价值 × (1 - 交易风险概率$_1$) - 双方总的交易成本 × (1 + 交易风险概率$_2$) - 双方总的货币成本 × (1 + 交易风险概率$_3$)。合作基于交易参与方通过重复博弈形成的信息判断来提高整体交易价值，降低综合交易成本。

3. 商业模式所研究的交易

商业模式所研究的交易是指利益相关方基于自身需求将拥有的资源、能力的权利切割重组后再配置的活动。交易的目的是满足各方需求，交易的本质是一种权利再配置的活动，因此，交易的内容并不仅仅是产品或服务，还包括利益相关方所拥有的资源、能力。根据交易主体的关系可以将交易分为业务交易关系和治理交易关系。业务交易关系面向交易的内容。治理交易关系是指一方利益主体拥有另外一方的股权,治理交易主要针对利益主体的剩余权利而言,包括剩余收益权和剩余控制权。治理交易关系和业务交易关系在两个利益主体间可以同时存在,也可以单独存在。这两类交易关系的性质又可以分为三种:市场型、科层型和混合型。市场型交易是焦点企业与利益相关者之间的基于市场竞争环境的交易,不存在特定关系资产的投资,具有相互依赖程度低、以最少的信息交易和最低的价格充分反映交易信息等特征。科层型交易是指企业内部依据指令和控制实现的交易。混合型交易关系是介于市场型交易与科层型交易之间的交易,具有特定关系资产投资、有数据和知识的交流共享、有互补资源能力、有效的治理机制等特征。

强调不同交易类型的意义在于,在传统的交换理论中,注重的是交易内容的整体产权转移导致的价值增值,强调同一个交易内容在不同利益主体中收益和机会成本的评价不同。在商业模式的交易理论中,强调不同的交易方式所带来的价值增值,这不但包括对交易内容整体产权的不同切割转移,也包括在对交易内容的切割转移中所涉及的对交易各方资源能力和交易主体角色的切割配置等更加全面和深入的范畴。因此,商业模式的交易概念更具综合性和穿透性。

(四)颗粒度

关于交易的基本概念,包括主体、活动、资源、能力、角色等,在应用当中均可以有不同粗细的颗粒度。所谓概念的颗粒度,是指概念的细化程度。概念的细化程度越高,颗粒度越细或越小;概念的细化程度越低,颗粒度越粗或越大(见表2-2)。不同的颗粒度,有助于对各种交易要素进行不同视角和不同层次的拆分、配置和重构,因此,灵活掌握颗粒度是非常重要的商业模式设计能力。

表2-2 颗粒度的对比

	颗粒度缩小	颗粒度放大
主体	焦点企业内部的业务自主体	生态系统
活动	1. 收集供应商名录;2. 联系供应商;3. 洽谈要求和细节;4. 招投标;5. 确定供应商;6. 签订采购合同	采购
资源	机器、设备、土地、厂房、矿产	实物资源
能力	1. 市场调研能力;2. 消费者行为研究能力;3. 品牌管理能力;4. 渠道管理能力;5. 客户关系管理能力;6. 新媒体营销能力	营销管理能力

概念的颗粒度在应用中有放大和缩小两个方向。颗粒度放大是指从关注焦点企业"上堆"到关注企业与其利益相关者的整体,即整个商业生态系统。生态系统的每个交易主体有其承担的业务活动环节,也有在每个环节的资源投入,以及能力状况。同样的客户需求可以有不同的满足方式,因此两个不属于同一行业但满足同样需求的生态系统,可能存在一定程度上的竞合关系,这会影响企业在交易中的角色选择。而缩小颗粒度,是从关注企业"下切"到关注一个活动,将一个活动环节细分为更小的多个活动环节,而每个小的活动环节又有其投入的资源和能力评价。缩小颗粒度会促进对利益主体进行更加透彻的分析,找到可能被忽略或未被充分交易的资源能力,并有利于更加细致地评价当前投入的资源能力并显现其异质性,从而获得交易设计和交易优化的可能。

三、交易创造价值的基本逻辑

一个交易结构的优劣,评价的基本要素是交易价值、交易成本和交易风险。交易价值是交易生态系统的利益主体聚合体的总收入,它关注的是交易各方形成的生态系统,而不仅是交易中的某一方。交易成本是交易各方为了满足需求、达成交易、维持交易以及分配利益而牺牲的经济价值,简而言之就是交易各方为了达成交易而付出的代价。交易主体、交易结构、交易内容等因素均会影响交易价值和交易成本。而交易风险则是可以用概率来表示和衡量的交易结果的不确定性。交易价值、交易成本和交易风险构成了对交易结构及其价值的基本描述。交易创造价值的基本逻辑如图 2-4 所示。

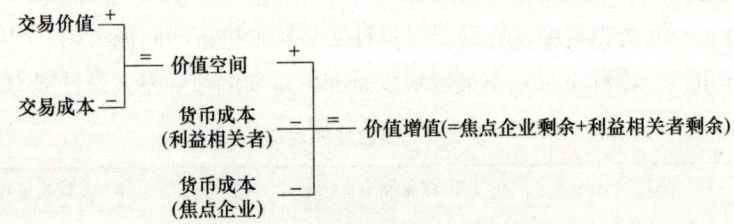

图 2-4 交易创造价值的基本逻辑

每一种交易结构都创造了对应的交易价值,并付出一定的交易成本,两者之间的差为交易结构的价值空间。除了交易成本,包括焦点企业和利益相关方在内的交易参与各方都需要付出货币成本,例如原材料采购成本、内部管理费用等。价值空间减去货币成本就是交易结构为所有利益相关者所实现的价值增值,其组成为焦点企业剩余加上利益相关者剩余。如果一项交易结构创新,能够提升交易价值,或者降低交易成本,或者节省货币成本,或者同时实现以上三项中的两项或全部三项，都会提高价值增值，这就是商业模式的价值。

价值增值 = 交易价值$_0$ × (1 − 交易风险概率$_1$) − 交易成本$_0$ × (1 + 交易风险概率$_2$) − 货币成本$_0$ × (1 + 交易风险概率$_3$)

= (交易价值$_1$ − 交易成本$_1$)/交易价值$_1$ × 交易价值$_1$ − 货币成本$_1$

= 价值空间/交易价值 × 交易价值 − 货币成本

= 商业模式效率 × 交易价值 − 货币成本

这个价值增值公式适用于各种利益主体，可以是某个内部或外部利益主体、也可以是焦点企业；可以是焦点企业内部利益相关者之间、焦点企业与外部利益相关者之间、焦点企业外部利益相关者之间，也可以是以焦点企业为中心的生态系统。

从这个公式可以得出，不同的商业模式存在效率差异，商业模式的效率可以定义为"价值空间/交易价值"。价值增值受三方面因素影响：商业模式效率，表现为"价值空间/交易价值"；战略空间，表现为"交易价值"；管理控制能力，表现为"货币成本"。

$$商业模式效率 = \frac{交易价值 - 交易成本}{交易价值} = \frac{价值空间}{交易价值}$$

对不同市场的选择，其实质是企业的战略定位。战略定位的差异，可以用交易价值表示。不同商业模式的差异，可以用商业模式效率表示。因此，战略和商业模式结合的价值可以用下式表示：

$$战略和商业模式结合价值 = 交易价值 × 商业模式效率$$

$$= 交易价值 × \frac{价值空间}{交易价值}$$

$$= 价值空间$$

从战略定位和商业模式效率在交易价值视角的推论公式，可以得到如下的一些推论：

第一，同样的商业模式对不同的产品、客户等有同等比例的放大作用，其乘数因子就是商业模式效率。例如，同样是连锁加盟模式，应用于珠宝销售、家电销售或是水果销售，其商业模式效率（价值空间/交易价值）是类似的。因此，可以用商业模式效率来评价不同类型的商业模式。

第二，对不同的客户和产品而言，同样的商业模式由于效率等同，具有相似的放大作用，企业应尝试把该商业模式应用在能产生更大企业价值的产品和市场上。以无人智能餐厅为例，同样的创新商业模式，在路边夫妻餐饮店，由于没有增加的流量，也没有需要降低的成本，能够带来的增量收益微乎其微;但是在规模和流量较大的快餐店面,能够创造的价值就非常可观。把该商业模式应用在后者上,所产生的企业价值就会远远大于应用在前者的效果。

第三,对同一市场而言,不同的商业模式具备差异化的效率,放大作用并不相同,因此要选择效率更高的商业模式。例如同样是小饰品的销售,摆地摊、小饰品连锁经营店和淘宝网店三种不同的商业模式,对小饰品市场的放大作用不同,最终能达成的企业价值也不同。

对不同的企业而言,其所具备和能调动的资源能力是有限的,因此,其所涉及的市场和商业模式价值组合是一个有限集,从中找到市场空间和商业模式效率共同作用最大的组合,实现价值空间最大化,将是最优的选择。

第三节　商业模式设计与创新方法

企业要进行商业模式的创新,就要对所在的交易结构进行设计,要回答一项资源能力在多个利益主体之间如何交易的问题。企业价值增值可以通过十二个不同的参数表述:交易主体、资源、能力、交易内容、交易方式、角色、关系、构型、收支方式、价格、收支来源、现金流结构。去掉属于战略选择的交易内容,其他参数构成了商业模式设计的最基本要素,参数的变化形成商业模式各种丰富的组合。这些参数可以归纳为六个显性的商业模式要素:定位、业务系统、关键资源能力、盈利模式、现金流结构和企业价值,这就是商业模式六要素模型。

一、商业模式设计:从六要素模型出发

一种商业模式的构成,可以通过六个要素来定义和描述。这六个要素形成一个概念清晰完整而有别于其他学科的体系(魏炜和朱武祥,2007),并且涵盖了商业模式设计参数的选择结果,具体包括定位、业务系统、关键资源能力、盈利模式、现金流结构和企业价值。这六个要素相辅相成,相互影响。其核心概念是业务系统,强调整个交易结构的角色、关系和构型。定位强调满足利益相关者需求的方式;盈利模式强调与交易方的收支来源及收支方式;关键资源能力强调支撑交易结构的重要资源和能力;现金流结构强调在时间序列上按照利益相关者划分的现金流的比例关系。这四个要素都可以看成是业务系统在不同侧面的映射或者反映。最后的企业价值是商业模式构建和创新的目标与最终实现的结果。商业模式六要素模型一方面全面涉及交易主体、交易方式和交易

定价等交易的相关参数，并紧紧围绕着"利益相关者的交易结构"这个概念内涵；另一方面并没有涉及战略、组织、营销、运营、财务等其他学科的要素，是个完整统一的商业模式外延体系。

（一）定位

一个企业要想在市场中赢得胜利，首先必须明确自身的定位。定位是企业满足利益相关者需求的方式，也就是交易方式。这里面的利益相关者，实质是广义的客户，包括内部客户（如员工）、外部客户（如供应商、消费者、服务提供商，直接客户、间接客户等）、类内部客户（如特许经营门店，外包服务，外协加工等）。

在定位的定义中，关键词既不是利益相关者，也不是需求，而是需求满足的方式。例如，同样是满足消费者喝豆浆的需求，可以开连锁店卖豆浆，可以卖豆浆机让消费者自己操作，也可以开社区体验店现磨现卖等，这就是定位的差异。定位决定了企业应该提供什么特征的产品和服务来实现客户的价值。定位是企业战略选择的结果，也是商业模式体系中其他部分的起点。

（二）业务系统

业务系统是指交易结构中的角色、关系和构型，包括企业需要从事的业务活动环节、各利益相关者从事的角色，以及利益相关者的业务交易关系和治理交易关系。构型指的是利益相关者因交易而形成的网络拓扑结构或联结方式，常见的构型包括双边平台、单边平台、软（纵向或横向）一体化、硬（纵向或横向）一体化等。业务系统的构型可以从行业价值链和企业内部价值链以及内外利益相关者的角色等层面来理解。这三方面的不同配置会影响整个业务系统的价值增值能力。

业务系统是商业模式的核心。高效运营的业务系统不仅仅是赢得企业竞争优势的必要条件，同时也有可能成为企业竞争优势本身。一个高效的业务系统需要根据企业的定位识别相关的活动并将其整合为一个系统，然后再根据企业的资源能力分配利益相关者的角色，确定与企业相关价值链活动的关系和结构。围绕企业定位所建立起来的这样一个内外部各方利益相关者相互合作的业务系统将形成一个价值网络，该价值网络明确了客户、供应商和其他合作伙伴在影响企业通过商业模式而创造和获取价值的过程中所扮演的角色。

（三）盈利模式

盈利模式包括企业的收支来源和收支方式（也就是定价方式），收支来源即谁给谁钱，企业如何获得收入、如何支付成本、相应的比例结构，收支方式包括了固定性质的租金、剩余性质的价差、分成性质的佣金，以及拍卖、客户定价、组合定价等。即使定位和业务系统相同的企业，盈利模式也可以千姿百态。良好的盈利模式不仅能够为企业带来收益，更能为企业编制一张稳定共赢的价值网。各种客户怎样支付、支付多少，所创造的价值应当在企业、客户、供应商、合作伙伴之间如何分配，是企业盈利模式所要回答的问题。

（四）关键资源能力

业务系统决定了企业所要进行的业务活动，而要完成这些业务活动，企业需要掌握和使用一整套复杂的有形和无形资产、技术和能力，即关键资源能力。关键资源能力是支撑交易结构背后的重要资源和能力。任何一种商业模式构建的重点工作之一就是明确企业商业模式有效运作所需的资源能力，如何才能获取和建立这些资源能力。

对商业模式的关键资源能力的理解需要强调两点：第一，关键资源能力是相对于商业模式而言的，因此不同行业的企业可能需要具备同样的资源能力组合，只要它们的商业模式相同。第二，概念中重点强调要使交易结构成立，企业"需要"具备的资源能力，因此是一个先验的判定而不是事后的判断。在建立或设计一家企业的商业模式之前，就可以断定它需要具备的资源能力，然后再去寻找具备这些资源能力的利益相关者，谋取合作，从而形成整个交易结构的配置。

（五）现金流结构

现金流结构是以利益相关者划分的企业现金流入的结构和流出的结构以及相应的现金流在时间序列上的分布形态，其贴现值反映了采用该商业模式的企业的投资价值。不同的现金流结构反映企业在定位、业务系统、关键资源能力以及盈利模式等方面的差异，体现企业商业模式的不同特征，并影响企业成长速度的快慢，决定企业投资价值的高低、企业投资价值递增速度以及受资本市场青睐程度。好的现金流结构，能够实现早期较少的投入、后期持续稳定的较高回报。

（六）企业价值

企业价值是商业模式的落脚点。评判商业模式优劣的最终标准就是企业价值的高低，对于上市公司而言，则直接表现为股票市值。对商业模式的评价，也可以采用焦点企业的关键资源能力的效率来衡量。

商业模式六要素模型无论对传统行业还是现代信息技术下的新兴行业都适用。这六个要素互相作用、互相决定。相同的企业定位可以通过不一样的业务系统实现；同样的业务系统也可以有不同的关键资源能力、不同的盈利模式和不同的现金流结构。商业模式的构成要素中只要有一个要素不同，就意味着不同的商业模式。一般来说，某一个要素的变化会带来其他要素的变化。一个能对企业各个利益相关者有贡献的商业模式，需要企业从这六个方面的框架指引下，反复推敲、实验、调整和实践而产生。

二、商业模式创新方法

商业模式的所有要素都有可能成为商业模式创新的触发点（Osterwalder & Pigneur, 2010），要素作为商业模式创新的重要出发点，具有较强的现实意义。商业模式创新是基于企业内部不同要素之间的重组和相互作用所带来的机会选择，为企业价值创造、资源整合、内部系统变更等方面提供新的思路，进而通过改变某一环节影响其他组成要素和维度，实现创新的可能性。但是每个要素在价值创造的过程中所起到的作用和要素之间的相互影响都是不同的，其重要性也有优先等级。有时又需要创新多要素来适应变化，所以企业要根据实际情况选择有效的创新路径。

以"魏朱商业模式六要素模型"为基础，本节我们将归纳商业模式创新能够通过哪些要素的变动来实现。由于企业价值是商业模式的落脚点，本书将从定位、业务系统、盈利模式、关键资源能力和现金流结构五个方面来探讨商业模式创新方法。

（一）定位创新

如前所述，定位是企业满足利益相关者需求的方式。不同的商业模式定位，将影响不同的战略定位和营销定位。例如，建立连锁店销售冰冻果汁的企业，可能会考虑把店面建设在一线城市商圈，定位于商务人群（战略定位），强调环境的舒适，气氛的幽静（营销定位）；而如果是销售榨汁机器，则可能要考虑面向家庭主妇和年轻白领（战略定位），强调操作的简易性（营销定位）等。

魏炜等（2019）归纳了以下四种定位创新的方式：

1. 产权转移

产权指的是所有者对财产的一束权利。既然是一束权利，就意味着可以将这些权利切割开来，分配给不同的利益相关者。不同的产权分配，就会产生不同的价值。简而言之，产权可分为使用权、收益权和转让权。传统的产品销售模式，是一次性的全部转移产品的使用权、收益权和转让权，而创新商业模式则会将产权分割，把每个权利分配给能够创造更大交易价值或者降低交易成本的利益相关者，从而实现商业模式价值的最大化。

除了把产权切分为使用权、收益权和转让权之外，产权完全可以切割得更为细致。例如占有权、开发权、改善权、改变权、消费权、出售权、捐赠权、抵押权、出租权、借贷权等，不同的切割都会带来不一样的商业模式的创新。在商业模式定位中，产权的切割、重组是一个重要的途径。作为一束权利，产权可以纵向、横向切割成很多份权利，并把其中的几份权利组合在一起配置给某一利益相关者，把另外的几份权利组合在一起配置给另外一个利益相关者，这种组合的多样性就构成了缤纷多样的商业模式定位。产权分割的机理在于，同一权利配置给不同的利益相关者所产生的交易价值和交易成本是不同的。某些利益相关者能够把该项权利的优势发挥到最大，产生最大的交易价值；某些利益相关者对该项权利的评价最高，配置给他能使交易成本最小。产权的分割和重新组合配置都要耗散一定的交易成本，只有从中产生的交易价值超过分割重组的交易成本，这种新的产权配置才是有价值的。最合理的权利束配置是使交易价值和交易成本的差值（即价值空间）最大——尽管这意味着在某些情况下，可能要把某些权利配置给只能发挥次大优势或对权利评价次高的利益相关者。

2. 重组配置交易过程

企业与消费者交易的过程可分为：交易前的相互搜寻过程、交易中的价值感知过程，和交易后的执行过程。不同的商业模式定位，在这三个过程中的交易价值、交易成本和交易风险都不同，因此最终形成的商业模式价值也不同。例如，对零售企业而言，就必须在交易过程这几个环节之间进行重组配置，成为兼具网店和实体店的混合商业模式定位，并且实现消费者在多个环节的线上线下模式之间自由切换，才能获得更大的客户满意和交易增量。例如，一些商家推出的无人商店，实现了客户在网上搜寻、在实体店感知形象展示和增强体验、在网店执行交易的混合定位，这正是对实体店和网上商店在不同交易环节中，交易价值、交易成本优势不同进行优化组合的结果。

3. 输出形态创新

改变满足客户需求的方式也是模式创新的一种，例如，空调厂商可以直接销售空调机给客户，这是提供产品，也可以由企业安装中央空调按照面积收取管理费，这是提供服务。从定位产品转型到定位服务，甚至升级为定位提供解决方案，这些商业模式要素的变化都有可能获得创新绩效。

扩展案例 2-1

尚品宅配的商业模式创新

1994 年,尚品宅配的前身——圆方软件成立。作为一家科技类公司,圆方软件为家具企业提供装修和家具设计类软件产品。由于当时家具企业对利用设计软件进行营销的理念尚未成熟,市场教育成本较高。经过 10 年的发展,圆方软件在国内装修软件市场的占有率高达 90%,但即便如此,圆方软件 2004 年的销售额也仅为 3 000 万元。业务增长乏力,圆方软件的"突围"之举是将客户定位从 B 端的家具企业转向下游的 C 端,即需要家装服务的购房消费者:他们通常是二三十岁的年轻人,正值购买刚需住房后经济并不宽裕时,他们关心性价比,主见强,喜欢现代感强的板式家具,但又不甘于平庸,希望所买的家具有个性。另外,上网已经成为他们生活的一部分,买家具的时候他们会在网上查信息。

基于此,2004 年圆方软件正式跨界,从软件服务商转型为家具制造商,尚品宅配正式成立。公司成立之初,就推出家具制品的个性化定制业务,并率先推出前期免费服务,即免费上门量尺、通过设计软件为消费者提供免费的设计方案,再利用软件平台向消费者销售个性化定制家具。为了促成个性化定制商业模式的成功,一方面,公司采用信息技术对传统生产线进行了改造,并成立了维尚家具制造公司,以期解决规模化生产和定制化模式的矛盾;另一方面,公司从 2007 年开始,不断完善数据库资源,广泛收集了数千个楼盘、数万种房型的数据建立"房型库",从单一的"房型库"拓展到"产品库"和"空间解决方案",逐渐累积形成大数据资源库。由此,初步形成以信息技术为支撑、以大数据资源为驱动的定制化商业模式。截至 2011 年,尚品宅配实现了从单一产品定制化向综合解决方案定制的转变。之后尚品宅配开始步入品牌大营销的时代,并开启了服务、产品和品牌的全面升级。如今,尚品宅配针对消费者的个性化定制已更具深度,即最大限度地满足消费者的个性化需求。

总结来说,"互联网+"使企业商业模式的逻辑范式发生了变化,尚品宅配探索出了传统制造业与互联网和信息技术深度融合的商业模式新范式,这包含着工业生产的互联网思维、全程数据化驱动的生产流程、客户和制造商直接联结的运营模式等,使得个性化需求和工业化的大规模生产得以兼容。另外,尚品宅配从过去的软件销售模式,跨界进入到家具制造业,并构建满足用户个性化需求的大规模定制商业模式,其大数据资源的形成、云计算能力,以及基于信息技术构建的柔性生产系统,是企业成功转型的关键。

4. 改变价值主张曲线

商业模式定位创新还可以通过改变价值主张的维度来实现,价值主张维度首先要确定客户的需求价值点,评估对比不同的需求满足方式在客户需求价值点上的评价,形成价值主张曲线,再根据客户需求设计期望达成的价值主张曲线,最后根据实现此价值主张曲线的要求来设计商业模式定位。

以酒店行业为例,客户的价值点主要包括建筑美感、大堂装潢、前台服务、客房大小、客房设施、床位质量、卫生程度、安静程度、价格和餐饮设施等。传统的星级酒店在这些价值点方面给客户提供的价值相对水平,是处在一个同比的差异程度上,而经济型酒店的推出,则在这些需求的价值点上,提供了不同的组合,以不同的需求满足方式来构建差异化,形成不同的商业模式。这个过程可以采用价值主张曲线的工具来描述,如图2-5所示。

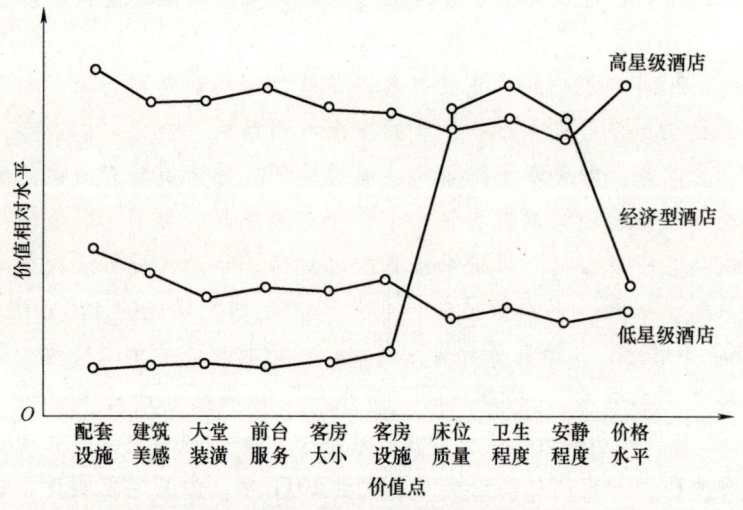

图2-5　酒店价值主张曲线差异对比图

如上例所示,从价值主张维度来确定商业模式定位,首先要从需求价值点的角度来分析客户的价值点,分析不同需求满足方式在这些价值点上的价值高低,然后在每一个价值点上都可以采用《蓝海战略》一书中所提出的四个动作进行价值点的分析和重构。这四个动作如下所述:

- 剔除:哪些被产业认定为理所当然的价值点需要剔除?
- 减少:哪些价值点的含量应该被减少到产业标准以下?
- 增加:哪些价值点的含量应该被增加到产业标准以上?
- 创造:哪些产业从未有过的价值点需要创造?

通过这四个动作的价值分析和重构,就能够形成新的价值主张曲线,价值主张曲线描述了需求满足程度的高低和差异,也是焦点企业的价值主张。要满足这个价值主张,焦点企业要在两个方向采取行动:一个方向是用新的产品和服务来满足客户需求,这个途径属于战略的方式;另一个方向则是根据这样价值主张的目标状况,设计实现此价值主张的需求满足方式,即商业模式定位。

(二)业务系统创新

业务系统的设计关键在于对行业周边环境和相互作用的经济主体的通盘分析。对于任何一个打算进入某个行业的新企业,或者希望进行商业模式创新的企业,都可以通过反复询问以下一系列逐步深入的问题来确定企业的业务系统。

第一,本企业拥有或可以(希望)从事什么样的业务活动?

第二,行业周边环境可以为本企业提供哪些业务活动?

第三,本企业可以为各个相互作用的主体提供什么价值?

第四,从共赢的角度,本企业应该怎么做才能够将这些业务活动形成一个有机的价值网络,同时又让其他利益相关者得到他们想要的收益?

业务系统设计就是要企业从全局的角度来设计和布置自己与利益相关者的关系,既要准确定位,让企业资源能力得以最大化的发挥利用,又要着眼于整个商业生态全局的成功,以及商业生态内在价值创造逻辑和驱动力的一致性。企业要设计一个好的商业模式,站在企业自身的角度是完全不够的,必须要从利益相关者的不同利益诉求和假设前提出发,站在所处商业生态系统的高度思考。生态系统中不同利益相关者通过不同的交易结构组织在一起,商业模式就是基于利益相关者诉求的不同假设,对交易结构的一种设计安排。焦点企业只有在发现和解决所在商业生态系统的核心痛点,创造生态系统的价值和效率改进空间的基础上,设计自身的商业模式,才会设计出真正有效的商业模式。这个思考的范围称之为商业模式空间。魏炜等(2019)通过广角镜思维、多棱镜思维和聚焦镜思维三种工具等组合应用以创新业务系统。

1. 广角镜思维——发现更多交易角色

广角镜维度是指从现有利益相关方着手,发现客户的客户,供应商的供应商,利益相关者的利益相关者,从而站在整个商业生态系统的角度,拓宽价值发现的空间和视野。每个商业生态系统都是一个价值创造、价值传递和价值实现的闭环主体,通过引入新的利益相关者完善商业解决方案,可以使得交易空间增大。由于采用了广角镜的思维,就可以站在不同利益相关者的视角,再定义焦点企业业务的价值空间,从而产生不同的价值空间估值逻辑。例如,移动出行服务类软件既可以被看作连接乘客与租车之间的更为有效的出行解决方案，同时也可以看成移动支付的一个入口，是培养客户移动支付习惯的有效闭环，抑或是消费者基于地理信息的移动生活应用场景的平台。这三种视角和定义，对于滴滴打车这样的打车类应用的价值评估差异巨大。

透过广角镜这个视角，焦点企业可以发现和拓展在整个商业生态中，对于自身来说最大的价值潜力。

2. 多棱镜思维——发现商业生态内的所有资源和能力

多棱镜维度是指发现并利用商业生态系统中的沉睡的资源能力。每个利益相关者的资源能力具有不同的价值属性，在传统框架下，企业对自身的资源能力的属性和价值的评估相对固定，但是放在整个商业生态当中，很多资源能力就能够通过交易发挥出应有的价值。通过多棱镜，而对利益相关者的资源能力进行分解，并在商业生态的框架下进行重构，往往是商业模式创新的突破点。

例如，入选 2013 年福布斯美国小型公司 100 强的减肥食品公司 Medifast，把它的客户变成了健康教练，健康教练通过拓展新的客户获得产品销售分成。健康教练用自身的成功减肥经验帮助新的客户减肥，在促进产品销售的同时也能带给客户更好的消费体验。Medifast 正是看中了每个客户真实的减肥成功案例比明星代言更具有感知力这一能力资源，通过把客户变成产品宣传和销售的合作伙伴，以裂变式传播的方式，快速扩大了业务规模。

3. 聚焦镜思维——构建更多的交易结构

聚焦镜维度是指在每个利益相关者的愿景目标、业务规模、风险承担能力各有不同，发展速度也不同步的前提下，不断检讨不同利益相关者角色和交易结构的设计，来改进商业生态系统的效率。这种以生态系统效率改进为目的的检视包括三个方面：一是在整个业务活动系统中，通过将活动环节切割和重组，调整各个利益相关者的角色与资源的投入；二是结合各个利益相关者对结果的影响力与利益诉求，匹配盈利模式；三是设计推演各个利益相关者的现金流结构，保障商业生态系统现金流结构的顺畅。这样的检视能够提升商业生态系统的运作效率。

众所周知，戴尔电脑的崛起是商业上的成功而非技术上的进步。在当时各业务环节已趋于成熟的电脑组装产业，戴尔电脑通过直销的商业模式，先获得顾客的订单再购买配件组装生产，取代了分销商的角色，将销售的业务活动环节揽入麾下，先款后货的方式不仅降低了电脑配件的采购规模和风险，而且使得其现金流从初始投入运转就是良性的并越来越健康。在技术更新换代极快的计算机产业中，戴尔的直销模式改善的是整个计算机组装商业生态系统中的成品与零配件的存货水平与周转速度，现金流的运转也更为流畅，这种做法重构了整个生态系统的成本结构和风险结构，也带来了戴尔电脑的成功。

在"三镜"思维的基础上，通过一套结构化的方法，就可以进行商业模式的系统设计。这一方法的基本逻辑是：企业的价值增值是由三方面决定的。第一是交易角色，广角镜就是通过发现更多的交易角色来扩大价值增值；第二是商业生态内的所有资源，多棱镜即是发现更多资源和潜在资源；第三是各利益相关者的交易结构，聚集镜的作用就是构建商业生态内各利益相关者更多样化的交易结构。

（三）盈利模式创新

很多企业都非常关注营业收入和市场份额的增长，对于企业应该如何盈利的问题却缺乏深度的思考和设计。企业容易陷入一个常见的误区是，对盈利模式的讨论围绕着由供求状况决定的价格水平来展开，主要考虑的焦点在于企业成本结构、竞争对手定价，以及产品或服务带给客户的价值认知，使企业将盈利提升更多通过客户感知价值提高和客户规模扩大来展开，忽略了企业盈利模式创新带来的盈利空间。

成功的企业往往能够通过主动的盈利模式设计，提高交易效率，创造竞争优势，通过收支来源和盈利方式的调整，拓展原有价值空间的规模张力和价值实现的效率。盈利模式创新应从盈利来源和定价方式两个方面展开。

1. 盈利来源创新

同样一个产品，盈利来源可以有很多种：直接让渡产品的所有权，把产品卖掉，这是传统的销售；只让渡产品的使用权，企业仍然保有所有权，把产品租出去，收取租金，这是租赁；销售生产出来的产品；作为投资工具，例如在生产衍生产品的同时，把产品打包卖给固定收益基金，企业得到流动资金，基金公司获得一个有固定收益的证券化资产包等。盈利来源可以按照业务（客户和产品）、资源能力和利益相关者三个维度进行分类，其创新来自以下三个方面：

（1）自有业务及其升级。企业的自有业务是盈利来源的起点，企业通过对自有业务的升级，提出更加有力的客户价值主张，改善客户的满意度或性价比，从而带来更大的客户规模或客户更高的价值认可，这是盈利来源提升的最直接的路径。

伴随着企业的生命周期的不同阶段，很多创业型的企业都是从最初的核心产品开始,逐步拓展到为客户提供丰富的产品组合,然后发展到直接向客户提供满足客户价值的服务,乃至为客户提供系统解决方案,就是一个从自有业务逐步拓展升级的过程。这也是盈利模式拓展的最自然和最直接的方式。

(2)企业独特的资源能力。企业通过所拥有的独特的资源能力开展业务获得盈利。在此基础上,企业还可以通过发展和提升与其商业模式相匹配的关键资源能力,为自身和社会创造更多福利。企业内的各种资源能力的地位并不是均等的,不同商业模式能够顺利运行所需要的资源能力也各不相同。以企业内的关键资源能力为中心,寻找、构造能与之相结合的其他利益相关者;或者对企业内部价值链上的能力要素进行有效整合,以创造更具盈利能力的价值链产出。尤其是当这种资源能力对最终产出影响巨大时,也会改变企业的盈利方式的设计。

(3)寻找利益相关者之间的关联。从利益相关者的角度思考盈利模式,关键在于寻找利益相关者之间的关联性,思考利益相关者的利益诉求,以及在什么条件下对方愿意参与这个商业模式等。只要在众多利益相关者之间形成价值闭环,可以使该利益相关者的需求有人提供,成本能够承担,收益可以保证,优势得以发挥,那么这就是一个完整的盈利模式循环。

运用利益相关者关联的方式设计商业模式,其最典型的代表是免费模式,即让直接用户免费获得企业的服务。免费作为一个手段带来用户规模的快速膨胀,企业的盈利来源则是源自能从用户群体上获益的第三方合作伙伴。对于企业而言,免费不是目的,通过免费实现收费才是目的。以谷歌为例,其访问用户都可以免费地通过谷歌获得搜索服务,而支持谷歌收入的来源则是广告收入。广告商非常看重谷歌聚集起来的对不同搜索内容感兴趣的访问用户,这些通过搜索关键词而被细分了的客户群体具有非常高的消费潜力。

2. 定价方式创新

交易的定价方式多种多样,不同方式带来的交易效率有很大差别。本书总结了五种经典的定价方式设计方法。

(1)固定、剩余和分成。固定、剩余和分成是交易中最为经典的定价方式。固定收益的表现形式有买断(一次性、总量),租金(按时间、按面积),计件工资(按产量),阶梯式工资(跟产量挂钩)等。剩余收益表现形式有股权、纯分红、期权、提成等。

在一次交易中,一般存在三种情况:第一种情况,甲方拿固定收益,乙方拿剩余收益。如果甲方的收益不受产出大小的影响,例如厂房出租者,那么甲方(厂房出租者)就获得了固定收益。第二种情况,甲方拿剩余收益,乙方拿固定收益。例如工厂所有者，在支付完固定成本如房租、工资等之后的收益都是自己的，那么甲方（工厂所有者）获得了剩余收益。第三种情况，甲方、乙方都拿剩余收益，则称为甲方、乙方都拿了分成收益。

（2）进场费、过路费、停车费、油费和分享费。为了便于理解，以车辆相关的费用举例。开过车的人都知道，除了车辆的购置费用之外，在使用车辆的过程中，还涉及很多不同类别的费用。其中各种固定费用，例如保险费、养路费、年检费；还有一些不固定的费用，例如维修费、油费、过路费、停车费等。这些名目繁多的费用，可以被分成几类：第一类是类似于厂家进入商场的进场费，只有缴纳了这笔费用才有资格或者才被允许开展业务活动，例如车辆的交强险；第二类是按照使用次数计费的，例如过路费、过桥费等；第三类是按照使用的时间段计费的，例如停车费；第四类是按照消费量或消费价值收费的，类似于汽车的加油费。除了上述费用之外，还有把产品的价值增值作为定价方式的，不妨称之为分享费。最直观的例子就是按收入比例收取的加盟费。分享费中的价值增值可以是收入的增加，也可以是成本的节约。例如，EMC（能源管理合同）按照能够给企业客户创造的能耗节省价值为基准分成，也是属于分享费的一种。进场费、过路费、停车费、油费和分享费，这五种定价方式具有普适的应用意义。表2-3是一些类似的范例。

表2-3 不同定价方式与范例

类别	定价方式	范　　例
进场费	消费资格	会员费、订阅费用、自助餐、一次性销售
过路费	消费次数	搜索广告按点击数收费、健身卡按次数收费、投币洗衣机
停车费	消费时长	网络游戏按在线时长收费、手机通话按时长收费
油费	消费价值	按成本定价、网络游戏销售道具、计件定价
分享费	价值增值	加盟费、投资基金（包括一级市场、二级市场）、EMC（能源管理合同）

（3）拍卖定价。拍卖定价是价高者得，它通过有着较高交易成本的竞价机制，准确地把握了消费者信息的购买意愿。正因为如此，商品的稀缺性是拍卖定价应用的关键，只有买家众多而商品稀缺时，卖家才能够诱导竞争出价实现价值最大化。拍卖定价使得拍卖者掌握了消费者的最高出价意愿，从而最大限度地获得了消费者剩余，实现了利润最大化。这种定价方式最能够反映买方对标的商品的真实心理价位，但让买方出价获知真实价格其交易成本通常也是最高的。所以，在实际应用中有两种情形比较普遍：一种是货值较高时，如大宗产品、古董字画等，买方心目中真实价格的披露带来的价值增值远超拍卖造成

的交易成本；另一种是能够运用技术手段充分降低交易成本，如充分利用互联网数据传输优势的股票交易市场，网上拍卖市场的主要参与者等。

（4）顾客定价。顾客定价是完全由顾客来决定产品或服务价格的高低，顾客出价时既没有其他买家的潜在竞争压力，也不会受到拍卖底价的限制，在极端情况下顾客可以免费获得产品或服务。例如当人们去酒店或餐厅消费的时候，常常给侍者的小费就是顾客对其服务的认可，以及愿意付出的价格。通常顾客定价的方式适用于较低边际成本的产品或服务、体验型产品以及顾客群体广泛并具有差异化的场景。

顾客定价原本并不普遍，但互联网时代的到来使得顾客定价的方式大放异彩。互联网企业为新增客户提供服务的边际成本几乎可以忽略，同时又面对海量的客户。海量客户中对产品或服务的体验认知是不同的，那部分给予高价值认知的客户群体正是顾客定价的基础。例如，网络百科全书维基百科，公司运营完全依赖个人和企业赞助，而不接受广告等商业活动。而很多自媒体公众号的收入来源就是读者的打赏。

（5）组合定价。前四种方式针对的主要是单一产品/服务的定价，而根据企业提供的产品组合的不同，还可以把组合定价分为产品组合定价和顾客群体组合定价两种。其中，产品组合定价比较常见的有两部定价（进场费+过路费，或者进场费+油费）、剃须刀—刀片、反剃须刀—刀片、整体解决方案、超级市场货架等模式，顾客群体组合定价则主要有交叉补贴、批量定价、分时定价、团购、长尾等模式。下面简要介绍剃须刀—刀片和团购模式。

1）最先发端于20世纪初吉列的"剃须刀—刀片"的销售模式，是指将一把剃刀（带一枚刀片的剃刀架）的零售价定为不到其成本的1/5，然而该剃刀只能使用吉列发明的专利刀片，消费者每次购买剃刀，必须买刀片，吉列把刀片定价为5美分，而实际成本还不到1美分。对消费者而言，一个刀片可以使用六七次，每次刮脸成本不足1美分，这是去理发店刮脸价格的1/10，消费者当然趋之若鹜。"剃须刀—刀片"模式的精髓在于通过廉价的剃须刀锁定客户，然后，用高毛利的持续刀片销售获取盈利。这种模式能够成立的前提是锁定客户。如果不能锁定客户，那这个模式就很难实现。

2）团购就是团体购物，作为一种新兴的商业模式，通过消费者自行组团、专业团购网站、商家组织团购等形式，提升用户与商家的议价能力，并极大程度地获得商品让利，而商家根据薄利多销的原理，给出低于零售价格的团购折扣和优质服务，带来规模效应的模式。团购这种模式使参与交易的三方都得到了各自的价值。消费者以较为优惠的价格获得了超值的产品和服务；商家获得了开拓市场和提升规模的价值；而团购的组织方，特别是专业的团购网站，则获得了巨大的交易流量、广告收入和企业估值。近年来，中国团购网站的竞争非常激烈，2011~2012年大量的团购网站陷入争夺市场生存空间的"千团大战"之中。而成立于2015年9月，却在2018年7月就在纳斯达克挂牌上市的拼多多，以三线以下地区为目标市场，在最短的时间内吸引了近3亿的年活跃用户，创造了1 987亿元的年成交额，甚至推动上游根据订单做批量化定制生产的团购拼单模式，演绎了一个精彩的商业神话。

扩展案例 2-2

亚马逊推出 Amazon Mom 会员体系差别定价

对不同群体展开差别定价的核心是：分析用户的付费意愿和价格敏感性。到了互联网时代，通过群体身份而差别定价的做法得到更广泛的应用。亚马逊推出 Amazon Mom 会员体系（后来更名为 Amazon Family）。允许新生婴儿的母亲注册、缴纳一笔年费后（最初为99美元）即可成为 Amazon Mom 会员。新生儿的家庭需要不间断地购买大量的奶粉、尿布、喂养用品等产品。高频重复购买的消费者，大部分情况下对这些产品的价格是比较敏感的。对于 Amazon Mom 会员，尿布、婴儿纸巾类产品在亚马逊的价格基础上给予20%的额外折扣，尿布和婴儿纸巾以外的母婴产品可以获得10%~30%不等的额外折扣。此外还可以享受亚马逊的急速物流和其他额外服务。

通过这种差别定价的方式，不仅抓住对价格敏感的群体（尽管缴纳年费，但因为高频，仍会比直接购买便宜得多），而且有效地黏住用户，使这些用户群在亚马逊购物的购买额度大幅增加。

不同的盈利来源需要与之匹配的定价方式。定价方式的设计充满创意，可以从单一产品/服务定价，逐渐扩展到更加复杂的组合定价，再到综合定价，结合不同的盈利来源，创造性地设计不同的定价方式，从而实现盈利模式创新。

（四）关键资源能力创新

关键资源和能力是让业务系统运转所需要的必要条件，不同的商业模式要求企业具备不同的关键资源能力，同类商业模式其业绩的差异主要源于关键资源能力水平的不同。

例如，同样是做餐饮，不同的商业模式，对关键资源能力的要求差异非常大。高档餐厅需要上档次的装潢、好厨师、创新附加值高的菜品和周到、细致的高级服务，所以环境、菜品质量控制和创新人才等资源能力成为关键；连锁经营的餐厅则要控制好中央厨房、仓储和冷库的管理，对原材料采购、分发、配送等供应链要求甚高，作为曾经坚信高流量的选址、标准化和快速复制是其关键资源能力的连锁快餐，今天对关键资源能力的排序则让位于外卖平台的流量、覆盖范围和送达效率；而服务于大型组织的团餐服务企业，除了菜品的质量和服务周到以外，更重要的是探索如何提高同时供应几千人就餐的效率，这种情况下规模化、集中化的能力是团餐企业必备的关键资源能力。

　　一个企业的资源能力优势必须契合商业模式，才是企业的关键资源能力。只有成为企业的关键资源优势，才是企业的"有效优势"。企业的资源能力并非一成不变的，可以通过外部获取、内部积累、组合、拆分、剥离等多种方式重构。强化和保持资源的有效优势，把无关资源或劣势资源等通过重构交易结构、寻求交易或者转化变成有效优势，从而推动企业的商业模式创新。两类典型的创新设计方法是"觅新"和"补缺"。

　　（1）"觅新"。"觅新"是指从生态系统利益主体身上找到那些没有进入交易的，在场景中存在潜在价值的资源能力，通过新的模式将这些潜在资源变现。现实的商业实践中，不管是 Airbnb 还是 Uber 的做法，都是把原先没能创造价值的资源能力通过新的交易结构变现了。

　　（2）"补缺"。"补缺"指的是培养或创造出一类新的，当前所处的生态系统中不存在的，能够提高总体效益的资源，例如，阿里电商以前没有支付宝的时候，生态系统的效率就有问题。增加这个角色之后生态系统得以补全，相应的效率可能就会提高。

> **扩展案例 2-3**

北汽收购萨博以构建自主创新能力

　　2009年，受到全球金融危机的影响，通用汽车公司控股的北欧萨博汽车公司出现了严重的财务危机。虽然北汽参与其收购竞标几经周折，但时机和能力的结合成就了这一与海外并购式投资不同的知识产权收购。北汽派出的8人收购团队对通用汽车的文化和萨博的技术相当熟悉，且都曾经在通用或福特公司工作10年以上。在收购萨博品牌同时负担其债务和日后运营与收购知识产权的两个方案比较中，北汽选择了后者。2009年12月，北汽正式宣布以2亿美元购得萨博的3个整车平台、2个系列涡轮增压发动机和2个变速箱（简称"322"）的技术所有权，以及整车开发、制造生产、零部件供应商采购和产品质量保障"四大体系"，购买物全部为无形资产。

北汽董事长徐和谊表示，本次收购以 15 亿元人民币的代价取得了 30 亿～40 亿元的产品开发成果，使北汽至少节约 5～6 年的研发时间，并成为中国汽车企业海外并购中第一个成功购买到包括技术诀窍在内的知识产权的企业。"四大体系"作为收购清单中更重要的隐性知识部分，使购买方能够切实地掌握开发和制造所购车型的技术，并将之转化为自己的能力。为此，北汽在购买合同中与萨博约定了 200 万美元的服务费，萨博人员按要求赴华协助北汽将萨博技术落地。为保证外方的技术支持能够到位，双方设立了 2 500 万美元的共管账户，约定在满足后续支持条款并获得北汽签字后，外方可获得共管账户的资金。这一揽子收购合约安排为北汽在技术学习过程中切实掌握所购技术提供了有力保障。

收购萨博技术后短短几年时间内，北汽构建起了囊括产品开发、供应链网络、生产制造、质量控制和营销的全价值链自主体系，同时，培养出属于北汽的研发队伍、供应商管理队伍和质量保证队伍。2013 年和 2014 年，北汽基于收购的三大整车平台，成功推出了 D70、D50、D60 三个自主品牌"绅宝"车型。

（五）优质现金流结构构建

不同商业模式，其现金流结构也不同。可以是一次性投资、一次性收入；也可以是一次性投资、多次收入；还可以是多次投入、多年现金流入。现金流结构的不同设计会带来不同的企业估值。一个处于起步阶段的企业，在没有外部资金支持的条件下，设计商业模式时就要考虑到现金流的内部平衡性和可持续性。因为如果企业回款不及时，就可能直接导致财务困境，甚至破产。相反，如果是一个拥有充沛现金流的成熟企业，在开拓新业务时，就不必太多考虑现金流的平衡问题。这时，现金流状况就会变成它设计商业模式和设置竞争门槛的利器。

企业的现金流结构具有三大功能：一是度量企业价值。现金流结构设计要争取实现最大交易价值，降低交易成本和交易风险。二是诊断交易结构的优劣。现金流结构可以用来诊断企业定位、业务系统、关键资源能力和收益来源是否妥当，是否有投资价值。三是可作为金融工具设计的依据。企业可以由此找到合适的融资工具，或银行，或证券，或固定收益等，从而使企业的价值创造进入一个有强大生命力、可持续发展的良性循环。融资工具的设计是通过对企业现金流进行分块（业务板块、业务环节）、分层（分割为多笔现金流，对应不同收益率和信用等级的金融工具）、分段（多轮接力融资）、分散（吸引多个投资者），来匹配企业的现金流结构，满足投资者的期限收益要求。

构建一个好的现金流结构能够保障业务本身的优质现金流，并搭建与资本市场的企业估值的桥梁。企业层次的自由现金流有两个角度：一是全部资本税后自由现金流＝税后利息税前利润＋折旧和摊销－运营资本投资－固定资产投资；二是股权资本税后自由现金流＝净利润中属于股东的利润＋折旧与摊销－运营资本投资－固定资产投资＋净债务融资。通过优化内部治理机制、完善内部控制等方法对自由现金流的流入、流出进行财务治理，高效配置自由现金流结构将为企业获取更多可持续创新资金，从而刺激商业模式创新。

另外，当企业面临现金流压力时，就要考虑通过重构现金流结构来改善商业模式。在设计与客户交易的现金流结构的同时，一方面考虑和评估不同现金流结构对企业资金压力的不同影响，另一方面可以引入新的利益主体——金融机构，借助不同的金融工具化解现金流压力。

【要点回顾】

近年来商业模式倍受关注，对商业模式理论的研究方兴未艾，作为独立的学科，商业模式要素必须具备研究要素的独立性和系统性，包括交易主体、交易方式、交易定价、交易结构等在内的要素成为商业模式研究的主要内容。商业模式把企业活动分为两类：业务活动和管理活动，其核心概念是交易，本章介绍了交易创造价值的基本逻辑，并以魏朱商业模式六要素为基础，从定位、业务系统、盈利模式、关键资源能力、现金流结构和企业价值出发探讨了商业模式设计与创新方法。

【复习题】

1. 以下哪项不是经典商业模式要素模型？（　　）
A. Osterwalder & Yves Pigneur 九要素模型
B. Johnson，Christensen & Henning 四要素模型
C. Levy Shane 五要素模型
D. 魏朱六要素模型

2. 一个交易结构的优劣，评价其的基本要素不包含？（　　）
A. 交易价值　　B. 交易成本　　C. 交易时间　　D. 交易风险

3. 四种定位创新的方式不包括？（　　）
A. 产权转移　　　　　　　　　B. 改变价值主张曲线
C. 输出形态创新　　　　　　　D. 定位升级

第三章
创新人力资源管理

【学习目标】

1. 了解认知能力测试、行为面试等常用创新人才甄选方法；
2. 掌握试错、刻意练习等常用创新人才发展方法；
3. 熟悉设置适度挑战目标、创建容忍犯错的氛围等激励创新人才的方法。

【导入案例】

从三个故事谈腾讯如何用产品思维做人力资源管理

在腾讯针对投资公司的领导力发展项目——远航计划的课程上，腾讯人力资源负责人奚丹介绍了腾讯如何用产品思维做人力资源管理的三个故事。

第一个故事：安居计划——如何挖掘用户需求

腾讯认为，一切都是从用户价值出发，做产品必须要了解用户。HR 的用户是员工，HR 的工作必须要以深入挖掘员工需求作为基础。

2012 年，腾讯通过数据分析发现，刚毕业进入公司三年的员工，其群体流失率是普通员工的三倍。一个刚毕业的学生到能够独当一面，往往需要三年的时间。这批刚刚培养起来的骨干的流失，给公司的人力资源储备造成了不小的损失。通过离职分析调查，发现继续深造、职业发展和家庭原因是离职的主要原因。

然而，通过深入的电话访谈，发现"丈母娘"是这批员工离职最重要的原因。2012 年起，深圳的房价快速攀升。虽然腾讯的收入相对较高，但是相比于快速攀升的房价仍然显得不足。毕业三年刚好到了结婚置业的年龄，这时候丈母娘往往提出要有房子的需求。这时候，很多学生不得不选择回到家乡或二线城市，能够马上置业成家。

HR和CFO分析了这些学生的情况，发现三个关键：第一，从这些学生的职业发展前景看，将来一定能买得起房子；第二，毕业生能够从银行贷款的金额有限；第三，腾讯账面上现金充裕，为了保留这批人才，腾讯值得付出本金和利息的成本。

因此，腾讯推出了"安居工程"：公司拿出一笔资金，免息提供给确实有需要的员工。结果发现，参与"安居工程"的员工流失率不到1%。这个项目在员工确实需要一笔资金帮助的情况下解了燃眉之急，也提高了公司面对优秀人才的竞争力。

第二个故事：企业文化培训——让用户参与

互联网产品设计的过程中，用户参与设计往往能够带来很好的效果。在腾讯的企业文化培训中，尝试把文化培训从被动灌输变为主动参与，让员工来验证真实效果。

传统的企业文化培训都是单向说教的灌输式课程，这种课程往往是洗脑式的，员工比较被动。HR一直在探索如何让新员工来了之后能够快速理解腾讯的企业文化，从而能够快速融入公司。负责内部员工培训的腾讯学院牵头，做了一个尝试。腾讯学院在培训课后要求员工去完成一项"寻找腾讯达人"的任务，找一位公司老同事访谈，挖掘这位老同事身上最能够体现腾讯企业文化的地方。

这个小小的改变产生了很大的变化。这些技术出身的员工往往比较内向，平时主要以和自己团队成员交流为主。通过达人访谈，这些员工变得比较主动，向老员工攀谈以了解公司故事，还在公司内部建立了广泛的人脉。

第三个故事：绩效体系优化的敏捷迭代

腾讯早期的绩效考核分为SABC四档，S是最优秀，C是最差。在企业快速发展的阶段，这样做能够让员工更加有紧迫感。但随着很多业务已经达到行业最领先的位置，管理者和HR都希望在绩效考核的时候能够改革为五档，大部分员工都得到肯定，只是让最优秀和不好的员工被识别出来。虽然是一个小的改革，但是对原有运行了十几年的绩效体系是一个不小的冲击。HR用了一年半的时间，经过三轮迭代，最终成功实施了改革。

第一轮改革遵循"先尝自己出的狗粮"，先在HR团队300人中进行试点。在试点过程中收到很多意见，然后对方案进行了修改。第二轮改革，寻找3 000人的典型业务部门进行改革，发现如业务部门对HR术语不理解等问题，又进行了一轮优化。第三轮改革，在全公司进行推广，虽然仍然有一些不同声音，但是已经减少了对新体系的不适应。

问题：腾讯是如何挖掘创新人才的需求，采用恰当的方法开展人力资源管理工作的？

（资料来源：改编自腾讯高级副总裁奚丹 2016 年 12 月在腾讯大学针对投资公司高管的领导力项目——远航计划的培训上的讲话：从三个故事看腾讯如何用产品思维做人力资源）

第一节　创新人才的招聘

一、创新人才的招聘策略

随着技术的进步和信息的透明，搜寻人才本身变得越来越容易。通过猎聘、前程无忧、领英等人才数据库，可以获得一个行业、一个专业近乎全部的简历数据。中高端人才招聘网站猎聘发布的数据显示，到 2019 年，猎聘注册用户已达 5 000 万，年龄集中在 25～35 岁，分布在互联网、地产、金融、消费品等新兴行业。然而，招聘创新人才对企业仍然是一个巨大的挑战。如何从海量的人才库里甄选出创新人才？这些人才无法遵循通常的招聘方法去搜寻。通常都是通过学历、经验等标签去识别一个人的工作能力。然而，这些标签对创新人才可能完全失效。一个学历不高，也缺乏工作经验的人才，有可能表现出卓越的创新能力。学历和经验都可能反映了对某些确定问题的解决，而创新能力是需要面对变化、不确定的世界，展现出的解决问题的能力。

通过采访一百多位总裁、猎头、招聘者、演员经纪人、学者、教练等各界人士，乔治·安德森总结出如何寻找引领未来的人才的策略，核心在于要拓展看待人才的视野。通常，人们会通过成绩、文凭、光鲜的履历等外表对人才进行评价。这种评价是粗浅和保守的。过往的成功不一定能够反映未来的成功，人才甄选时要能够透过事物的表现看到更深层次的动机、能力、价值观等。当我们用外在标签去衡量人才时，很容易自我设限，遗漏掉大量优秀的潜在候选人。

知名猎头公司亿康先达的资深顾问克劳迪奥·费尔南德斯·阿拉奥（Claudio Fernández-Aráo）曾经为一家电子零售业的家族企业物色一名 CEO。这位候选人毕业于顶尖院校、有业内几家公司的工作经历、担任过一家有国际声望的公司的区域经理，在各项能力考核上都达标。然而，很快行业的技术、法规和竞争发生巨变，这位 CEO 没法适应新的环境，表现平平，三年后被辞退。与之相反，阿拉奥曾为一家南美小型啤酒厂寻找项目经理。最终选定的候选人并无营销方面的专业知识，但是在之前被困雪山的经历中，他表现出无私的动机、在极端逆境下对周边细微线索的好奇心、对事物本质的洞察力以及面对困难时的决心和毅力。这些深层的特征帮助他带领这家啤酒厂转型成为卓越的集团公司，团队也被视为拉美最佳高管团队。

克劳迪奥·阿拉奥的经历告诉我们，创新人才的甄选不是一件容易的事情，需要能够透过表面光鲜的学历和工作经历，看到更深层次的能力和特质。这就需要用到一些人才甄选的技术。

心理学家弗兰克·施密特（Frank Schmidt）和约翰·亨特（John Hunter）对 85 年来的人才甄选手段的效果进行了分析，发现有几种测评效果是最好的，如果组合使用效果会更好。这些甄选手段是：工作样本测试、认知能力测试、行为面试和能力素质模型、情景面试等。每种测量手段都有自己的优势和劣势，下面将分别进行介绍。

二、工作样本测试

工作样本测试（Work Sampling Test）是选取真实工作中的某个片段，让应聘者完成，观察应聘者在工作样本中的表现。不同于通过应聘者表达以往经验和虚拟情景下的反应的结构化面试，工作样本测试是基于应聘者到底是"如何做"而不是"如何分析思考"做出判断。例如，公司可以让应聘的程序员试着编写一小段程序，或者让应聘销售的人员向顾客进行销售以观察实际工作中的表现。工作样本测试可以帮助公司全方面了解应聘者在实际工作中的真实工作能力和习惯。例如，在看程序员编写一小段程序的过程中，可以观察到程序员分析需求和写代码的习惯。在销售人员向顾客推销的过程中，可以看到销售人员和客户互动沟通的方式，以及销售人员的销售技巧。在工作样本测试中，可以通过实际表现来识别创新人才。例如，完成工作样本是循规蹈矩还是独辟蹊径？在遇到不同意见时是独立思考还是人云亦云？

工作样本测试也有一定的局限。首先，面试场景毕竟不是真实工作场景，时间和工作所需的资源都受到限制。工作样本测试不可能完全模拟出真实工作的状态，总是存在一定的偏差，一些重要的工作片段也许会无法在面试场合出现。其次，工作样本测试是针对已经发生的工作，而不是针对还没有发生的工作，而创新者常常是需要完成全新的挑战。第三，工作样本测试设计起来较为复杂，开发成本较高。

三、认知能力测试

认知能力测试是普适性最强的一种测评手段，也是对工作绩效预测表现最佳的测评手段之一。1904年，心理学家查尔斯·爱德华·斯皮尔曼（Charles Edward Spearman）提出二因素智力理论，认为人的智力包括普通因素（G因素，General Factor）和特殊因素（S因素，Specific Factor）两部分。人的所有智力活动，如掌握知识、制订计划、完成作业等，都依赖于G因素，即每一项智力活动中都蕴含着这种普通因素。S因素则以一定的形式、程度不同地参与到不同的智力活动中，S因素包括口头表达能力、数字运算能力、注意力、想象力和智力速度。G因素适用于所有工作，而S因素仅仅适合于某些特殊的工作。人们完成任何一项工作都是通过G因素和S因素的组合完成的。例如，一名程序员完成编程的任务，既受到G因素影响，又受到编程的S因素的影响。

二因素智力理论提出后，心理学家在此基础上提出了智商（IQ）的概念，并开发了许多不同种类的测验，包括比奈—西蒙智力量表（Binet-Simon Tests）、韦克斯勒智力量表（Wechsler Intelligence Scale）、斯坦福—比奈智力量表（Stanford-Binet Intelligence Scale）、瑞文智力测验（Raven Progressive Test）。这些测验都是针对人们的通用认知能力，只是侧重点不同，有的侧重于语言智力，有的侧重于数学智力，有的侧重于图形推理智力等。实证研究支持通用的G因素存在——这些测验之间是高度相关的；核磁共振技术也显示，测评分数之间的差异和灰质体积增加有关，和G因素相关的脑区主要分布在前额叶。

认知能力一直是各种标准化考试所重视的测试，如SAT、GRE、GMAT等。认知能力测试的优势在于能够测试出适用于各种工作的通用能力。对于创新型的工作而言，通用认知能力和学习能力、适应能力高度相关。因此，即便如谷歌这样的科技公司也把一般认知能力作为人才招聘测试的最重要考核指标之一。认知能力测试的不足之处，在于没有考虑到不同类型工作对能力需求的差异。虽然创新型人才是能够打破已有经验的人才，但是并不意味着可以完全没有相关经验。因此，对能力和与之相关的工作经验的考察，仍然是非常重要的。认知能力测试通常是通过纸笔测验来进行，对于刚毕业的、考试经验丰富的学生比较合适。但是，对于工作经验较长的人士，需要更多从他们的经验中挖掘出他们的创新能力。这就需要行为面试技术。

四、行为面试和能力素质模型

行为面试的基本逻辑是"过去预测未来"。也就是说，通过行为面试了解到一个人过去所发生的行为，从而判断一个人未来展现某种行为的可能性。行为面试的理论基础是人们有倾向保持行为模式的稳定性。例如有的人工作很有条理性，一开始工作时就井井有条地安排好各项工作的流程。人们倾向于认为，这是一种经过长期磨练形成的工作习惯。根据"天才一万小时定律",人们通过长期、反复练习某一项行为,就会形成关于这一行为的特定模式,甚至大脑中的神经元的连接强度也会发生变化,从而使得经验丰富的人能够快速把某些事情做好。对于经验丰富的人才,进一步挖掘过往的行为对于预测未来的表现至关重要。

心理学家正在逐渐把神秘的创造性活动拆解成一些更加具体的行为。后面的章节会讲到创新相关的一些思维活动和领导行为。例如,创新思维活动包括打破常规、跨界联想、系统思维;而创新领导行为包括设定创新目标、为下属提供跨界想法的支持、提供发展性反馈等。这些维度都可以通过过往经验的识别来进行。

在具体的行为面试甄选中,首先要根据要考核的维度设计能力素质模型。能力素质模型是哈佛大学的心理学家大卫·麦克利兰(David C. McClelland)在20世纪70年代提出的理论。他认为智力因素不足以区分绩效优秀和绩效普通的员工之间的差异。可以通过一系列更深层次的动机、认知、心理和行为模式,对绩效优秀和绩效普通的员工的差异进行比较,找到所谓的能力素质特征。这些特征都是非常具体的。例如,区分优秀的外交官和平庸的外交官的关键项在于跨文化适应能力,优秀的外交官每到一个陌生的城市都能快速了解学习当地的风土人情,融入当地社会。

当一家企业要甄选创新型人才时,可以借助于已有的创新人才的模型,结合对公司内部创新型人才的观察,找到创新型人才的关键素质项,进行模型设计。例如,杰夫·戴尔(Jeff Dyer)等人的研究显示,企业里可以区分出创新型和执行型两类人才。创新型人才的核心技能包括联系、发问、观察、交际和实验。而执行型人才的核心技能包括分析、计划、细节化实施、纪律化管理。创新型人才更愿意从事具有挑战性的任务,而执行型人才对于给定目标和路径,更擅长完成。在针对《商业周刊》百家顶尖创新公司创始人和CEO的抽样研究中,研究者发现知名创新型企业家的创新相关技能高于88%的人,而执行技能仅仅高于56%的人。而针对非创始人的CEO调研显示,他们的执行技能超过80%的人,但是创新技能仅仅是平均水平(高于62%的人)。这提醒企业在招聘创新人才时不要过于苛求完美的人才,要通过团队配合来实现创新型和执行型人才的组合。

当设定好能力素质模型后,企业可以通过行为面试对应聘者的行为进行评估。行为面试可以通过比较宽泛的形式提问,例如问应聘者在过往最成功或最失败的几件事情是什么;也可以通过更加具体的方式探索应聘者的具体能力素质。例如，可以问应聘者，在过往有没有挑战过已有的社会常规，完成一个具有挑战性的任务。通过这个问题，可以考察应聘者有没有过"挑战常规"这个具体的行为发生。行为面试认为，通过过去的行为能够预测未来的行为。如果应聘者在过往并没有做出任何挑战常规的行为，则倾向于认为在未来发生这种行为的概率也比较低。

在行为面试时，面试官可以通过 STAR 法来深入探究应聘者的行为。"STAR"是情景（Situation）、目标（Target）、行动（Action）和结果（Result）的缩写。当应聘者讲到自己的某段经历的时候，面试官可以深入追问，这段经历当时是在怎样的背景下发生的，当时面对的问题是什么，应聘者具体做了什么，在其中扮演了怎样的角色，最终的结果是怎样的。通过 STAR 提问法，可以深度还原应聘者一段经验的具体场景，澄清应聘者在其中扮演的角色，了解应聘者的行为所导致的结果。

行为面试的优势在于，能够从具体的经验中识别出应聘者的行为模式，对于经验丰富的应聘者比较合适。行为面试的劣势在于，设计的复杂度较高，对面试官的要求比较高，尤其是面试官提问的质量。质量不好的问题无法引发出合适的回答，这就要求公司对面试官提供便利的面试工具。例如，谷歌开发了一套 Groid 的系统，针对要测量的各项能力特征给面试官提供了可供选择的问题，帮助面试官在面试时快速找到合适的问题。有的公司也会对面试官进行行为面试培训，帮助面试官掌握面试技巧。

行为面试的评分，经典的做法是要针对每个能力素质项建立不同的行为等级，看应聘者的行为落在哪个行为等级上。这种做法对于能力素质项的开发成本要求较高，在实践中采用难度较高。更简单实操的做法，是让面试官抛出同样的问题给不同的面试者后，比较不同面试者之间的表现差异，从而对面试者进行甄选。

五、情景面试

情景面试是建立一个虚拟的情景让应聘者进行反应和判断。工作样本测试是挑选工作中真实的样本让应聘者操作，而情景面试更多是看应聘者的反应和判断，因此，情景面试能够容纳更高复杂度的情景。例如，当要考核一位应聘者挑战常规的能力，可以让应聘者假设自己刚刚接任一家公司某个部门的高管，有一系列要面对的挑战，例如开拓新的市场，调整关键岗位的员工任用等。这些情景的真实性并不重要，重要的是看应聘者在这些情境下做出反应的准确程度。

有时候情景面试会以情景判断测试（Situational judgement Test）的简化形式出现。情景判断测试是在某个情境下给应聘者多个选项，让应聘者在给定选项之间做出选择。情景判断测试施测简单，评分标准化，能够低成本、大规模进行甄选。

由于不同测评工具有不同的优点和缺点，有时候企业会把不同的测评工具组合起来，组成评价中心（Assessment Center）的测评组合。评价中心最早在AT&T的贝尔实验室进行研究。355名高管参与了研究。通过小组练习、文件筐测试、纸笔测验、人格测验等多种测评工具的组合评估这些经理们。研究人员发现通过评价中心的测评结果，能够预测几年之后这些高管被提拔任用的可能性。

扩展案例3-1

"为美国而教"的招聘改革

为美国而教（Teach for America，TFA）是在美国精英大学毕业生中最有影响力的公益组织之一。20世纪90年代初期，TFA的招聘人员遍布美国大学校园，提出"帮助拯救美国最落后的公立学校"的口号。全美精英学校纷纷响应，然而，TFA此时面临着一个巨大的挑战，组织内缺乏了解如何才能成为一个好教师。招聘来的学生经过几周的培训就要被投放到美国条件最艰苦的学校。如何在短期内招聘到合适的人才就成为TFA最大的挑战。

在早期的招聘中，TFA会问类似于"风是什么？"这样的问题。在问这个问题的时候，TFA期待于听到和课堂标准答案不同的创新回答。然而，几年之后，这种注重个人魅力的招聘方法就遇到了挑战。由于招聘的人员不够合适，几百名教师不到两年合约期就提前结束了合同。TFA招聘的方向并不是按照什么是一个好老师的标准进行，而是受到毕业于普林斯顿大学的创始人的影响，招聘那些聪明的名校毕业生，而这些毕业生更像是要做政治领袖。

TFA随即启动了对招聘的改革，从依赖于直觉的人才挑选模式转向重视老师的职业表现。改变公立学校的面貌确实需要创新型的人才以应对各个学校千差万别的挑战，但是这种创新型人才和要解决成人世界问题的创新人才需求完全不同。TFA不能仅仅把注意力放在这些人的工作魅力上，而是要回到优秀的创新型教师的特点。经过研究不同老师的表现，TFA发现，好的教学和魅力无关，而是一些具体的教学行为，包括为学生设立清晰的目标、激励人们努力工作以实现目标、持续评估效率、帮助学生持续改进。此外，这些老师在面对类似于学生不守纪律、资源稀缺等种种挑战时，常常有过人的毅力。

TFA设计了一个模拟教室，应聘者需要在教室里进行试讲，教室里安排了一个"调皮"的小女孩，会不断提出各种刁难的问题，以观察应聘者面对种种突发情况的反应。同时，TFA开始更深层次地审视学生的成绩单，更偏好于那些大一时成绩普通，但是每年成绩逐渐提升的学生，而不是那些从大一开始就成绩优秀的精英学生。

TFA为我们提供了一个如何识别创新人才的范例。在招聘过程中，我们很容易把人才表现出来的魅力和人才实际的能力等同起来。TFA一开始希望招聘那些能打破常规，有不同凡响的创意的人才。但是当要面对的对象是那些调皮捣蛋，缺乏自律性的"差学生"时，创新人才就需要能够帮助这些学生提供清晰的目标，提供及时的反馈，帮助这些学生看到自己的优点，不断地改进。这些人才本身还需要具有强大的毅力，以克服各种突发情况。创新人才并不是一概而论，不同岗位对创新人才可能会有不同的要求。

第二节 创新人才的发展

如何培养创新人才是一个仍然在探索中的问题。早期人们曾经认为创新人才是天生的，拥有不容易被复制的特质。近来人们逐渐意识到创新人才拥有一些特别的思维和行为方式，从而开始探索一些培养创新人才的具体方法，例如，试错、刻意练习、师徒制、行动学习、多元思维训练和文化变革。总体而言，创新学习遵循成人学习的7-2-1法则，即70%来源于经验，20%来源于同伴，10%来源于课程教授。成为创新者大多数源于一些和创新相关的经验，例如试错、刻意练习、熔炉等；这个过程中，导师和同伴的指导起到了积极的反馈作用，而创新理论的学习能够帮助创新人才反思经验，提升行动。

一、试错

试错（Try-and-error）学习是关于创新人才培养中最常见的一种观点。试错学习认为，学习是一个不断尝试新鲜的做法，在错误中不断改正和调整的过程。试错学习一开始并没有很明确的目标，而是在探索的过程中不断犯错，获得反馈，最终逐渐调整，找到前进的目标和方向。从试错学习的观点看，创新并没有规定的方法和套路，一开始的起点是什么也并不重要。创新者要保持开放的心态，以较低的成本尽快犯错，从错误中学习、校正自己的方向。

试错学习的好处是非常灵活，启动条件也比较低。创新型的企业往往会鼓励员工多尝试不同的方向，从试错中探寻新的可能。然而试错学习的问题是可能会耗费较高的成本，从而引发企业对试错学习的阻力。创新很多时候并不是来源于没有好的想法，而是来源于创新中犯错有较高的成本。因此，不同行业对试错学习的容忍程度是不同的。对于一些重资产投入的行业，并不鼓励创新者采用试错学习的方式探索新的方向，因为成本过高。而对于互联网等轻资产运营模式的行业，试错成本较低，企业可以鼓励员工通过试错学习找到创新的方向。

《精益创业》提出了通过最小可行性产品降低试错成本的思路。对于创新者而言，在试错学习的过程中要注意一开始不要追求过于完美的产品，要尽早、低成本地犯错。最小可行性产品是一个不完整的产品，但是具备基本的功能。通过把最小可行性产品投放到市场上，创新者可以获得关于用户价值是否得到验证的数据，从而决定下一步的行动。虽然试错学习强调犯错经验的重要性，但并不意味着可以不顾及效率随意尝试。《精益创业》告诉我们要围绕用户需求和价值主张，通过最小可行性产品展开低成本的创新需求测试。

试错学习除了能够锻炼错误成本控制的能力之外，还能够锻炼创新者的成长思维和坚毅的意志。创新的过程是一个高度不确定的过程，如何能够面对错误时不断反思，快速改进和提升，需要创新者能够提升自己的成长思维。成长思维是创新者把自己的能力视为动态变化的，把错误视为能力进步空间的一种思维。坚毅是创新者面对困难时，仍然不屈不挠、坚持推进的一种态度。当创新者一次次经历失败，以及从失败中汲取教训，快速成长之后，创新者会越来越相信自己的能力是可以不断改进提升的、也会在面对困难时越来越波澜不惊，提升自己。

在各种创新学习方法中，试错是对外界环境依赖最小的一种。理论上讲，试错可以完全凭借创新者自身的经验展开学习。因此，试错学习的一个局限就是创新者个体的时间和精力都是有限度的。创新者不可能尝试所有的可能路径。在缺乏对创新方向的洞察下，盲目、反复的创新会带来高昂的探索成本，创新成果的产出也比较低。基于经验的学习固然有形象、体验深刻的特点，但是创新者很多时候还是要借助外力快速提升自己的能力。

二、刻意练习

刻意练习（Deliberate Practice）是一种强调通过对某个领域专业技能进行持续、深度练习而获得在这个领域的较高表现的学习方式。刻意练习的观点认为，高手和新手之间的差别在于不同的思维模式，或者说"套路"。高手能够从系统整体出发，觉察到现实世界的种种模式，从而快速解决问题。这些模式被称为"组块（Chunk）"，是一种帮助人们快速组织碎片化的信息，形成对事物整体认知的模式。

刻意练习常常会用于艺术家、运动员、程序员等有明确领域知识的高绩效人才的培养。例如，在运动员的培养中，教练会把动作拆解为一个个具体的动作组块，先去练习这些不同组块的动作，当每个动作都已经练习得很熟练时才开始把这些动作整合起来，形成一套整体、连贯的动作。刻意练习可以解释为什么天才会出现。很多领域都有一些所谓的高绩效人士，他们以强大的创新能力引领着世界的进步。这些高绩效人士往往在所在领域都经过了十年以上的刻苦训练，代表了所在领域的最高水准。

心理学家米哈里·希斯赞特米哈伊指出，创新者需要了解一个领域已经存在的知识，才有可能通过创新去改变这个领域的现状。刻意练习是一个创新者在某个特定领域深度积累，通过"天才一万小时"的反复练习，达到精深的水平，从而实现突破的过程。例如，比尔·盖茨成功地创立了微软，改变了计算机产业。然而在比尔·盖茨从哈佛辍学创立微软之前，他就已经有七年以上的编程经验，是那个时代最顶尖的程序员之一。刻意练习让人们明白，创新并不是一蹴而就的，天才也不是突然就降临人间的，如果观察这些天才，他们在成功之前往往都有很久的刻意练习，积累到一定程度才厚积薄发，成为改变世界的人。

刻意练习很容易走向一个误区，就是拘泥于已有的机械动作，不能形成突破。这中间的关键，是要在刻意练习中掌握多种不同的思维模式，从而能够通过不同思维模式的组合产生出新的想法。例如，当一名产品经理通过反复练习学习做产品的方法时，如果他仅仅关注于做产品的流程，那么他学会的是一些僵硬的做事步骤。然而，如果他能够洞察到产品背后的理念和思想，理解到行为背后的思维模式，他就能够举一反三，灵活地把学到的思维模式在不同层面应用。

刻意练习需要发自内心的、激情的投入。刻意练习本身是单调、重复、枯燥的，一个人很难在没有任何内在动力的情况下，单靠外在压力进行刻意练习。外在压力很容易造成一个人为了追求外部奖赏而追求短期利益，而刻意练习是一个漫长、持续的过程。很难想象，比尔·盖茨在湖滨中学编程的时候，是因为预想到将来他会成为世界首富才去编程。他只是纯粹觉得编程这件事情很有意思，愿意花费时间来做。

三、熔炉

熔炉是一种特别的经验学习。中世纪的炼金术士通过熔炉冶炼黄金。在《真北》中，比尔·乔治（Bill George）描述了"熔炉"是塑造领导者的一种关键经历：在熔炉中，一个人面临着非常艰难的考验，要么向上走，摆脱熔炉，走出一条全新的人生路线；要么向下，屈服于压力，被命运征服。

一般而言，熔炉包括以下几个特点：①通常是挫折性事件或不利境遇，甚至是危机乃至绝境；②通常需要一个人采取前所未有的行动，或展现出前所未有的态度；③通常会极大地激发一个人的潜力，并使之获得真正掌握人生的原动力；④通常会极大地改变一个人，使之展现出前所未有的能力与心智模式。

对于创新者而言，熔炉是一种极限的压力状态。在这种状态下，创新者不进则退，或者迸发出强大的潜力，做出前所未有的成就，或者接受失败。不同于刻意练习中创新者凭借自己的兴趣学习如何创新，在熔炉中，创新者要学习在极限压力的情况下，快速做出反应，实现创新。

关于压力的研究显示，人们在面对压力时有两种不同的策略：逃避策略和应对策略。逃避策略关注于面对压力时本身的感受，例如紧张、焦虑等。采用逃避策略时，人们往往会去做一些转移注意力的事情以短暂缓解压力带来的负面体验。然而，这些策略通常不会取得持久的效果。与之相反，采用应对策略的人们会把压力视为成长的机会，在面对压力时感到兴奋而不是焦虑，积极乐观地面对压力所带来的挑战，通过战胜挑战获得成就感。采用逃避策略的创新者，当面对熔炉时会希望通过转移注意力逃避，从而失去了成长机会。而采用应对策略的创新者，在熔炉中时会最大限度地激发潜能，不断增强应对压力的能力。

四、体验式学习

体验式学习（Experiential Learning）也称行为学习法（Action-Learning），是一种"知行合一"的学习方式，是一种通过经验的转化来进行知识创造的过程，其中知识来源于对体验的理解和转化。根据大卫·库伯（David Kolb）的体验式学习圈，体验式学习分为四个循环往返的阶段，分别是：①具体经验（Concrete Experience），一轮学习的起点，强调通过具体的行动后，个人通过具体的感受进行学习；②反思观察（Reflective Observation），强调从不同的角度探究事物的意义，通过反思进行学习；③抽象概念（Abstract Conceptualization），强调通过抽象的分析和概括进行学习，把碎片化的经验结构化；④主动实验（Active Experiment），强调通过实际操作、行动来进行学习，把知识转化成行动，从而获得具体经验，进行新的一轮学习循环。

体验式学习是一个强调认知和行动均衡，循环往复的学习方式。在体验式学习中，学习者既要积极主动行动，又要不断地反思个人经验，从碎片化的经验中建构起系统的知识结构，再投入行动中不断验证迭代。相较于以经验为主的试错，体验式学习对反思和抽象概念有更高的要求。创新者不仅要能够快速采取行动以获得体验，更要在体验之后积极反思，形成自己对创新的理解。

体验式学习特别适合一些有强烈的方法论体系意识的创新者。他们不仅是积极的行动者，还能够把自己的行动总结成为有体系的框架，从而使得探索出来的创新方法能够超越个体经验，快速复制帮助企业快速成长。从试错学习到体验式学习的转化决定了创新者将产品规模化的速度。仅靠试错学习不断改进的创新者，无法把自己的试错经验概括提炼出来形成一套可持续的系统，这些经验只停留在自己的头脑中。而掌握了体验式学习的创新者，有很强的概念化、系统化能力。

例如，知识付费公司得到通过早期的探索，逐渐找到了一套打磨知识付费产品的方法论体系。通过《得到品控手册》，把这套方法论体系的原则、步骤、要点等清晰地概括了出来。这就使得得到能够快速扩张，批量化产生高质量的知识付费产品。《得到品控手册》实现了从具体经验到标准化体系的跃迁，也是从经验到概念的体验式学习历程。

五、行动学习

行动学习为员工提供充满挑战性的任务，是来自公司内部不同部门的员工组成跨界的问题解决小组，共同制定问题解决的行动方案并实施的过程。行动学习最早起源于通用电气的群策群力（GE Work-out），后来广泛传播，成为培养创新人才的重要方法。

行动学习的特点是由公司高层提供明确的挑战性问题，这些问题往往是复杂的，在公司内部没有解决方案的、对公司具有一定价值的问题。来自不同部门的员工凭借各自知识背景，精诚合作，共同分析和解决这些难题。这是一个高度实战的过程，员工对复杂、模糊问题的分析解决能力得到提升，也锻炼了不同部门的员工快速组成能够合作的临时团队的能力。

六、模仿学习

前面讲到的学习方式大都是以个人经验为核心，受到个人经验有限的限制。

而模仿学习则是通过观察、模仿榜样角色的行为进行学习。

心理学家阿尔伯特·班杜拉（Albert Bandura）对模仿学习进行了深入的研究。他提出，人类很多的行为都是通过观察、模仿榜样的行为来进行学习的。这种模仿能力从小孩子开始就有，是人类学习的重要方式。班杜拉把模仿学习划分为四个阶段：①注意榜样（Attention），注意从事特定行为的人（榜样）；②保持记得（Retention），留意观察的行为，记住这些行为和行为的结果；③再现（Reproduction），观察者重复做出榜样所做的行为；④动机和机会（Incentives and Motivations），观察者必须具有观察或记住行为的动机，并且有外在机会允许他们这样做。当观察到的榜样因为某种行为受到惩罚，观察者就不会重复再现这种行为。

企业可以通过师徒制来进行创新者的培养，例如设计影子计划（Job Shadowing），即安排高潜力的年轻员工观察企业中表现优秀的创新者，观察这些创新者是如何工作的。在观察的过程中，高潜力员工要仔细观察创新者的一言一行，思考为什么会采取特定的行为以及每项行为的结果是怎样的。

即便不采用师徒制，在企业中，高层领导者的行为也会潜移默化地对下属起到榜样的作用，对整个企业的创新能力起到正面或负面的作用。对高层领导者的榜样模仿本身就是企业中最重要的学习过程之一。刘东、廖卉等学者（2012）研究了辱虐式领导（Abusive Supervision）对员工创新行为影响的瀑布模型（Cascading Model）。结果发现，当高层领导者采取辱虐式领导行为的时候，中层领导者会模仿上级的行为，进而抑制下属的创新行为。当中层领导者觉得高层领导者采取辱虐式领导是为了帮助提升绩效时，中层领导者会更加积极地模仿这种行为，即便后果实际上是损害了下属的创新行为。在企业中，高层领导者特别要注意自己对下属的示范作用，采用积极促进创新行为的领导行为，通过榜样模仿效应促进下属的创新行为。

> **扩展案例 3-2**

苹果大学

2008 年，乔布斯邀请耶鲁大学管理学院前院长，苹果人力资源副总裁 Joel Podolny 创立了苹果大学（Apple University）。苹果公司希望通过苹果大学帮助员工了解苹果的企业文化和运作模式。授课老师包括科技圈的撰稿人、评论员，也包括哈佛大学、耶鲁大学、斯坦福大学等名校的老师，授课地点就在苹果总部的园区内。员工通过内网注册课程，根据职位和公司背景会被分配到不同的班级，就像一所真正的大学。

  课程的内容以苹果当前的工作内容为主，一些课程涉及了苹果历史上的重要决策。针对高管的课程还包括近期并购决策项目的复盘，帮助高管理解如何确保并购项目快速完成，如何整合并购项目等。

  苹果以设计卓越的产品而著称。苹果大学中有一门课程教授苹果简化产品的设计理念。这门课程采用毕加索的作品《公牛》作为类比，让员工直观地认识到优秀的产品是如何设计出来的。老师会介绍鼠标设计过程的演进，让学员看到鼠标是如何一步步进化到今天的样子，鼠标的简化是如何发生的。这个过程中，讲师还会把苹果的产品和其他公司的产品进行对比。例如，Google TV 的遥控器有 78 个按钮，而 Apple TV 的遥控器只有 3 个。讲师以此提醒学员，苹果要把消费者最需要的东西展现给用户，而不是把自己想要的东西全部推到用户面前。

  本节通过对各种学习方法的综述可以发现，创新人才的培养是一个系统工程。首先，公司要能够创造一种自上而下，高层领导者做出表率的创新文化和氛围，促进公司员工模仿学习高层领导者的创新行为。其次，公司要能够为创新者提供丰富的创新实践场景，包括试错、熔炉、体验式学习、行动学习等。这些场景通常都是没有特定解决方案的难题，创新者通过破解这些难题不断提升能力，增强信心，获得成就感，承接越来越具有挑战性的难题，激发创新能力成长的正向循环。在经验学习的过程中，导师和同伴提供的反馈，理论知识的学习为创新人才提供了积极的支持力量，帮助创新者不断挖掘经验的价值，形成独特的行为模式。

第三节 创新人才的激励

一、为什么创新人才需要激励

  很多地方政府出台了吸引创新人才来当地工作的计划。这些计划中往往包括一个人才认定计划和配套的激励计划。当人才的学历和履历符合认定标准时，这些创新人才会获得住房、现金、荣誉等一系列奖励计划。这些激励计划确实在吸引人才上发挥了重要的作用。例如深圳这样对创新人才需求旺盛，但是本地高校毕业生供给不足的城市，通过创新人才计划吸引了大量城市所需要的关键人才，助力城市快速发展。

  人们通常认为，创新行为是自发的活动，并不需要外力的维持。然而，从政府和企业推出的一系列创新人才项目可以看到，创新人才本身也需要一定外部的激励因子来推动。这两者之间并不矛盾。创新行为的产生，一方面需要追求创新者自身内在激情的目标，另一方面需要克服创新行为所产生的风险。实际上，很多人不敢从事创新活动，主要原因是无法承担创新所带来的风险，同时对创新所带来的收益感到非常不确定。在现实世界中，很少有人会因为单纯一腔热情去投入创新活动，通常都还是经过成本/收益的理性计算。因此，收益不确定/成本过高会对创新活动产生阻碍，降低创新行为发生的概率。

心理学家亚伯拉罕·马斯洛（Abraham Maslow）提出了需求层次理论。他把人的需求层次划分为五级：最低层次是生理需求，其次是安全感，再往上是情感和归属的需求，尊重的需求，最高层次是自我实现的需求。自我实现的需求是实现个人理想、抱负，把个人价值发挥到最大化的动力。创新能力和自我实现需求关系密切。而根据需求层次理论，自我实现的需求与前面的需求层次满足相关联。也就是说，一个人首先要安全感、尊重等需求得到满足，才有可能产生自我实现这个较高层次的需求，进而更大概率产生创新行为。

组织行为学家弗雷德里克·赫茨伯格（Fredrick Herzberg）也提出了类似的双因素模型。他认为，和工作相关的激励因子有两类：一类能够防止对工作的不满意；而另一类能够导致对工作的满意。前者被称作保健因素，包括薪水、工作条件、人际关系等，这些和工作的氛围相关，它们和工作中的消极体验相关。而另一类称为激励因子，包括和工作内容相关的认可、成就等，和工作的积极成果相关。创新行为虽然和激励因子有更密切的关系，但对于工作的不满意导致的负面情绪也同样会阻碍创新行为。

基于已有的关于创造力和动机的研究，本书提出对创新行为有较高激励作用的几个关键因素：超越舒适区的目标、容忍短期失败和奖励长期成功、适度的竞争环境。

二、超越舒适区的目标

舒适区（Comfort Zone）是一个人所表现的心理状态和习惯性的行为模式，人会在这种状态或模式中感到舒适。在舒适区中，人会感到安逸、缺乏挑战、缺乏危机感。舒适区会带给人一种安全感和拒绝改变的惰性。例如，一家企业通过激烈的竞争赢得市场领先地位，这家公司在没有对手之后就可能会处在一种舒适区的状态，即公司自上到下都觉得高枕无忧、松懈、安于现状、不求改变。这时候如果有新的竞争对手崛起，就可能会对这家在舒适区的公司形成挑战。

在舒适区中，一个人感到的是无聊。因为如何把事情做成已经有了确定的流程，人们不需要再费尽心机去找到新的做事方式。新的做事方式往往意味着风险和对现有能力的挑战。在舒适区中，人的能力不再成长，大家都安于现状。

心理学家米哈里·契克森米哈赖（Mihaly Csikszentmihalyi）指出，一个人要实现最佳的心理状态——心流（Flow），必须找到挑战和能力的适度平衡，也就是稍稍超出舒适区的位置。心流是一种精神完全投注在某种活动上的感觉，心流产生时具有高度的兴奋感和充实感等正向情绪。心流体验往往和创新活动高度相关。如果挑战大于能力，就会引发焦虑；如果挑战小于能力，就会引发厌烦。这两种状态都不利于创新活动。

心理学家大卫·麦克利兰提出了成就动机理论，认为成就动机较高的人希望把事情做得完美，不断追求挑战，获得奋斗的乐趣。然而，高成就动机者对目标的选择是经过精心思考的。他们通常都会自己选定具有适度挑战性的目标。他们希望做有一定挑战性，但不至于过难的目标，这和心流理论中讲到的挑战性目标类似。这些目标能够让他们获得成就感，但又不至于承担过大的风险。实际上，关于创新者的研究也发现，创新者并不是偏好高风险，而是有较强的控制适度风险能力的人。

对于组织来说，激励创新者的最佳因子就是持续给予具有适度挑战性的目标。奈飞的人力资源总监曾经描述奈飞的文化是：我们只招成年人，而成年人就是热爱挑战性工作的人。而索尼前常务董事天外伺郎曾经描述鼎盛时期的索尼拥有"激情集团"，对于员工来说，最好的奖励就是一份新的有挑战性的工作。对于员工而言，随着能力的不断增长，不断获得更加有挑战性的工作，不断打破舒适区，是一个积极、正面的创新循环，是一个组织和员工"相互投资"的过程。员工为组织创造了越来越多的价值，员工自身的价值在不断提高。

三、宽容短期失败和奖励长期成功

除了适度有挑战性的目标，组织还需要给予员工一些外在的物质激励，以帮助员工更好地面对失败和期待成功。这些外在的激励因子对不同人的含义可能会不同。例如，对于缺乏经济安全感的员工而言，这些激励意味着让他们有更强的安全感，从而能够放手追求高层次需求。而对于已经解决经济安全感问题的员工而言，这些物质激励可能意味着对他的价值的尊重和认可，同样会激励这些员工追求更高层次的需求。此外，充裕的物质支持意味着员工能够有更多的资源从事创新活动，增加了员工自由选择的程度。

阿尔伯塔大学教授康尼·斯蒂尔（König Steel）是研究拖延症的专家。他提出了时间动机理论（Temporal Motivation Theory）。这个理论认为，人们对一件事情的价值（即经济学所说的效用，Utility）判定取决于三个因素：价值的量、价值实现的概率和价值实现的时间。价值实现的概率越高，价值的量越高，人们对这件事情的价值感知也就越高。然而，价值和其实现的时间成反比，当实现的时间越久，人们对这件事情的价值感知也就越低。

$$价值 = (实现概率 \times 价值量) / 延迟时间$$

从时间动机理论来看，人们追求创新活动有三个关键激励因素：第一，创新活动本身实现的概率较高；第二，创新活动实现，获得的价值较高；第三，创新活动本身价值实现的时间较短。这三个条件对一般创新活动而言都是难以实现的。创新活动往往是实现概念较低，获得的价值并不确定，实现的时间较长。这使得创新活动对大部分人而言激励性都不足。人们更愿意从事那些能够在短期内就获得确定回报的活动。

因此，针对创新活动的激励要包括两个方面：宽容短期的失败和奖励长期的成功。创新本身就是高风险的活动，在创新活动过程中，大部分都会遭遇某种程度的失败。从时间动机理论来看，人们对短期的损失非常敏感。如果短期失败受到惩罚，会严重阻碍创新者继续从事创新活动的动机。而对于创新长期的回报而言，由于人们对远期的回报会不够敏感，实现越远，价值打的折扣就越大。因此，需要加大创新者对远期收益的预期，才能更好地激励创新者当下的创新活动。

在实际操作的过程中，应当在一开始给创新者中等位置的薪酬，并且在创新探索期保持稳定，不把创新者的业绩和工资相挂钩。否则，可能会引导创新者采用已有的成熟方案，追求短期利益，放弃长远的创新措施。而当创新者获得成功的时候，要奖励成功而不去追究前期的失败。弗洛里安·埃德雷（Florian Ederer）和古斯塔沃·曼索（Gustavo Manso）（2013）的研究证明了容忍短期失败和奖励长期成功对创新激励的作用。他们招募实验者参与一个模拟经营的游戏。游戏中提供了三种激励方案：①固定金额的激励；②基于全局成就的奖励；③基于后半段成就的奖励。结果发现，在第三种激励计划中，实验对象最积极地去探索创新的经营模式并且取得了最高的平均收益。而在固定激励计划中，实验对象投入最少的精力，获得了最小的成就。这个研究非常有趣。创新活动常常会经历较长的探索期，前半段表现往往是比较差的。如果把前半段和后半段一起纳入考虑，会打击创新者的积极性。此外，固定收益意味着创新者创造的价值和回报毫不相关，也会打击创新者的积极性。第三种激励策略采用了宽容短期失败，并且奖励长期成功的策略，最大限度地保护和激发了创新者的积极性，取得了较好的效果。

宽容短期失败和奖励长期成功要配合起来使用，才能有较好的奖励效果。有些公司采用股权激励措施激发员工动力，然而对员工探索性的创新活动不能容错，注重短期成果。由于员工对近期惩罚要比远期奖励更加敏感，在这种情况下，股权激励的长期激励效果被短期内的惩罚所抵消，员工会避免卷入高风险但对公司有长远价值的活动。

四、适度的竞争环境

前面两项创新激励因素都是针对创新者个人的。然而，创新者的创新行为是发生在一定组织和市场环境之中的。当组织和市场为创新者提供适度的竞争环境时，创新者会受到正向的激励，更加积极主动地采取创新行为。

很多社会组织和公司都会采取创新竞赛的方式来激励人们创新。创新竞赛既包括公开的创新比赛，也包括秘密进行的新产品开发。例如，腾讯公司经常会举行公司内部的创新创业比赛，资助员工们的优秀创意。当有新的赛道出现时，腾讯往往会采用"赛马机制"，在内部安排几个团队做同样方向的产品，最终在几个产品之间选取较为优秀的产品。微信就是在腾讯内部赛马的机制中跑出来的"黑马"。

成功的创新都经历了从许多创意中激烈竞争而胜出的过程。如果没有竞争，往往意味着创新并不在一个有价值的赛道。创新者常常要面对着公司内外部的竞争。大部分的创新者在竞争中会失败，少数成功的创新者会获得大多数的利益。例如，在团购网站刚刚兴起时，大量团购网站成立，有"百团大战"之称。最终美团胜出，并逐渐演变成一家提供全方位消费门户信息的公司。

阿米尔·哈希米（Aamir Hashmi, 2013）的一项跨行业研究表明，竞争和创新之间呈现倒 U 型的关系。随着市场竞争的加剧，行业创新强度增大。然而，当竞争达到一定程度后，创新活动开始减弱。这是因为在一个空白的市场，有竞争者加入说明市场充满吸引力，创新者可以通过新的产品在这个快速增长的市场中获得回报。但是，随着竞争的加剧，创新空间变得拥挤，企业之间开始进行同质化竞争甚至价格战。新的创新很容易就被抄袭，创新活动的回报越来越低。因此，在高度竞争的环境中企业并不倾向于创新。

迈克尔·波特（Michael Porter）关于产业集群的钻石模型显示，同业竞争是一个区域产业保持竞争活力的关键。人们常常看到，一个区域往往都有多家处于同一行业、相互竞争的企业。例如，在通信行业，深圳有华为和中兴两家优秀企业；在运动鞋服行业，福建泉州同时有安踏、特步、361°等优秀企业。这些企业的相互竞争和彼此学习，为公司内部的创新创造了良好的外部环境。

阿尔瓦·泰勒（Alva Taylor，2010）关于组织内部竞争对企业采用新技术影响的研究，揭示了企业内部的竞争对创新的复杂影响。首先，竞争让新技术的生存概率下降，但是促进了知识从研发部门向管理部门的传递。同时，备选技术之间并非你输我赢的竞争关系，而是相互融合。这意味着竞争对于创新者和企业都提供了重要的学习机会，通过竞争能够帮助不同创意者看到各自的优缺点，彼此融合为企业提供更大的价值。

对于行业最领先的公司而言，外部竞争的威胁已经较低，企业的创新更多是通过内部"左右手互搏"的方式进行。这对企业内部各方利益的均衡是很大的挑战。一些成功的企业虽然已经开发了创新的产品，但是由于内部担心创新的业务对现有业务产生挑战，往往会压抑创新业务。例如，柯达是全球最早制造数码相机的公司，却没能让数码相机自我颠覆胶片业务，最终在数码相机时代转型不及时而破产。而腾讯能够让微信和QQ相互竞争，相互进化，获得了移动互联网时代最重要的两个流量入口。要避免被外部的创新者颠覆，企业就要在内部营造公平、适度的竞争环境，保护有可能挑战主营业务的创新行为。

扩展案例 3-3

通过创新竞赛解决现实中的难题

创新竞赛有着悠久的历史。18世纪，由于缺乏准确测量经度的方法，海上航行的船只无法确定自己的位置，导致大量事故。因此英国政府于1714年提供了相当于今天数百万美金的高额奖金，成立了专门的"经度委员会"，以征求能够把经度测量的准确度提升到1度到0.5度的范围之内的方法。高额奖金吸引了大量的奇思妙想，也吸引了牛顿这样的科学巨匠参与，但一直未能破解，经度测量问题一直被认为是不可能解决的问题。直到1773年，一位自学成才的钟表匠约翰·哈里森（John Harrison）以精巧的机械设计最终解决了这个难题。经度仪发明的过程告诉我们，在面对未曾解决过的难题时，创新可能来自任何一个有创意的个体。在大量失败的创意的基础上，有可能是一个未曾想过的创意最终破解了一个人们普遍觉得解决无望的难题。创新竞赛点燃了人们激发潜力破解难题的勇气，通过不断的尝试最终破解难题。

类似的创新大赛存在于人类创新的历史中。19世纪，法国科学院提供10万法郎，奖励能够从海水中提炼纯碱的人。20世纪初期，奥特洛奖（Orteig Prize）提供了2.5万美元，奖励首次从纽约到巴黎之间横跨大西洋的不间断飞行。1927

年，查尔斯·林德伯格从9支队伍中脱颖而出，赢得奖金。林德伯格也因此成为国民英雄。21世纪初期，X-Prize 提供了1 000万美元奖金，奖励能够进入太空的私人太空船。

除了公开的创新大赛，一些公司也会举办内部的创新大赛，以挖掘员工创意。例如，德勤邀请4.3万名员工以电子方式递交想法，获得专家评审通过的想法会组建团队，实施想法。德勤的"创新探索"已经挖掘出1 000条创新理念，超过90名赢家获得提名。陶氏化学（Dow Chemical）十几年来坚持举办创新大赛，鼓励高层以下的员工提交在一年内见效，成本控制在20万美元之内的项目。创新大赛产生的575个项目带来了204%的投资回报率，每年节省1.1亿美元。

创新大赛看起来很浪费，有大量的创意产生，却只有少数的例外获得胜利。但是创新就是一个寻找例外的过程，需要通过反复试验来寻找最特殊的机遇。我们无法通过某种"科学理论"来规范创新产生的过程。在出产《玩具总动员》这部卖座的电影前，皮克斯考虑了大约500个选择，花费了3~5年的时间。创新没有捷径可以走，只有努力提升创意的平均质量，提升创意的数量和增加创意的多样性，才能增大产出高质量的特殊创意的可能。

（资料来源：达娃·索贝尔. 经度：一个孤独的天才解决他所处时代最大难题的真实故事. 克里斯蒂安·特维施，卡尔·尤里奇. 下一个大机遇：如何选择和创造最佳机遇。）

【要点回顾】

人才是组织竞争力的基础。本章聚焦于组织如何建设一支充满活力的创新人才队伍。在创新人才招聘部分，系统总结了工作样本测试、认知能力测试、行为面试、情景面试等一系列招聘创新人才的方法。在创新人才发展部分，介绍了试错、刻意练习、行动学习等创新人才培养的方法。在创新人才激励方面，介绍了设定适度挑战的目标、创建容忍犯错和充满竞争的氛围等激励创新人才的方法。

【复习题】

1. 能力素质模型的提出者是（　　）。
   A. 麦克利兰　　　　　　　　B. 迈克尔·波特
   C. 杰克·韦尔奇　　　　　　D. 斯滕伯格
2. 对某个领域专业技能进行持续、深度练习而获得在这个领域的较高表现的学习方式，这种学习方式称作（　　）。

　　A. 试错　　　　　B. 刻意练习　　C. 经验中学习　　D. 行动学习

3. 高成就动机的人会选择（　　）。

　　A. 最难的目标　　　　　　　B. 适中的目标

　　C. 简单的目标　　　　　　　D. 自己喜欢的目标

第四章
创新领导力和组织管理实践

【学习目标】

1. 了解创新领导力的要素；
2. 掌握组织架构的类型及创新组织架构的特征；
3. 熟悉组织文化的基本概念及创新组织文化的特征。

【导入案例】

3M公司的创新力

3M公司是一家历史悠久的多元制造企业，以独特的企业文化而造就的卓越创新能力而著称。2014年，3M公司获得了第10万个专利。2015财年，3M公司实现营收302.74亿美元，利润48.33亿美元，全球近9万名员工。2016年，3M公司在美国高中生协会发起的年度执业调查中，被评选为2016年度千禧一代最向往的公司，同年也入选中国最佳雇主百强。

在3M公司里，员工有很大的自主性。例如，可以在夏天少上半天班以陪伴暑假的孩子；可以在冬天某个公司日告诉上司：今天天冷了，我晚点到；可以随时进入上司的办公室说：你过时了，我的想法才是最好的。3M公司允许员工用15%的时间按照个人兴趣"干私活"，无论做的这些事情是否和公司有关。

3M公司有着很强的鼓励创新的文化。3M公司的里程碑式领导人威廉·麦克奈特（William L. Mcknight）有一句名言："切勿随便扼杀任何新的构想，要鼓励实验性的涂鸦，如果你在人的四周竖起围墙，那你得到的只是羊。"这句话演变成3M公司的一系列核心理念，包括："不得扼杀任何新产品创意""尊重个人首创精神及个人成长""宽容诚实的错误"等。

3M公司有着灵活的，适应创新的组织架构。只要谁有新的想法，就可以在公司任何一个分部申请资源，组建项目团队。项目团队的成员来自不同专业，完全出于自愿。当新产品开发出来后，员工会获得薪酬的提升和职位的提升。公司每年投入6%的年销售额用于研发。3M公司不会急于评价这些方案是否直接有利于公司。当一个有希望的构思产生的时候，3M公司会组织一个由该创意的开发者以及生产、销售、营销和法务等部门的志愿者组成的风险小组。这些小组会持续跟进，直到这些创意最终产生结果，无论成功或失败。一些小组会多次尝试，直到项目取得成功，3M公司鼓励这样的尝试。如果3年内，新产品在美国的销售额达到200万美元，或者在全世界销售额达到400万美元，这些小组将会被授予"进步奖"。

鼓励创新并不意味着对员工放任自流。3M公司有一套完整的C&DS（Contribution and Development System），帮助员工提升能力，发展职业。在绩效考核部门，每年3M公司的员工会和上级一起制定目标，提出未来希望发展的方向，员工可以提出下一步希望达到的职位。主管和HR会和员工一起探讨可行性，反复沟通确认各种细节。当职业发展目标确认之后，公司会提供相应的发展机会，帮助员工达到理想的职业目标。这使得员工不必担心会让上级觉得自己不务正业，公司也会根据员工的兴趣规划安排培训，寻找适合的机会给员工发展和锻炼。公司鼓励员工发展多元化的职业路径，内部转岗，尝试不同类型的岗位。

问题：从3M公司的案例看，一个持续创新的组织有哪些特点？

（资料来源：改编自《哈佛商业评论》中文版特约撰稿纪一禾、焦晶，2018年10月电子刊"3M：做千禧一代最向往的百年企业"）

第一节　创新领导力的要素

随着商业环境变化日益加快，企业面临的创新迭代压力不断提升。对于企业而言，创新不仅是少数人的奇思妙想，而是希望每个人都能有一定的创新能力，不断改进日常工作。领导者在激发员工的创新方面起到至关重要的作用。有的领导者能够创造一个鼓励创新的微环境，让团队成员发挥潜能，解决从未解决的问题。而有的领导者会压抑员工的想法，打压员工的创新行为。

创新是一个漫长的过程。从创意的产生，到创意的开发，最终使得创意产生价值的不同阶段，领导者对下属有不同的作用。下面分别就三个阶段中，哪些领导力的关键要素起到重要作用进行介绍。

一、聚焦创新方向

在创意产生的阶段，员工的想法可以天马行空，往任意方向发散。但是，企业的资源是有限的，企业不可能允许员工无限地发挥自己的想法。在管控得松和严之间，给很多领导者提出了两难的问题。

一方面，如果领导者严格限制团队成员能够做什么，不能够做什么，员工长此以往会失去活力，变得被动，只是被动执行领导者的指令。而领导者自己又不可能事必躬亲，了解到每一件事情的细节，最终替员工把这些问题解决。另一方面，如果领导者不限制员工探索的方向，就会导致员工自由地提出各种创意，团队看起来很活跃，大家都很有创意，但这些创意的探索导致团队花费了很多精力在不同的领域，最终可能影响到团队的工作成果。

这种困境反映了在组织中创新和独立创新的不同之处。当个人进行创新时，他可以自由地设定目标，自己寻找和组织资源，探索任何希望探索的未知领域。例如，艺术家、科研人员、作家等以相对独立方式工作的个体，创新目标设定是自由的。然而，组织中的人员，无论是高层还是中低层员工，都是受到组织目标的约束，而不是随心所欲地进行任何自己喜欢但是对组织没有价值的创新活动。否则，组织就是一盘散沙。

因此，领导者在创新中的第一个重要角色就是帮助下属在创新方向上有所聚焦。聚焦并不是限定下属要做什么，而是通过提出有挑战性的难题，帮助下属确定创新方向。具体而言，包括以下三种行为：

（一）提出创新目标

领导者对员工最大的支持，就是提出清晰、具体的创新目标。例如，开创某个新的产品线，达到一定的市场份额，降低一定比例的成本等。目标设定理论（Goal Setting Theory）表明，当员工在工作中获得清晰、具体的指令时，他们的工作表现要比仅仅告诉他们"尽力做到最好"要高。由于责权、信息的不对等，领导者不能过度依赖下属自发找到对的创新方向，而要给出一定的方向引导，告诉下属，要到哪里去。

（二）定义创新边界

创新目标告诉下属应该往哪里去。但是，如何达到这个目标，下属仍然需要一些具体的指引。例如，可以允许的探索时间、和现有业务领域的关联程度、可以承受的风险、可以与之探讨的合作者等。每家公司，每个团队，根据实际情况不同对创新活动都有一定的限制，以控制创新所带来的不可控的风险。在开始创新活动之前，领导者和下属认真探讨这些问题，坦诚沟通，清晰彼此的预期，对创新活动的开展很有好处。

（三）建议创新领域

探索是一场未知之旅，领导者可以帮助下属界定可能的探索空间。例如，一项新的产品开发,是从用户体验入手,还是从原材料入手?每个创新都涵盖了很多不同的创新领域,给下属一些建议,能够加快创新突破的速度。

二、打破团队边界

麻省理工学院教授黛博拉·安科纳(Deborah Ancona)指出,随着时代的发展,对成功团队的标准也发生了剧烈的变化。原先认为团队的成功主要取决于团队处理内部问题的能力,包括团队是否有清晰的目标、是否有井井有条的计划、团队成员的定位是否清晰以及团队成员之间是否有高效配合的团队精神。然而,在行业和组织边界模糊、外部环境快速变化的时代,团队要完成任务需要外界的信息、配合、资源和专业知识。当外界环境快速变化或者新战略的实施需要团队做出快速反应时,把注意力主要放在内部可能会使得团队遭受失败。如果团队内部团结一致,但是团队内部和团队外部存在一道厚厚的墙,团队仍然无法获得成功。我们需要那些不仅能够凝聚团队,还能够带领团队和组织内外部建立广泛联系的领导者。

创新依赖于不同领域的想法交叉、碰撞、创造新的组合(详见第 8 章创新思维和方法)。一个内部凝聚但对外封闭的团队会成为创新的最大阻碍。社会心理学的研究表明,当一群人对自己的身份形成认同的时候,会对另一群人产生敌意和排斥。心理学家穆扎弗·谢里夫(Muzafer Sherif)曾经把一群参加夏令营的孩子随机分成两组,他们和自己的伙伴一起远足、做事和游戏,形成各自的团体规范,树立了各自的团体认同。当主办方安排他们竞赛时,双方的团体意识进一步变强,产生了攻击和辱骂行为,甚至破坏对方的营地。在一个组织中,当一个对内凝聚的团队对外封闭时,会变成组织中一个孤立的"仓筒",排斥外部的创新想法。他们会形成"Not invented here"(非此处发明)的偏见,盲目自信,觉得自己发明的东西比别人要好。

原先在 Yahoo 工作,后加入创业初期的 Facebook 的王准强烈地感受到两家公司文化的差异。在 Yahoo,没有强烈的"所有人做事都是为了 Yahoo"的理念。公司以业务单元为中心运作,小组和小组隔阂严重,很多产品组都自称自己为 Studio(创作室),财务和运作也相对独立。而在 Facebook,状态完全不同,绝大多数人都很清楚,"我们并不是为某个小组工作的,我们的目标是整个 Facebook 的发展"。这种理念让 Facebook 内部的协同作战,互帮互助非常普遍,各团队之间的合作或妥协也并不困难。

王准写道:"除非有特殊情况,一般某个新员工选定的组都会接收他,不能拒绝。因为如果你拒绝的理由是'他不行'的话,那不如解雇他;如果说你不愿意让他到你的组但可以到其他组，这种想法违背 Facebook 的文化。我们都是为 Facebook 工作的，而不是为了某个小组工作，所以如果你觉得某个新员工不行，那其他组也不应该要他。如果原因是'他的背景不适合'，那一开始就不应该见面会谈。导师极力避免把新人介绍到明显不适合的组里面，所以这个理由也不成立。"

在面对客户和变化的市场环境时，内向型和外向型的团队在工作时会呈现两种不同的工作方式，从而导致不同的工作结果。安科纳对比了一个典型内向型和外向型团队完成同一个任务的表现，发现每个阶段都有显著的行为差异，而这些差异使得最终的结果有所不同。

在接到工作任务的时候，内向型团队的领导者强调团队内部成员的协同和配合，把获得的任务信息迅速在团队内部共享，让大家明确工作任务，迅速制定行动方案。而外向型团队的领导者着眼于了解外部信息，放下团队旧有的经验，用全新的思维方式审视工作任务。外向型团队的领导者不急于提出方案，而是让团队成员先努力接触外部的客户，获得更多的信息，了解清楚自己到底要做怎样的事情。在这个过程中，外向型团队的成员逐渐探索清楚工作目标，并和外部客户建立了广泛而深入的联系。这个过程相较于立刻就开展工作的内向型团队多花费了一些时间，但是团队的思路变得开阔，最重要的是，形成了关于外部市场变化的最新洞察。

初始工作方式的不同对后续的工作结果产生了深远的影响。外向型团队由于了解到市场的变化，能够迅速根据变化调整状态，以全新的观念看待市场，并且保持和公司高层持续积极的沟通，形成良性循环。而内向型团队由于没有觉察到市场的变化就匆忙开展行动，效果不佳，受到公司高层的批评。这种批评不仅没有让团队吸取教训，反而开始抱怨公司，认为是公司限制了团队的发展。

三、提供发展性反馈建议

在创新活动开始的过程中，领导者给下属提供的持续支持也非常重要。这些支持包括提供建议性的反馈，以帮助下属重构问题，提高创新成功概率；以及提供公司内外部创新所需资源。

当设定创新目标后，领导者和下属有两种看起来相似，但是有微妙差异的互动方式：密切督导（Supervisor Close Mentoring）和发展性反馈（Developmental Feedback）。

密切督导是领导者对下属保持密切关注，以确保下属是完全按照领导所说的去执行，而且不要去做领导可能会不同意去做的事情。当领导者采用严格监控的方式和下属互动，下属会感到他们总是在被观察、评估和控制。下属从事创新活动的内部动力会遭到损害，而总是在担心会受到领导的阻止。对领导意见的担忧会分散下属工作中的注意力，关注于如何迎合领导的意图以少受批评。

发展性反馈是领导者给下属提供了有价值的信息，这些信息有助于下属学习、发展并对工作做出改进。而领导者提供发展性反馈时，他们的关注点在于提供有价值的信息，而不是关注一个具体的结果。这些信息会激发下属探索未知领域的热情，会更愿意改进和提升自己。

创新目标的探索是一个持续的、未知的过程。虽然领导者需要帮助下属聚焦要探索的问题，划出探索的边界，但并不意味着领导者需要让下属言听计从，按照领导者说的去做。领导者需要意识到，在这个过程中自己的经验也可能是失效的，因此无法对创新活动的过程进行严格的把控，替代具体从事探索活动的下属。而提供发展性的反馈为创新活动提供了高价值的输入信息，而不是去干预创新活动本身的过程。下属获得这些信息后可以根据自己的判断决定去做还是不去做。

发展性反馈可以是挑剔的建议，甚至会让人感到有些不舒服。创新活动的过程无须一直都是一个自我感觉良好，充满积极情绪体验的过程。不同视角的、诚实的反馈，有助于创新者快速调整状态，更快地找到解决问题的方法。以创新而著称的皮克斯（Pixar）成功的秘诀之一，就是创造了一个可以获得诚实反馈的环境。公司有每日审核的流程，每名员工每天都要展示自己做了什么，哪怕作品还很不成熟。频繁的、真诚的反馈帮助员工及早发现问题，减少在错误的方向上探索过久的风险。

领导者提供意见，尤其是挑剔的意见时，需要注意两个要点：首先，针对未完成创意的分享要是经常性的，要让下属习惯于做出和接受反馈，而不是把反馈作为一种正式的、严肃的活动；第二，要让下属意识到，自己是对创意负责的人。领导者提建议并不意味着领导者要代替下属做决定，而是站在领导者的视角提供一些观点，帮助员工更好地做出决定。第二点尤为重要。当领导者提出反馈时，下属可能会有两种不同的解释：领导者是要下属按照领导者的方向去做；领导者是要帮助下属做得更好，但最终做决定的还是下属。领导者要不断向下属明确，最终对创意负责的是下属自己，而领导者是提建议的角色，这些建议有些可能是对的，有些可能是错的。

发展性反馈不仅是关于任务本身，还可以关于员工自身的能力、动机、价值观等。领导者尤其要从第三方的视角帮助员工看到自己的长处和内心的热情，通过发挥专长和找到自己的热情所在，更好地从事创新活动。在公司中，创新固然要从公司的战略和客户需求出发，但是员工仍然有机会按照自己所擅长的方式解决问题。关于工作塑造（Job Crafting）的研究显示，员工并不会把工作视为一个固定的角色，而是会灵活调整工作的边界、看待工作的方式、工作中合作的对象等，以在工作中获得更多的意义感。当领导者帮助员工更加清晰地认识到自己的能力和动力时，员工更加能够从自身的兴趣和能力出发完成创新目标。当员工意识到领导者不仅关注任务的完成，还关注自身的成长时，会激发自身的成长潜力，更加坚韧地推动创新问题的解决，在这个过程中也获得了个人的成长。

第二节　创新型组织结构设计

一切有组织的人类活动，都有两个矛盾的要求：第一，需要把活动拆分成不同的任务，让不同的人完成；第二，要把拆分后的任务协调整合起来，以实现最终目标。组织架构是"将工作拆分成不同的任务，再协调整合起来，以实现工作目标的各种方法的总和"。不同组织所处情景不同，组织结构也千差万别。然而，大部分组织都可以归结于一些基本的组织结构，如职能制、事业部制等。随着互联网时代的到来，市场需求多样化日益突出，为了应对复杂多变的环境，组织结构从高耸的金字塔结构逐渐转向扁平化，涌现出多种灵活创新的组织形态。

一、理性科层制：金字塔结构

科层制是指一种权力依据职能和职位进行分工和分层，并以规则为管理主体的组织体系和管理方式。社会学家马克斯·韦伯（Max Weber）在《经济与社会》一书中指出，科层制从纯技术的角度来看是已知的人类组织形式中最理想的一种，在明确性、稳定性和纪律的严格性等方面优于其他任何形式的组织管理模式，是与工业化大生产相适应的效率最高的组织形态。其本质是"理性"的，强调规则、目的和手段。科层制组织追求像一台精密的机器那样运转，致力于消除所有不确定的因素。科层制组织非常擅长于需要人工实现的简单、重复、稳定的工作，它就像一台专业化的机器，为社会制造物美价廉、大规模生产的商品和服务。

理性科层制组织的典范是直线制、直线职能制等"金字塔"式的组织形态，其上下等级清晰，工作职责明确，组织高度规范化，呈现出劳动分工专业化、等级链条明确、组织规范法规化等典型特征。当企业规模进一步扩张后，处于金字塔顶端的企业高层逐步远离了一线实际情况，当市场环境发生剧烈变化，市场分化、新市场产生时，科层组织几乎难以做出快速响应。在第一章介绍克里斯坦森的颠覆式创新理论时，已经探讨过由于价值链锁定，导致传统科层制大企业在面临市场变化时难以抗拒从低端市场切入的创新者，它们总是擅长于围绕已存在的客户和市场不断完善产品功能。金字塔式组织针对特定市场过度专业化，其集中控制和资产专业化的特点，使得它不容易适应产品和市场的多样化等复杂环境。

二、事业部制：组织多元化发展下的创新

市场多样化创造了巨大的新产品和品牌创新机会，也对现存企业造成了巨大的挑战。事业部制顾名思义是以"产品、业务类型、细分市场"为导向的组织类型，遵循"集中决策，分散经营"的总原则，实行集中决策指导下的分散经营。事业部制是自上而下对理性科层制度的一次优化，总部给予事业部相对自主的决策空间，各个事业部专注于各自的领域。总部不会过多干涉事业部的工作流程和工作方法，但掌控着各事业部的设立和关闭，财务资源的配置，事业部的绩效标准，事业部负责人的任免和监督，并为事业部提供共同的支持。

相比于科层制组织，事业部组织的创新能力大为增强，当新的市场需求出现时，企业可以通过增加新的事业部来应对市场需求。然而，总部仍然对事业部保持着在绩效结果、人员任免、事业部存废等方面的控制，这使得在新市场竞争时，事业部仍然无法如创业公司一样灵活。例如，总部可能会要求事业部在一定年限必须取得盈利，否则事业部就会被关闭。总部可能会出于整体业务考虑，在事业部业务发展较好的时候出售事业部。在商业环境快速变化，对事业部的绩效评估失效的时候，总部无法依赖于结果输出的标准化控制各事业部，可能会转向更为原始的，对事业部负责人直接监督的方式，这种结构被称为个人化事业部制结构。这使得总部和事业部负责人之间的信任、沟通变得极为重要。即便事业部的绩效结果不如预期，也可以通过沟通来解释原因，推动创新业务继续进行。

三、VUCA时代下的组织结构发展趋势

在VUCA时代，传统企业为了应对变化多端的市场环境，在组织结构的调整上呈现以下三个趋势：

（一）扁平化

一些金字塔结构组织开始逐步扁平化，通过增大管理幅度而减少管理层级，使得信息传递过程中失真的可能性变小，在一定程度上弥补了科层制组织信息传递慢、决策效率低、市场嗅觉不灵敏和官僚主义泛滥的痼疾，给予了组织成员更多主动性和创造性的发挥空间。

（二）产生更多敏捷的小团队

1. 杰克·韦尔奇的敏捷小团队

早在20世纪80年代，杰克·韦尔奇（Jack Welch）时代的通用电气就意识到敏捷的小团队是实现组织灵活性的关键。1988年，韦尔奇在克劳顿维尔时遇到了管理和控制层级过多的问题，致使组织无法针对市场的变化快速做出反应。通用电气发起了一项影响深远的"群策群力"（Work-out）活动。群策群力分为三个阶段：首先，高级主管组成筹备小组，共同锁定几个具体的、解决后带来重要潜在效益的问题；其次，举办2~3天的群策群力研讨会，在会议上，各个不同领域的员工聚集在一起，会议组织者提出有挑战性的任务，员工分成小组，头脑风暴产生创意，最终形成问题解决的方案；最后，高层管理者对这些方案立刻做出是否可行的反馈，在会后立刻实施。群策群力让大型组织中来自不同部门的员工有机会在一起合作，解决复杂的、需要不同领域知识共同完成的问题。通过这些改革，通用电气在正式组织架构之外，搭建起了灵活、敏捷的小团队作为一种补充性的组织架构。虽然这种架构是临时的，但是对激活员工活力发挥了重要作用，也为公司带来了经济的收益。

2. 稻盛和夫的阿米巴经营组织

韦尔奇提出的敏捷的小团队是临时的，随后稻盛和夫在京瓷公司实践的"阿米巴式经营组织"是划分出正式的、授权型的小团队。"阿米巴经营法"是最早试图突破传统金字塔模型的组织革新之一，也是最成功的。

"阿米巴"变形虫实际上是一种单细胞动物，具有繁殖灵活的特性。"阿米巴管理模式"（小集体独立核算制度），将整个企业分成很多个小型组织，一个小型组织就是一个阿米巴。每个阿米巴都是一个利润中心，其自身具备一定的内在结构，并且可以独立经营，并按照自我的需求和变化进行分裂、合并和成长。作为最小的经营单元，阿米巴既可以是一个部门，也可以是一条生产线、一个班组甚至是一名员工。京瓷集团共有63 000多名员工，共有1 200个阿米巴。阿米巴首先在制造部门推行，后来又在管理和销售部门推行。阿米巴倡导全员参与，具有合伙人理念，每一位员工都要懂得经营，"用少量的费用换取最大的销售额",为此公司要充分信任员工并赋权,同时将严谨数据实时反馈给现场,并帮助员工提升能力。

对于企业整体而言,"阿米巴组织"拥有某一项特定职能,但其开展业务则主要自主进行,而非根据上级的指令。阿米巴组织需要具备三个条件。

条件1:"阿米巴是一个独立完成业务的单位。"也就是,阿米巴有明确的目标和具体的任务,其领导者在带领阿米巴时有自主权,可以体会到完成任务的价值。

条件2:"阿米巴必须是一个独立核算单位。"这一条件的提出是为了能够精确把握阿米巴的财务收支状况,即阿米巴的工作是可衡量的。

条件3:"把组织划分成能够执行公司目的与方针的单位。"也就是说,阿米巴组织就本质而言仍然是公司战略的执行者,不能因为阿米巴的组织分割导致公司内部的协调机制被分割得支离破碎。

但是,阿米巴经营模式的本质其实是"量化分权",由上到下由大到小,分层逐步推行。在授权形式上,阿米巴采取的是量化授权形式。量化分权不同于传统的流程化分权形式,而是通过事前严谨周密的计划安排、事中高效的绩效管理、定期的绩效考核考评,实现完整授权。一般是以年度经营计划中的量化指标作为分权依据。因此,阿米巴经营法的分权本质上仍是为了集权,并没有改变自上而下的权力运行机制。

(三)平台化

如上所述,VUCA时代传统企业往往在内部设立小团队,其分布式、自主化的特征使得企业得以敏捷灵活地应对商业环境的变化多端,并逐步演化成"大平台+小团队"的平台化组织结构,从控制思维转向赋能思维,让中台和后台成为服务和赋能前线的后方。2016年,波士顿咨询公司和阿里研究院发布了《未来平台化组织研究报告》,定义了平台化组织的四大特征:①大量自主小前端,由跨越职能的人士组成,有自主权的前端业务团队;②大规模支撑平台,模块化的职能和组织资源,为前端提供支持;③多元化生态体系,体系内的成员相互影响,协同治理;④自下而上的创业精神,产品、项目、创意从小前端启动,平台通过投资和市场机制配置资源。

有一些行业试错成本较高,不能完全依赖于市场做判断。前端的敏捷小团队主要用于发现新业务方向,通过有限的实验获得初步数据后,向高层汇报获得资源后再开展业务。在平台+敏捷小团队的混合型组织中,自上而下和自下而上的沟通机制是并行发生的。前端有一定自主性进行探索创新,也需要考虑高层规划的战略方向。同时,由于成本高昂,组织也需要考虑内部投入资源的产出效率。

> 扩展案例 4-1

韩都衣舍：平台化组织

作为一家新兴服装电商公司，韩都衣舍建立了包括 IT、中央仓储、客户、柔性供应链、品牌创意、互联网营销、专业集成服务在内的七个中后台支撑系统。而在前端，有 300 个左右的产品小组根据市场需求，快速进行产品开发。中后台系统对前端系统起到支持和赋能作用。这种灵活的架构使得韩都衣舍能够快速试错，每年 30 000 款新品上市，满足顾客对服装快速多变的需求。

第三节　打造鼓励创新的文化

一、什么是组织文化

组织文化并不简单是"在组织中做事的方式"或者"公司的氛围"，它们是组织文化最表层的"人工饰物"。组织文化是有层次的。著名管理学家埃德加·沙因（Edgar Schein）认为组织文化包括人工饰物、价值观念和深层假设三个层次。

人工饰物是关于员工"做什么"的描述，是最外层、最可见的，是可以观察到的管理制度和工作流程。走到任何一家企业里，都会看到企业里有不同的装饰风格，员工有不同的穿着风格，员工之间以不同的风格互动。在人工饰物的层面，组织文化的内容是明确的，但是它的意义是不明确的。例如，一家地产经纪公司、一家投资银行和一家管理咨询公司的员工每天都是西装革履地上班，但是着装在这三家公司代表的含义可能是不同的。需要透过表面看到的人工饰物，看到更深层的组织文化的内涵。

价值观念是关于员工"为什么会做"的原因，是企业的发展战略、目标和经营哲学。例如，一家公司提供开放的办公空间，而另一家公司提供封闭的办公空间，这是为什么？背后的管理原则是什么？这些原则并不是写在企业文化小册子上的原则，而是在企业中真正指导员工做事方式的原则。例如，一家提供开放空间的公司，管理层信奉员工之间要坦诚沟通，平衡交流。而一家提供封闭办公空间的公司更强调等级和权威。这些办公空间的设计不是偶然的，而是高层管理者经过深思熟虑甚至激烈争议而有意设计的。价值观念帮助人们深层思考：在公司中，每一项管理行为背后的观念是什么？为什么会形成这样的观念?

深层假设意味着从历史的角度进一步思考"价值观念和行为表现的根源是什么?"深层假设是企业自己都意识不到、深入人心的信念、知觉、思维和感觉。要挖掘深层假设,必须要回顾企业发展的历史,思考到底是创始人的什么观念带领组织走向成功,这些深层假设是如何从创始人及其周围的小圈子一点点传播开来,成为组织的共识。企业文化的本质是大家共同习得的,能够帮助组织良好运转的信念和价值观。对于新加入组织的成员而言,这是一个"理所当然"的事情。然而,对于经过了组织创立过程的成员而言,这是一个不断打磨、学习、逐渐形成共识的过程。

埃德加·沙因进一步对企业文化做了精辟的概括:"企业文化是一个群体在解决其外部适应问题和内部整合问题过程中,习得的一系列共享深层假设的集合。它们在群体中运行良好、有效,因此被群体传授给他们的新成员,并作为其解决类似问题时感知、思考和情感体验的正确方式。"

从这个定义出发,可以知道企业文化是在群体共同学习过程中习得的思维组合。企业文化是一个多维度、复杂的结构。组织文化都是为了适应某种环境而发展起来的,集成了组织关于为什么会适应外部环境的一系列理念(外部整合),也整合了组织如何解决内部冲突的一系列理念(内部整合)。它就像人工智能算法一样,是一种集体的算法和智慧。经历了组织成长的人,清晰地知道如何按照组织文化去做可以获得成功,但是难以言传。

金·卡梅隆和罗伯特·奎因(Kim Cameron & Robert Quinn,2004)提出了组织文化的对立价值架构,这个架构通过四个对立的维度对企业文化进行了分类(见图4-1)。纵轴的对应维度是灵活适应和稳定控制。偏向灵活适应文化的企业更加能够根据环境变化,而偏向稳定控制文化的企业擅长于在稳定不变的环境里持久运营。另一组是注重外部竞争和差异性、注重内部管理和整合。注重外部的企业更多关注和竞争对手相比,独特的差异化竞争优势。而注重内部整合的企业更在乎内部形成一致的管理风格,能够协调内部不同的声音。

基于四个象限,金·卡梅隆(Kim Cameron)将组织文化划分成以下四种不同的类型:

(一)等级森严式文化

对于等级森严的文化,评价标准是高效及时、运行流畅。这种文化适合稳定的商业环境,并且强调组织内部的控制和一致性,和科层制的组织架构是一致的。前面已经探讨过,科层制的组织架构适合提供可预见的、稳定的、规模化的产品或服务。在这种文化中,员工受到严格的控制,需要按照规定的流程

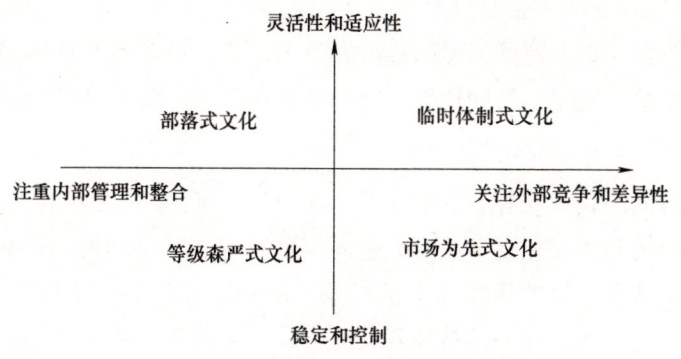

图 4-1 组织文化的对立价值架构
(资料来源:卡梅隆,奎因:组织文化诊断与变革)

做事。麦当劳是等级森严的文化的典型。麦当劳在全球提供高度标准化、相同品质的产品,强调品质的稳定性而非创新。对内,麦当劳有严格的操作流程,员工需要按照流程进行工作,以确保提供产品和服务的一致性。等级森严的文化往往是比较稳定成熟,相比于竞争对手已经确定了较高壁垒的企业。如果市场还不成熟,或者组织本身还处在激烈的变革中,这种文化并不适合。

(二)市场为先式文化

对于市场为先式的组织,评价标准是超过竞争者,达到市场份额。这种文化仍然注重内部的控制,高层领导者有着强大的威权。但是不同于等级森严式文化,市场为先式文化强调以业绩为导向。组织的目标是在激烈的竞争中取胜,高层管理者使用强硬的铁腕整合组织内部的力量,确保大家共同努力,朝着取胜的目标努力,获得市场的主宰。市场为先式的文化往往适合于组织有强烈的,在激烈竞争中取胜目标的情况。一个特别典型的案例是杰克·韦尔奇上任初期的通用电气,他提出了所有业务都必须达到数一数二位置的取胜目标,对业务进行了大刀阔斧的改革。这种改革是铁腕式的,触及了很多人的利益,很多人因此离开通用电气。但是改革对通用电气而言是成功的,提升了通用电气的竞争优势。

(三)部落式文化

对于部落式的组织文化,评价标准是凝聚力和高水平的员工满足感。这种文化强调内部和谐,强调自主小团队的力量,对外部环境较为灵活适应。20世纪60年代末期到70年代早期,日本的家庭式组织文化是部落式文化的典型代表。部落式文化中,大家有共享的目标,团结互助,强调团队的集体贡献而非个人英雄。部落式的管理较为人性化，大家如同一个家庭一般。部落式文化对外部竞争关注不足，没有特别强烈的做大做强的欲望，更多看重内部的和谐稳定。当行业的竞争格局发生剧烈变化的时候，部落式文化可能会遭到挑战。

（四）临时体制式文化

对于临时体制式的文化，评价标准是新产品、新的解决方案，在新市场中的增长。临时体制式文化是工业时代进入信息时代之后出现的，逐渐成为21世纪组织的典型情况。这些组织面对的行业产品和服务优势更迭极为迅速，在激烈的竞争中，凭借颠覆性创新精神开发出引领未来的产品或服务是取胜的关键。这种组织内部是高度动态变化的，有许多不断组建和解散的小团队。这种组织中，传统的组织架构图是无法描述动态变化的组织的。随着任务的变化，组织架构每天都在变化和调整。员工的头衔、职位也随之快速变化。

临时体制式文化就像很多支快速组建的球队。球队的队员因为共同的目标组成一支队伍，当目标实现之后又快速地解散，组建新的队伍。部落式文化注重稳定的关系，员工之间相互熟悉，有长期稳定的配合。而在临时体制式文化中，因为任务的不断变化，团队的关系并不稳定，也不注重家庭式的长期关系。

二、创新文化的特征

组织文化本身是没有对错的，根据公司所处的行业特征不同，不同类型的组织文化各有优势。然而，随着移动互联网时代的到来，原先稳定的许多行业都变得动荡起来。企业追求的不仅是短期内获得竞争优势，还希望不断推出新的产品，获得持续的竞争优势。适应于快速变化、激烈竞争的创新型文化逐渐成为各类企业文化转型的方向。创新文化具备以下特点：

（一）高度互信

科层制的组织是按照上下层级关系组建的，下级执行上级的命令，完成任务就好。然而，在快速变化的环境中，上级的指令可能不能及时传达，或者上级也并不了解一线的情况，无法做出正确的指示。在这种情况下，同伴之间的信任和合作就尤为重要。

高度互信是创新文化的主要特征之一。信任是一种当知道对方是我们不能控制，但是我们仍然愿意为对方冒风险的意愿。在不确定的环境中，情况瞬息万变，组织成员的命运掌握在其他人的行动之上。如果我们不愿意信任对方，就要花费大量的时间成本去沟通、监控。如果我们能够信任对方，就可以降低组织行动的成本。

高度互信来源于长期默契的合作和彼此的了解。信任不是盲目相信，而是在长期工作磨合的过程中，对对方的能力、价值观、人品等有深入的了解，相信对方有能力扮演好自己的角色，并且愿意为了团队的利益全心全意地付出，对队员会尽力相助。有了这种信任，才能在快速变化的战场上把自己的命运交给对方。

高度互信的组织会创造很多机会让来自不同部门的员工协同作战，共同战胜工作中的挑战。这些挑战会让员工意识到，单靠自己的力量无法解决复杂的问题，必须选择相信队员，齐心协力地战斗。

（二）共享目标

早在切斯特·巴纳德的《经理人员的职能》里，就提出了目标是维系组织存在的关键。组织成员可以更换，但只要组织目标不变，组织依然可以完成各种各样的职能。然而，在科层制的组织架构下，目标仅仅为高层级的管理者知道，低层级的管理者和员工仅仅了解被拆解后，和自己工作相关的局部目标，而不知道作为整体目标是怎样的。公司通过给员工提供种种激励，让员工完成被拆解后的专业化的局部目标，把局部目标形成合力，从而形成整体目标。

在创新文化下，目标是共享给每一个人的，而不是仅仅由高层管理者知道。这是因为在高度不确定的环境下，高层管理者不一定有机会给每个人下达命令。员工必须根据所在的环境随机应变。然而，如果每个人都从自己的角度考虑，组织本身无法作为一个整体协同，也不知道如何把这些目标组成一个整体，也无法评估别人行动的风险。当目标共享之后，每个人都成为整体目标的监控者，都根据整体目标来协调自己和他人的行动。

近年来流行的 OKR（Objectives and Key Results，目标与关键成果法）就是共享目标的一种具体展现形式。在 OKR 中，目标自上而下拆解，每个人的目标都是公开透明的，每个人都知道别人在做什么，进展到什么程度。传统的绩效管理中，绩效考核都是高度保密的，绩效反馈也只是在上下级之间进行。然而，在 OKR 中，每个人都可以看到别人的绩效目标和目标实现的程度，也都随时可以给别人提出建议。

（三）信息透明

在创新文化的组织中，不仅目标在不同成员之间相互共享，所有信息的分享也是直截了当、高度透明的。在科层制的组织内部，信息是被切割在不同的任务单元里，每个人都专注于自己"深井"内部的信息，而无权获知其他部门发生的整体信息。在科层制组织中，掌握信息的人会通过分析判断，把信息的传播控制在应该知道这些信息的人那里。问题是，在预测变化越来越困难的时候，管理者很难预测到底哪些人应该知道这些信息。而另一方面，对于在一线不确定的战场行动的组织成员而言，信息的缺失会让他不知道组织中其他成员的行动策略和方式，会让他无法根据别人的行动而协同起来。

信息透明有助于提升人际沟通的效率。在《原则》中，桥水公司（Bridgewater Associates）的创始人瑞·达利欧（Ray Dalio）分享了"相信极度求真和极度透明"，这一桥水公司最基础的原则之一。达利欧认为，了解真相是成功的关键，要以实事求是、公开透明的态度对待自己和同事，任何事情不藏着掖着。无论是优点还是缺点，都可以以公开透明的方式进行讨论。达利欧举例，曾经公司高层认为有个部门需要从公司里剥离出去。从高层有这个想法开始，第一时间就和这个部门进行坦诚的沟通，而不是到最后一刻才让这个部门知道。

信息透明也可以成为一种组织机制，提升组织整体的运作效率。在阿波罗登月计划这个极度复杂的创新任务中，乔治·穆勒建构了一个卓越的管理系统。信息收集的频度从每个月提高到了每天，并且进行快速的交流，汇总的信息在中央控制室展出，让大家能够及时了解彼此的进度。管理者们甚至还建构了一张透明的通话网络，一个工程师可以即时听到通信线路上其他人的沟通，看看别人是如何解决问题的。

（四）专注成长

早在二十世纪初期，心理学家阿尔弗雷德·阿德勒（Alfred Adler）就发现，人类有与生俱来的自卑情结，在面对棘手问题的时候会感觉自己无能为力，感到焦虑，觉得周围的人都瞧不起自己。面对自卑感，人们通常会有两种做法：一种做法是寻求优越感来补偿自己的情绪，而把真正的问题隐藏起来，致力于如何避免失败而非解决问题；另一种做法是增长自己的能力，以改善自己的处境，不断超越自卑感。

罗伯特·凯根（Robert Kegan）注意到，大部分在职场的人，每天还是会花费一些精力，隐藏起自己不好的一面，以维持自己外在的良好形象。罗伯特提出，有一种刻意发展型组织（Deliberately Developmental Organization），专注于帮助每一位员工成长。在这些组织中，个人不必隐藏自己的弱点，去展现一个平静、完美的自己，反而能够坦然承认自己的弱点并从中获得成长的大好机会。同时，组织创造了一个值得信任和依靠的社群，确保员工可以安全地呈现自我。

大部分组织都有以结果为导向的文化，以成败论英雄，只有少数组织能够专注于组织成员的成长，创造信任的环境让员工能够直面自己的弱点。例如，桥水公司通过议题记录（Issue log）帮助员工把错误看作成长机会。员工要在议题记录上写上自己的错误和问题，这种行为会获得奖励。相反，如果没有把错误记录上去，会被视为严重失职。

> **扩展案例 4-2**

字节跳动如何打造创新文化

在 2017 年源码资本年会上，字节跳动 CEO 张一鸣做了题为《CEO 要避免理性的自负》的演讲，分享了"Context，not control"的管理心得。演讲强调要通过制度、架构、沟通方式等方面的设计，激发员工主动性，避免由于 CEO 的自负带来的决策失误。这些措施对组织如何打造创造文化有一定启发。

第一，减少规则和审批。

在字节跳动，部门出规定是很慎重的事情，尽量减少规定。如果不得已有规定，规则也要非常简单，不允许几页纸的规定，也不允许有难以执行的规定。审批也要尽量减少，甚至尽量不要审批。

第二，灵活的组织架构，不能只考虑自己的领地，汇报关系随时调整。

字节跳动认为，汇报关系不意味着权力，而仅仅是汇总信息的一种方式。如果业务需要，汇报关系可以随时调整。例如，如果有一个很重要的项目需要市场部支持，那么在这段时间，项目的主管同时也可以是市场部的主管。

第三，弱化层级跟头衔。

字节跳动鼓励给年轻人更多的表达想法的机会，弱化层次。在公司内部，和权威、科层化相关的 Title 是不能使用的，包括"老大""某某总""老师"等。这些 Title 的使用会压抑员工的想法，在做事之前先听听别人的意见。在字节跳动，带来层级感的待遇区别会被尽量取消，例如配备电脑、办公桌等带来层级感和发表意见的待遇。

第四，内部信息透明。

字节跳动鼓励各部门之间团体沟通，不主张仅仅一对一沟通，包括和 CEO 的一对一沟通。字节跳动认为，一对一沟通的效率很低，需要让所有需要配合的人在沟通过程中都参与进来，而不仅仅是 CEO 的一言堂。

字节跳动内部的 OKR 公开透明，管理层的 ORK 对下属成员保持公开，大家都知道彼此目标是什么。OKR 的制定过程并非自上而下的拆解，而是组织成员彼此的对齐。通过观察上级、其他部门和同级的 OKR，员工可以了解到公司最重要的任务是什么，部门最重要的任务是什么，季度最重要的任务是什么。公司的季度会、高管会等尽量扩大参与范围，让每个人都知道公司在发生什么。

第五,通过内部系统支持透明沟通。

字节跳动有近100人的团队,专门开发了内部使用的工具。公司内部的即时通信系统、OKR 系统都是彼此打通的。这些基础工具为公司文化的落地提供了重要的支持。员工之间可以更加轻松地进行沟通,大规模的透明沟通也成为可能。员工逐渐意识到,他一方面有权利获得相关的信息,另一方面也有义务支持组织中其他成员的工作。员工逐渐打破自己岗位职责的边界,成为一个并行处理的分布式系统的一分子。

(资料来源:张一鸣《做 CEO 要避免理性的自负》https://36kr.com/p/5072281)

【要点回顾】

要打造具有持续创新能力的组织,需要一批能够引领创新的领导者,激发创新的组织架构和鼓励创新的文化。本章提出了聚焦创新方向、打破团队边界和提供发展性反馈建议三项创新领导力的要素;描述了理性科层制、事业部制和 VUCA 时代下的组织结构发展趋势;并对组织文化的概念和创新组织文化的特征进行了介绍。

【复习题】

1. 在行业和组织边界模糊的时代,哪种团队更容易成功?(   )
   A. 内向型团队   B. 外向型团队
   C. 高执行力的团队   D. 高凝聚力的团队
2. 下面哪种文化不属于创新文化的特征?(   )
   A. 高度互信   B. 共享目标   C. 信息保密   D. 专注成长
3. 下面哪一项不属于企业文化的组成部分?(   )
   A. 人工饰物   B. 价值观念   C. 深层假设   D. 组织架构

第五章

产品创新

【学习目标】

1. 了解产品和产品经理的发展过程;
2. 了解产品的定义,学会提出产品概念;
3. 掌握需求采集的方法、需求分析模型、功能和 MVP 的分类;
4. 熟悉产品创新的工具。

【导入案例】

喜马拉雅 FM:用声音分享人类智慧

随着生活节奏的加快和生活环境的复杂化,跨领域知识的场景化应用成为中产阶级的必备技能。根据马斯洛需求层次理论,这类用户的大部分物质需求已经被基本满足,因此有多余的时间可以投入到精神层面的消费,也就是"自我实现的需求"(见图 5-1)。技术的发展提高了智能硬件和网络条件支持水平,让用户可以即时获取多种形式的内容。虽然免费的互联网内容可以让用户快速便捷地获取海量信息,但是也提升了内容筛选的复杂度。知识付费将知识内容和服务凝结为产品,让用户养成了为优质互联网内容付费的习惯,大大节约了内容筛选的成本和注意力成本。2017 年,我国知识付费产业规模约 49 亿元,预计在 2020 年年底将达到 235 亿元。

在线知识付费,是在传统出版物的基础上进行的产品创新。以数字化、轻体量为基础特征,加入互动环节,提供互动手段,利用碎片时间即时学习,让原本枯燥的学习变得更有趣味。再加上以互联网为载体,缩短了产业链,降低了生产成本和库存压力,更能激活一部分沉淀在不同领域的人才,挖掘内容生产价值点,促进上游供给端不断外延。这一创新同时也可以起到市场先验和配

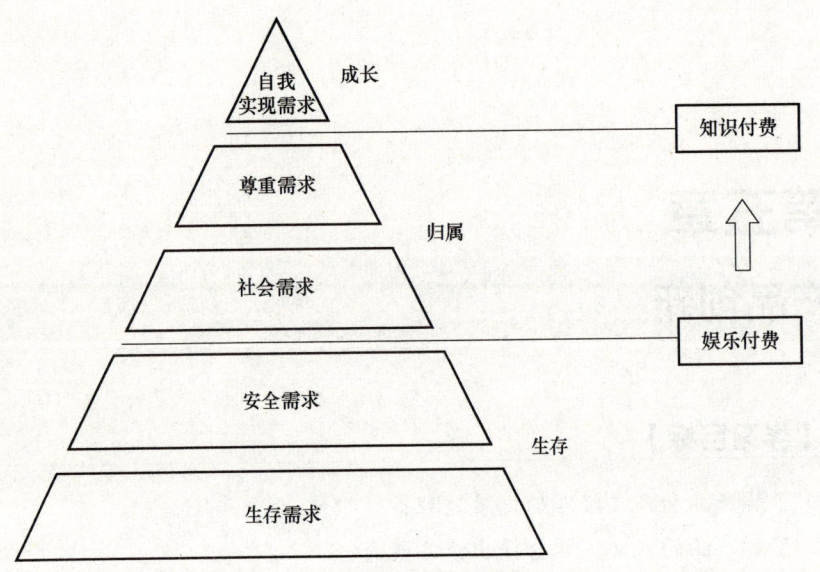

图 5-1　知识付费产品满足马斯洛需求层次理论中的自我实现需求

套精讲的作用,为实体书生产和销售提供辅助,收获长尾收入,促进文化行业整体效能提升。

在线知识付费,是在传统教育培训的基础上进行的产品创新,2012~2014年是探索期,2014~2016年市场开始启动,2016年后进入高速发展阶段,当下已进入应用成熟期(见图5-2)。通过"付费"这一门槛筛选相关领域、明确求知需求,输出跨领域知识和技能。相比传统教育培训,在线知识付费大大降低

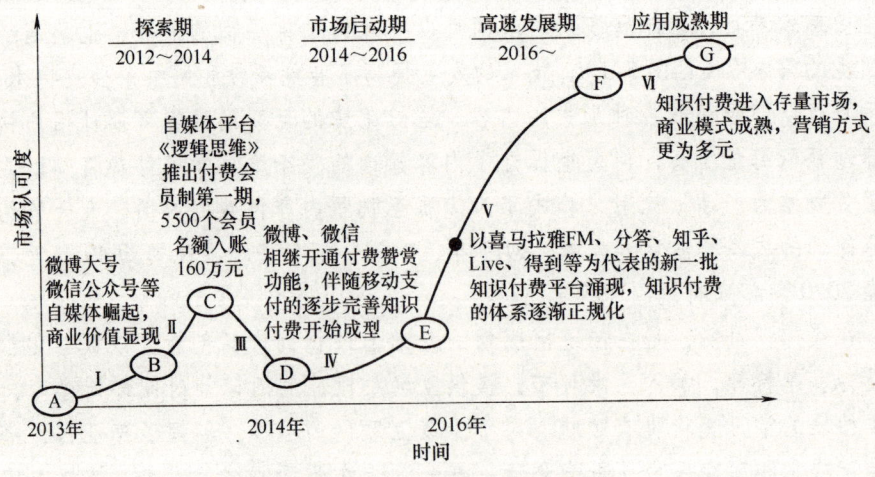

图 5-2　在线知识付费发展时间轴

了学习门槛，更强调知识和技能的应用性。通过碎片化的形式向用户交付体系化的内容，更侧重用户的互动和体验。这一创新可以进一步完善线上线下教育培训产业链，是深度学习的上游。

从个人博客到自媒体，全民内容输出带动了焦点向头部聚集，关键意见领袖（Key Opinion Leader，KOL）成为文化产业的新生力量。KOL 在营销学中是指拥有更多、更准确的产品信息，且为相关群体所接受或信任，在特定群体中拥有影响力和话语权的群体。随着用户的数量思维向质量思维转移，以"喜马拉雅 FM"为代表的知识付费在线音频应用就此诞生。邀请优质的 KOL 入驻站内生产精品节目，自产智能硬件覆盖用户的多维生活场景，"喜马拉雅 FM"在 2018 年第 1 季度以月均活跃用户数 7 552.9 万人、月均总启动次数 135 053.3 万次、月均总运行时长 1 144 466 万分钟的成绩占据知识付费行业的榜首。

问题：产品创新是如何推动知识付费行业发展的？

（资料来源：根据"中国在线知识付费市场研究报告"（艾瑞咨询 2018 年 3 月）、关键人和关键意见领袖的影响力（中国企业报道）；2018 年第 1 季度中国知识付费行业市场研究报告（比达咨询）综合改编）

第一节 产品及产品经理概述

一、产品发展与产品经理产生的联系

自有社会组织以来，生产组织和产品形态及市场的演进经历了以下六大阶段，如表 5-1 所示。

表 5-1 生产组织和产品形态及市场的演进

阶段	生产组织形式特点	产品形态及市场特点
自给自足时期	男耕女织，个体、家庭为基本社会单位，自由生产	产品萌芽，偶发交换
工场手工业时期	人们各有所长，靠手艺吃饭，产品有了剩余	手工艺品和贸易兴起
第一次工业革命	工业 1.0 时代，资本主义萌芽出现，生产组织以机器、流水线为代表，个人依靠组织生存	商品交换和贸易繁荣
第二次工业革命	工业 2.0 时代，进入 20 世纪，随着各种电器的发明和应用，以及与之配套的各种电力设施的完善，人类快速地步入了电气化时代，矩阵式组织和职业经理人开始出现，产品经理诞生	工业品大量生产，市场竞争激烈

(续)

阶段	生产组织形式特点	产品形态及市场特点
第三次工业革命	工业3.0时代，生产中广泛应用电子与信息技术，知识经济兴起	科学技术推动了生产力的提高，创新型产品经理出现
第四次工业革命	工业4.0时代，云计算、大数据、物联网、人工智能等新技术向产业渗透，催生了新的生产组织形式和新型商业模式	产品更加智能，多品种、小批量、定制生产成为可能

人们现在正迎来第四次工业革命，这次工业革命具有互联的、数据的、集成的、创新的、转型的这五大特点，将围绕智能制造为核心，在装备智能化、产品智能化、生产方式智能化、服务智能化、管理智能化等多个方面一一展开。

马克思主义哲学认为生产力的发展是人类社会发展的最终决定力量。生产力的发展决定生产关系的变革，随着人类社会从自给自足时期发展到第三次工业革命，社会生产力得到巨大的提升，导致市场平衡状态从供不应求的卖方市场过渡到供过于求的买方市场。买方（需求方）对产品的要求更多、更高、更细分，卖方（供给方）之间的竞争越来越激烈。

1927年，面对愈发激烈的市场竞争，宝洁（P&G）采取新的营销策略，第一次提出产品经理的概念。宝洁员工尼尔·麦克尔罗伊（Neil McElroy）首创了宝洁的"产品管理体系"，提议将销售的重点聚焦在Camay香皂的品牌推广与市场营销，并设置一个新的工作岗位品牌经理（Brand Man）来从公司整体的视角分析市场与客户需求，组织、实施完整的产品运作计划并占领市场。这个创新的岗位负责产品的全流程管理，管理整个产品品类，通过用户调研、商业研究、行业研究来了解用户的需求、竞争对手的产品等。这为宝洁赢得了巨大的成功，也导致大部分快消品从业者纷纷效仿，尼尔因此成为全世界第一位产品经理。

1969年12月，互联网诞生于美国阿帕网（ARPANET），1972年12月，摩托罗拉开发了世界上第一部手机；1992年12月，世界上第一条手机短信通过英国沃达丰GSM网络从一台计算机发至手机。自此，人类开启了移动通信时代的不懈探索。1998年9月，谷歌（Google）成立并推出第一个互联网搜索引擎；1998年11月，腾讯成立并于1999年2月推出即时通信工具QQ；1999年9月，阿里巴巴成立，电商平台正式登场；但引起爆发性增长的移动互联网，则是进入21世纪的一场席卷太平洋两岸的中美两国的颠覆式创新的革命，以2007年苹果iPhone手机的推出以及2011年1月微信的诞生为代表，移动互联网巨头迅速崛起，科技革命催生了一大批诸如Google、Facebook、BATJN（百度、阿里巴巴、腾讯、京东、网易）等世界级的巨擘，颠覆了传统的商业模式并改变了企业界的生态。在传统的信息化时代，大多数企业会设置业务分析师（Business Analyst）这一岗位，负责承接并管理软件开发项目，这与产品经理的岗位非常相似。随着互联网行业进入高速发展期，需要懂技术、懂商业、有较强执行力的人才来负责产品的设计、运营、迭代和流量的变现，产品经理也就应时而生。

我们身处的商业时代有两大主题：互联网化与全球化。这个时代有几个新的特点：从市场结构来看，产品供给的数量和质量远远超过了古典的商业时代，大多数市场是典型的买方市场，竞争激烈，企业只有更好地满足客户需求才能生存；从消费趋势来看，用户的需求日趋多元化，满足他们需求的难度正在不断提高；从技术发展来看，以互联网、移动互联网为代表的信息技术，可以帮助企业深入理解大多数客户和消费者，按需驱动，是产品快速灵活地适应市场，同时去除无谓的损耗，企业效益得以最大化。在供不应求的状态下，产品并不愁卖，只需要项目经理来执行、计划和控制。但是随着互联网的发展带来供过于求的状态，如何让用户选择这款产品才是关键，产品经理也就至关重要。由于很多产品都不成熟、用户每时每刻都可能出现新的想法，导致产品经理的工作更侧重于产品上市前的产品定义、需求采集、MVP制作等，因此"精益创业"的概念就此提出，它被认为是目前较有效的产品创新管理办法。

时势造英雄，在移动互联大潮下，市场涌现出像史蒂夫·乔布斯（Steve Jobs）、马克·扎克伯格（Mark Elliot Zuckerberg）、马化腾、马云这样杰出的产品经理及企业家代表，这一代"精益创业"创业者大致经历了三个阶段：①"将想法变成产品"，以投入最少的金钱和精力开发出体现核心价值的产品，并快速投入市场，通过不断的小规模实验，获得顾客反馈，进而不断迭代，让产品得到市场验证；②做"最了解用户的人"，做到用户体验极致，以最小的成本，在最短的时间里找到最优价值的认知；③伴随着用户爆发式的增长和全面的扩张，创业者大都把"对用户有爱、对产品有爱"作为一种信仰，进而上升到关注人性，让创业者和企业家拥有"为改变世界而生"的使命感和责任感，使得产品经理这份工作岗位闪耀着智慧和人性的光芒。

二、产品经理的团队地位

一个产品经理能做到各方面都最好，这样可以节省巨大的沟通、管理成本，但培养一个完美的产品经理，至少需要十几年。实际情况往往采用分权制，公司创始人带领几个各有擅长的产品经理，甚至把部分任务分给技术、设计这类"泛产品经理"，从而完成整个项目。大家也可以考虑自己擅长哪方面，根据公司需要和个人兴趣选择发展方向。产品经理应该是一个交叉的核心，是在设计

（用户体验）、技术（科技）和商业中间的那个什么都懂一些的人，图5-3描述了产品经理在团队中的位置。

从一个人发展为一个整编团队，创始人一定要承担起产品经理的角色，因为最开始要想清楚的是：要做什么来解决什么人的什么需求。产品经理把要做的产品想得差不多的时候，团队就会开始扩张。团队成员一般会分为四个角色，即：①产品：让产品有用；②技术：让产品可用；③设计：让产品好用；④运营：让产品"有人用"。产品、技术、设计和运营四个角色可以构成相对完整的团队，

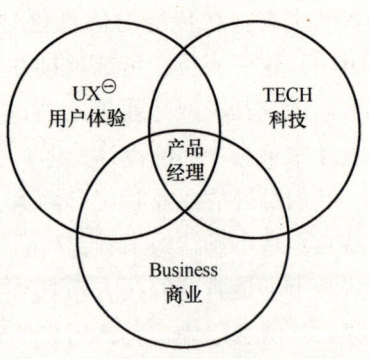

图5-3 产品经理在团队里的位置
（资料来源：苏杰．人人都是产品经理2.0：写给泛产品经理）

随着产品的迭代优化，团队会越来越大，技术成为 CTO（Chief Technology Officer，首席技术官），运营成为 COO（Chief Operating Officer，首席运营官），设计成为 CDO（Chief Design Officer，首席设计官），而产品经理可以发展成为 CEO（Chief Executive Officer，首席执行官）。

三、产品经理的必备素质

产品创新离不开产品经理。精彩纷呈的移动互联网上半场已然落幕，以 5G + AI + IoT 为代表的人工智能时代正式登场，在一日千里的科技发展和激烈变化的市场环境下，产品经理需要具备哪些非技能层面的素质，才能立于不败之地呢？

（一）从"学生"到"职场"

学生时代主要是封闭式问题，都是在客观条件确定的情况下求解；而产品经理则先要学会面对真正的问题，然后在不确定的情况下寻求最优解，有时放弃也是一种选项。

（二）从"用户"到"产品经理"

用户习惯从自己的视角来考虑问题，而产品经理则必须摆脱以自我为中心，转向以用户为中心，换句话说，即必须具备"同理心"，成功的产品经理，需要开通上帝视角模式。

㊀ UX 是 User Experience 的缩写，即用户体验。

（三）从"现象"到"本质"

产品经理看到一种现象时，需要追问逻辑的尽头，产品经理看问题需要有深度，要具备透过现象看本质的能力，只有用心投入，换位思考，深度洞察，才能从人性或阅历角度去解读一些现象背后的本质。

（四）优秀的性格特质

要想成为卓越的产品经理，以下几个是经常被提到的产品经理的加分项：热爱生活、好奇心、勇于尝试和持续学习；理想主义、完美主义；善于沟通、团队精神；抗压韧性、自我激励、情绪调节。

（五）产品经理必须掌握的知识要点

人类正处于知识爆炸的年代，知识更新日新月异，对于有志于从事金融科技师的产品经理来说，除了要具备扎实的金融专业知识，有丰富的从业经验外，还需要不断扩大视野，掌握管理学、心理学方面的经典理论，对优秀产品经理的成长大有裨益，如波特五力模型、PESTEL 宏观分析、马斯洛需求层次理论、产品生命周期理论、西方逻辑学、亚里士多德三段论、数理统计学及实证研究方法等理论、工具和方法。

（六）产品经理的技能树

产品经理必须具有洞察能力与架构能力，而审美、UI（User Interface，用户界面）设计与编程能力则为可选项，在不同的阶段，对产品经理的技能要求也是渐进式增加的，如图 5-4 所示。

四、精益创业与产品经理

IDEO 首席执行官蒂姆·布朗（Tim Brown）在为埃里克·莱斯（Eric Ries）的《精益创业》作序言时提到，魔力与天才并非成功创业所必需，运用可学习和可复制的科学在创业程序中才是最重要的。

新创企业的成功不在于优良的基因，或生逢其时其地，它可以因为遵循了正确的流程而获得，也就是说，成功是可以习得的，是可以传授的。

所谓精益创业，它是建立在过去很多管理和产品开发的理念之上的，包括精益制造、设计思维、客户开发和敏捷开发。它代表了一种不断形成创新的方法，称为精益创业（The Lean Startup）。

制造业的发展是用高质量的实体产品生产来衡量的，而精益创业则采用不同的发展单元，这些发展单元成为"经证实的认知"，我们会在第二节中提到。

在"大众创业、万众创新"的大环境下，除了一些新创企业的创业者外，

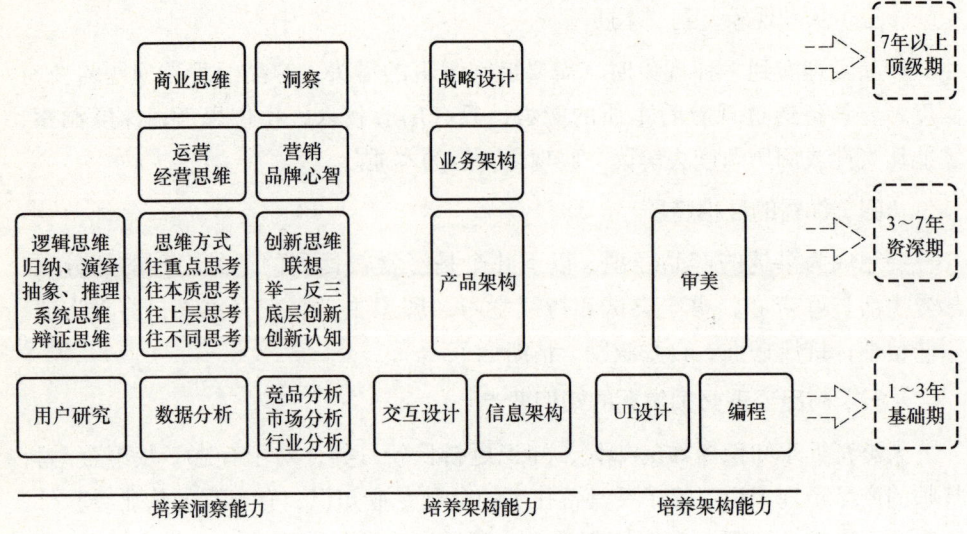

图 5-4 产品经理技能树

(资料来源：苏杰. 人人都是产品经理2.0：写给泛产品经理)

还有一些职业经理人，他们大多在大型企业工作，负责建立新业务或产品创新的工作。他们都是梦想家，能预见自己行业的未来，愿意冒险寻找创新方案，解决企业面临的问题。前者是在从事颠覆性创新，后者则是在从事持续性创新。

新创企业是一个由人组成的机构，它在极端不确定的情况下，开发新产品或新服务。创业者往往就是产品经理，因此，产品经理往往覆盖所有类型的创业企业家：从毫无背景、志向远大的年轻人，到大公司中经验丰富的远见卓识者，以及那些令他们肩负责任的人。

第二节 产品定义与概念提出

一、产品的定义

广义的产品是指能够提供给市场以引起注意、购买、使用或消费的物品，包括其实物形态、服务、个性、场所、组织和思想等。

产品分为五个层次，即核心层次、形式层次、期望层次、附加层次、潜在层次。核心层次是指用户真正获得的基本服务或利益，每一种产品从根本上说都是为了解决实质问题而提供服务的。形式层次是产品的实体和造型，主要由品质、式样、特征、商标及包装五个特征构成。该层次是企业对核心层次的补充。期望层次即产品应该拥有的用户期望属性和条件,须依靠符号学、传播学、社会学及语义学等理论对产品进行开发设计,以满足市场的多元化需求。附加层次是指用户购买产品后能获得的所有附加服务和利益,需要考虑市场策划、设计管理、用户需求来挖掘用户的潜在需求。潜在层次是产品未来可能发生的各种变化,以提出新的使用方式、新的功能为主。每个层次都增加了更多的用户价值,构成了用户价值层级,完整地揭示了用户选择产品的全部心理过程。现代产品一般采用以一个层次为主,或多个层次相结合的方式进行设计,以增加产品的竞争优势。我们也可以把产品简单理解为:解决某个问题的东西(见图5-5)。

（一）某个：明确定位

"某个"说的是定位,定位可以用来限定"有所为而有所不为"。大众市场已经相对成熟,而我们处于传播过度的社会,用户对大量的信息会进行筛选和排斥,因此要在细分市场中找到机会,聚焦目标、清晰定位尤为重要。

定位的基本方法,并非创造某种新的、不同的实物,而是调动心智中已有的认知,重新连接已经存在的联系。通常来说,心智只接受与其之前的知识和经验相一致的信息。

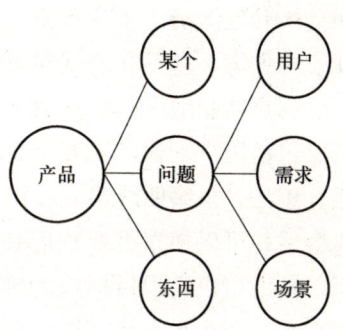

图 5-5　产品的定义

(资料来源：苏杰. 人人都是产品经理 2.0：写给泛产品经理)

标新立异其实是举步维艰的,回归现实、调动客户心智中已有的认知被认为是定位的基本方法。这一基本方法也可以称之为"由外而内"的思维方式,将信息极度简化,对存在的认知进行重新组合,从而进行定位。

（二）问题：用户、需求、场景

"问题"包含了三个关键词：用户、需求、场景。

1. 用户：这个问题是谁的问题？

这里的用户是指广义的用户,即与产品有关的所有人,包括客户(付款购买产品的人)和终端用户(最终使用产品的人),也包括与产品经理有工作配合的技术、运营、销售、客服等。他们分别自带不同的场景,因此用户画像尤为重要。

用户画像是以真实人类的行为和动机为基础的,对理想用户或最终原型用户的具象化表现。产品经理在设计产品过程中,要考虑两种非用户画像：购买者画像和逆画像。购买者画像是指那些做出购买决定,却不一定适用产品的人群。逆画像是指产品的非目标用户。产品经理通常会同时制作用户画像和逆画像，以便区分目标人群和其他人群。

为用户画像后，可以通过用户体验地图（User Experience Map）了解完整用户体验并把它融入新产品开发创新的流程中。如果产品的用户层跨度大，则需要针对不同的用户类型分别制作体验地图。制作体验地图，离不开一支跨学科、多元化的团队共同协作。在填充完时间线、用户体验步骤或阶段、周边环境以及用户可能与其他人、信息、实体、支付服务等内容互动之后，将得到一份清晰的、可用的视觉化地图，这也是通往创新型解决方案的跳板。产品团队可以根据体验地图确定用户痛点，重新构建机遇，设计一个能够提升用户价值的全新解决方案，并不断测试和完善这个新的解决方案。

用户体验地图一般包含用户、用户和产品、产品机会三大部分。用户部分主要包括用户画像和用户目标；用户和产品这一部分可以从用户的行为、接触点、想法、情绪曲线出发；产品机会可以围绕痛点或者机会点展开。获得产品机会后，可以根据重要程度和难易程度排出优先级，优化用户体验地图中的痛点，帮助用户实现目标或者确立新的产品功能的方向。途家是一家公寓民宿预定平台，图5-6为其用户体验地图。

2. 需求：问题的核心是什么？

心理学中，马斯洛需求层次理论将人类需求从低到高分为五个层次：生存需求、安全需求、社交需求、尊重需求、自我实现需求。在经济学中，理解需求可以从消费力水平的角度出发，分为个人需求（与收入有关）和市场需求（与价格有关）。产品需求更接近于经济学研究的需求，只有用户非常"想要"，又完全"要得起"的时候，用户才会对产品产生需求（见图5-7）。因此，需求和支付的成本密切相关。需求潜藏在人性与其他因素的相互关联中，需求的发现者需要在对"人"的理解过程中投入大量的时间和精力。

消费者购买行为与内心需要存在巨大鸿沟，以这道鸿沟作为起点来创造需求，可以让客户无法拒绝，让竞争对手难以复制。需求的创造，需要创造出情感共鸣并把握市场方向。亚德里安·斯莱沃斯基在《需求》这本书中列出了创造需求的六大关键：为产品赋予魔力、化解生活中的麻烦、构建完善的背景因素、寻找激发力、打造45°产品精进曲线、去平均化。45°产品精进曲线将产品分为三个阶段：探索期（定型）、成长期（优化）、成熟期（多元），产品要想快速匹配用户需求，就必须沿着45°产品精进曲线（见图5-8）从一个极致走向另一个极致。

第五章 产品创新

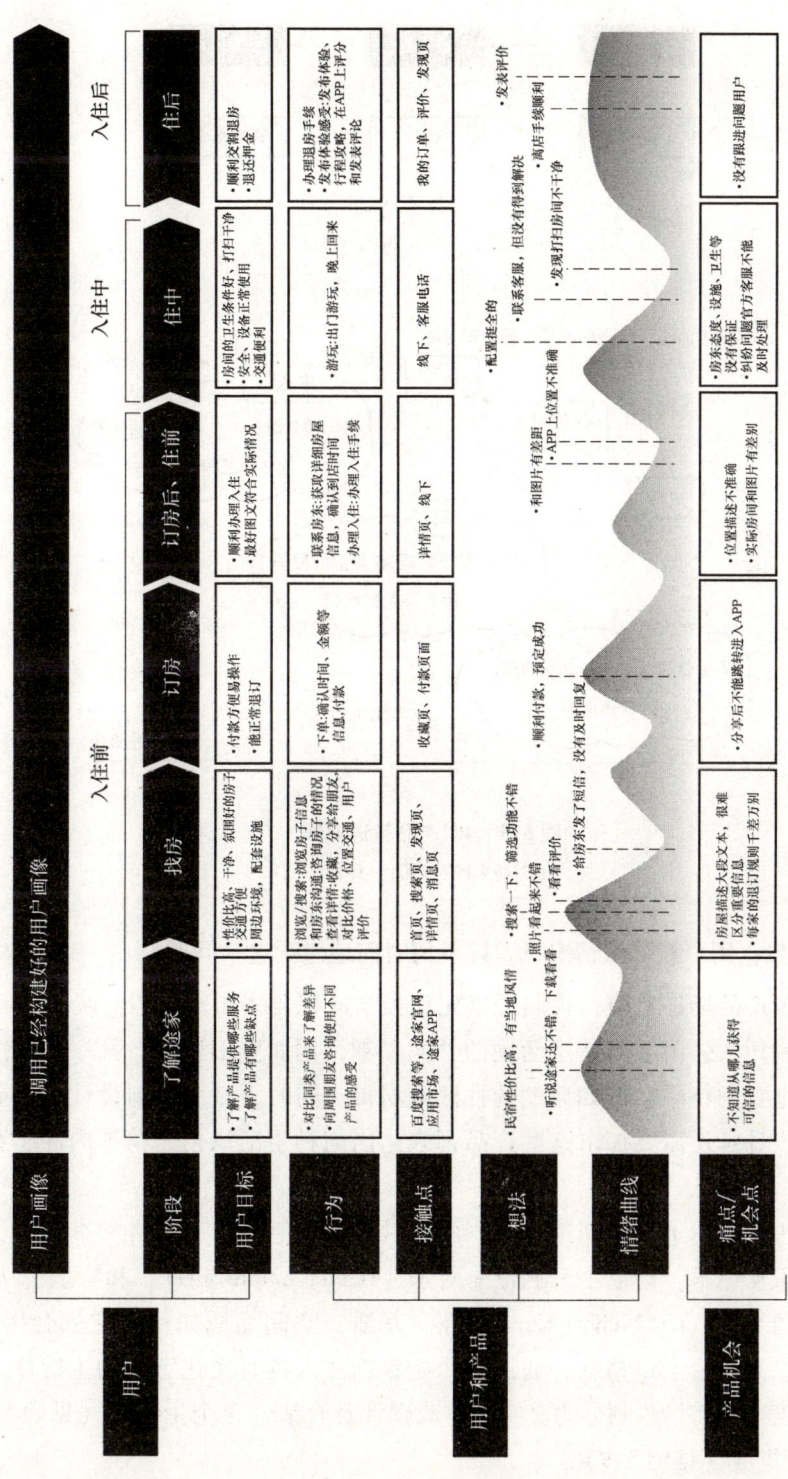

图 5-6 途家用户体验地图

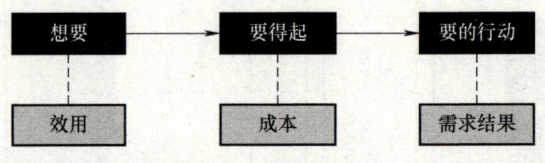

图 5-7 需求形成图

（资料来源：李立. 腾讯产品法）

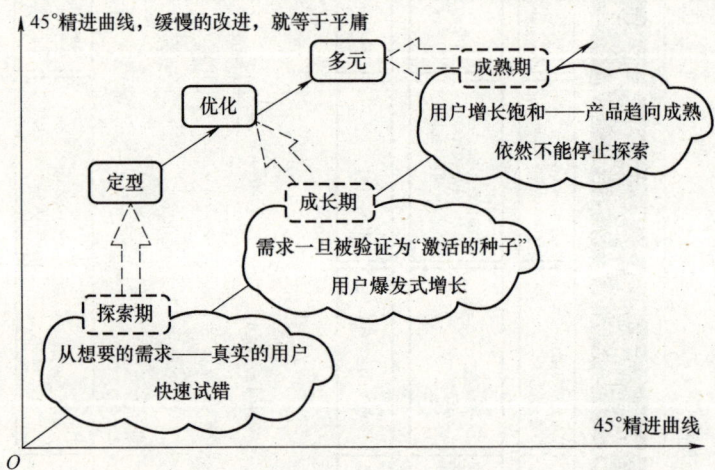

图 5-8 45°产品精进曲线

（资料来源：刘润，激发）

3. 场景：用户在什么情况下，以及何时何地碰到这个问题？

在了解产品场景之前，我们可以先从美学的视角去了解场景。场景有双重含义：一种用法强调了对特定活动的共同兴趣，例如登山场景；另一种用法强调了特定地点的特质，例如典型的社区或城市。同时，城市规划设计、工业设计、产品设计师还需要探求这些产品都表达出何种生活风格、精神内涵、意义和情绪。

场景理论揭示了一种理论框架，可以对各种价值观念、风格和审美品位进行精致的平衡艺术。丹尼尔·亚伦·西尔（Daniel Aaron Silver）和特里·尼科尔斯·克拉克（Terry Nichols Clark）在《场景：空间品质如何塑造社会生活》一书中对场景理论予以概括，通过给原始数据注入具有文化意味的主旋律，从设计的角度可以将场景划分为真实性、戏剧性及合法性 3 个主维度（见表 5-2）和 15 个子维度（见图 5-9）。

表 5-2　场景的分析维度：真实性、戏剧性、合法性的 15 个维度

真实性		戏剧性		合法性	
本土的	全球的	爱炫的	矜持的	传统的	新奇的
族群的	非族群的	迷人的	普通的	领袖魅力	常规的
国家的	非国家的	睦邻的	冷漠的	功利主义	非生产线的
企业的	非企业的	越轨的	遵从的	平等主义	特殊主义
理性的	非理性的	礼节的	非礼节的	自我表达	含蓄表达

（资料来源：西尔，克拉克．场景：空间品质如何塑造社会生活）

图 5-9 展示的矩阵显示了 15 个场景作为行，复杂的场景如迪士尼乐园作为列。单元格项为权重，其中 5 分表示最符合该维度。颜色的深浅代表对应权重，其中深色的单元格具有较高的数值。迪士尼乐园的定义是 15 个维度的加权分数。迪士尼乐园作为一个场景，具有一定的传统色彩，但很显然它不是越轨的。矩阵说明了连接和加权 15 个场景的组合逻辑，以创建更多复杂的场景。

	迪士尼乐园	波西米亚	武士特许区	雪诺阿德《包厢》	爱乐之城	罗西尼巡演	瓦格纳的沃尔克	布鲁克斯的布波族	黑色是美丽的	冷静的世界主义
传统的	4	2	3	3	2	2	4	4	4	2
自我表达	2	5	3	4	4	5	2	4	4	4
功利主义	4	1	1	2	2	2	2	3	3	2
领袖能力	3	4	3	3	5	3	4	3	4	4
平等主义	2	2	3	3	4	4	2	4	4	5
正式的	3	2	2	5	3	3	4	4	4	2
睦邻的	4	2	1	3	4	3	2	3	3	2
迷人的	2	3	3	4	5	5	3	4	4	3
爱炫的	1	3	3	3	5	4	3	3	3	3
越轨的	1	5	5	2	3	3	3	4	4	4
本土的	2	3	3	3	4	3	3	3	3	2
族群的	2	3	3	3	3	3	5	4	5	3
国家的	3	2	3	3	3	2	3	3	3	2
企业的	4	2	3	2	3	2	2	2	2	2
理性的	3	2	2	3	2	2	3	3	3	2

图 5-9　场景理论：连接复杂的场景和场景维度

（资料来源：西尔，克拉克．场景：空间品质如何塑造社会生活）

场景理论对产品团队的最大贡献是促使产品团队设计产品时考虑到美学、

文化差异，产品团队应该从不同的地点、场合出发让美学场景和产品场景相结合，使最终产品能与最终用户达到"视觉化—共情化"，引起用户的共鸣并从本质上愿意接受产品。

互联网从 PC 时代过渡到移动互联时代，产品经理也更注重"场景"分析。我们可以从用户、需求、场景几个角度对 PC 端和移动端进行对比。

（1）用户：触达用户的渠道更复杂。大多数 80 后"先 PC 后移动"，而 90 后一代是"先移动后 PC"的。80 后产品经理通常会简单地从 PC 端"移植"产品，但是在移动时代，还需要考虑用户生理上的一些特性，例如，用户是右手、左手还是双手用手机，都会直接影响到产品交互页面的设计。PC 端的整个互联网是一个整体，直接用 URL 链接即可触达用户，网站之间可以互相导流。移动端产品触达用户的渠道更复杂，首先要通过各种应用市场铺渠道、等待平台审核，然后还要确保用户能发现、下载和打开，才能最终和用户互动。各种 APP 互相引流也比 PC 端网站更困难。因此，移动端的产品用户黏性更重要，对产品体验的细节要求更高。

（2）需求：更丰富多样，更碎片化。移动端产品的临时需求更多、更碎片化、更侧重娱乐或生活场景，需要在短时间内快速满足很小的一个需求点。

（3）场景：更多元，更多变。随着 PC 端转移到移动端，用户场景从计算机屏幕前变成了生活中的随时随地，需要考虑用户使用产品时周围环境的因素。

（三）东西：解决方案

最后一个词"东西"，就是解决方案，也可以称为解决问题的方法，可以是一个有形的实物，也可以是一个无形的服务。方案是用户解决问题的具体办法，它包含当前用户选择的常用方案和备选方案。在实际工作中，可以使用类似表 5-3 的表格，运用金字塔结构的思考方式，将所有的需求场景穷举出来。穷举意味着场景间各自独立、没有遗漏。

表 5-3　需求场景分析表

角色（谁）	场景（时间、地点、动机）	常用方案（操作路径）	备选方案（操作路径）	优先级
A 类	A1			
	A2			
	A3			
B 类	B1			
	B2			
	B3			

（续）

角色（谁）	场景（时间、地点、动机）	常用方案（操作路径）	备选方案（操作路径）	优先级
C 类	C1			
	C2			
D 类	D1			
	D2			

(资料来源：李立. 腾讯产品法)

以 QQ 音乐听歌识曲为例说明。在没有这一功能前，人们解决"歌曲识别"问题的需求场景分析如表 5-4 所示。其中一种常用方案可以记录为："凭记忆辨认—想不起来—向朋友哼唱—得到答复—手机搜索歌曲并确认—问题解决"。前面对应的场景描述了行为的触发：听到或脑海中浮现某段音乐。

表 5-4　QQ 音乐"听歌识曲"需求场景分析表

角色（谁）	场景（时间、地点、动机）	常用方案（操作路径）
A 类：音乐爱好者	A1：商场/餐厅/酒吧等，听到环境背景音乐	1. 凭记忆辨认—想不起来—向朋友哼唱—得到答复—手机搜索歌曲并确认
	A2：车上/家/办公室等，听到电脑、唱机等设备播放的音乐	2. 凭记忆辨认—想起歌手—按歌手搜索音乐列表—试听歌曲确认
	A3：酒吧/街头等，听到现场演奏的音乐	3. 凭记忆辨认—想起某句歌词—按歌词搜索—试听歌曲确认
	A4：记忆中某首歌，某段旋律	
B 类：以音乐为职业的人	B1：与音乐爱好者 A1～A4 相同	
	B2：创作时，弹奏旋律，搜索相似	无法解决

(资料来源：李立. 腾讯产品法)

而使用"听歌识曲"功能后，方案变成了"手机打开 APP—进入听歌识曲—问题解决"。产品提供的新方案大大提升了解决方案的效率。一个有趣的状况是，需求越是明确的"问题"，在没有推出好的产品解决方案时，常用方案的操作路径都比较烦琐，并且存在显著的共性。

(四) 六合分析法

产品的定义，我们除了可以通过"某个问题的东西"来理解，也可以引入六合分析法（5W1H）（注意与下一节需求分析阶段的 6W2H 法区别）：①Who：产品为谁设计？目标用户是谁？谁购买，谁使用？数量有多少？②Why：用户为什么要选择我们的产品？除了我们的产品外，他还有哪些选择？产品被替代的可能性大吗？③When：用户什么时候使用我们的产品，多久用一次，会持续多久？④Where：用户在哪里使用我们的产品？⑤What：产品的具体形式是什么？做成什么样？⑥How：用户是怎么使用它的？前三个问题属于策略阶段，可以帮助产品经理判断是否"做产品"。后三个问题属于设计阶段，可以帮助产品经理思考产品需求。在产品策略阶段，分析要素是 Who（广度＝主体）、Why（强度＝解决方案）、When（频度、可持续性＝时间）；在产品设计阶段，分析要素是 Where（场景）、What（方案形态）、How（操作路径）。从中，我们可以提炼出"产品四要素"：广度、强度、频次及可持续性。在"产品四要素"中，强度会影响到广度、频次和可持续性。

二、产品分类与维度

（一）用户关系维度

从产品与用户的关系维度，可以把产品分为三类：单点、单边、多边（见图5-10），其中多边又可以分为双边、三边等。计算器是典型的单点用户型产品。只要有一个用户使用，就能产生完整的用户价值，但是用户的转移成本很低。电话是典型的单边用户型产品，需要有一群人同时使用。只有一个人有电话是没有意义的，用户越多价值就越大，产品就构成了网络效应。多边用户型产品一般都是平台级产品，需要几群不同的人一起使用才能产生价值。豆瓣是典型的多边产品——由提问者、回答者、围观者构成三边，沉淀了很多内容和关系。

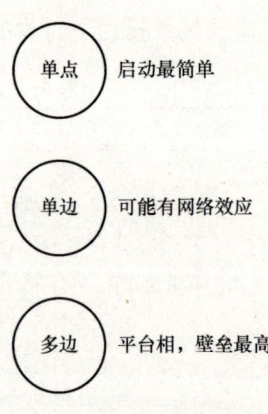

图5-10 单点、单边、多边产品的关键特点

（资料来源：苏杰. 人人都是产品经理2.0：写给泛产品经理）

（二）用户需求维度

从用户需求维度，可以把互联网产品分为六大类：工具、内容、社交、交易、平台、游戏（见表5-5）。

表5-5 用户需求分类

类　型	特　点
工具	解决单点问题
内容	价值观过滤器
社交	彼此互相吸引
交易	做生意卖东西
平台	复杂的综合体
游戏	打造平行世界

几种产品的演变路径见图5-11。

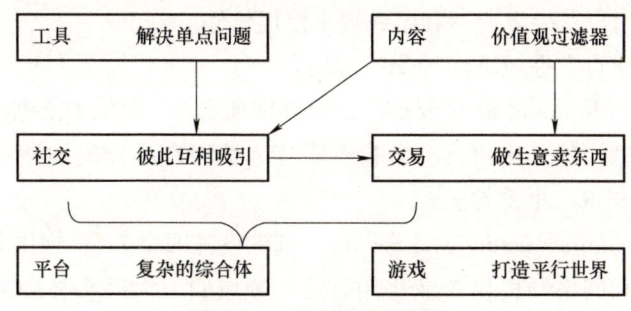

图5-11　产品演进路径图

(资料来源：苏杰. 人人都是产品经理2.0：写给泛产品经理)

（三）用户类型维度

根据目标用户的维度，可以把产品分为2C（to Customer）和2B（to Business）。

1. 2C产品

2C产品也叫C端产品，是面向终端用户或消费者的产品，主要承担流量获取和转化的任务。互联网C端产品按照所实现的功能，还可以细分为：工具类（如美图秀秀）、内容类（如喜马拉雅FM）、社交类（如微信）、平台类（如滴滴）。按照运行的设备可以细分为：PC端产品、移动端产品、其他设备端产品（包括智能硬件和车载软件）。2C产品的主要特点有：用户是个体；重视交互设计；通过数据分析来调整和优化；功能的收益容易通过核心指标来量化，核心指标包括日活（日活跃用户）UV（Unique Visitor，独立访客）、PV（Page View，页面浏览量）、转化率等；运营决定成败。

2. 2B产品

2B产品也叫B端产品，使用对象是企业或组织，主要承担为企业或组织提高收入、提升效率、降低成本、控制风险的责任。企业使用的产品最终也是某个具体的个人来用，因此2B产品至少要同时面对企业客户和终端用户两种角色。

互联网B端产品按照部署方式可以分为私有化部署和云部署。私有化部署是将软件部署在公司自己的互联网数据中心以及专门配制的主机与存储设备中，可以与外部网络隔离，安全性强，网络稳定。云部署是将软件部署在第三方云服务商中，在保证安全性的前提下可以节省数据中心成本。按照技术架构可以分为浏览器-服务器结构（Browser-Server结构或B/S结构）和客户端-服务器结构（Client-Server 结构或 C/S 结构）。B/S 结构允许用户通过浏览器访问系统，C/S 结构允许用户安装客户端和服务端来使用软件。

我们可以重点掌握以下四种 2B 产品：

（1）BaaS（Backend as a Service，后台即服务）：提供者会提供即时通信、社交分享、信息推送、用户行为分析等服务来缩短产品开发周期。这一领域的提供者有 shareSDK、个推等。

（2）IaaS（Infrastructure as a Service，基础设施即服务）：提供者会提供场外服务器、储存和网络硬件供企业租用。这一领域的三大巨头分别为亚马逊、微软和 IBM。

（3）PaaS（Platform as a Service，平台即服务）：提供者会提供各种开发和分发应用的解决方案。这一领域的提供者有 Google APP Engine、Microsoft Azure、Force.com、Heroku 等。

（4）SaaS（Software as a Service，软件即服务）：提供者会直接提供应用，让企业可以直接在远程服务器上运行。SaaS 又可以分为项目协作软件（例如钉钉、teambition）、职能服务软件（例如用友畅捷通、金蝶易记账）、办公流程优化软件（例如企业微信）、数据储存与分析软件（例如百分点）等。

IBM 软件架构师 Albert Barron 为了更形象地解释 IaaS、PaaS 和 SaaS，提出了经典的"披萨理论"（见图 5-12）：一个"吃货"是怎么吃到披萨的。如果打

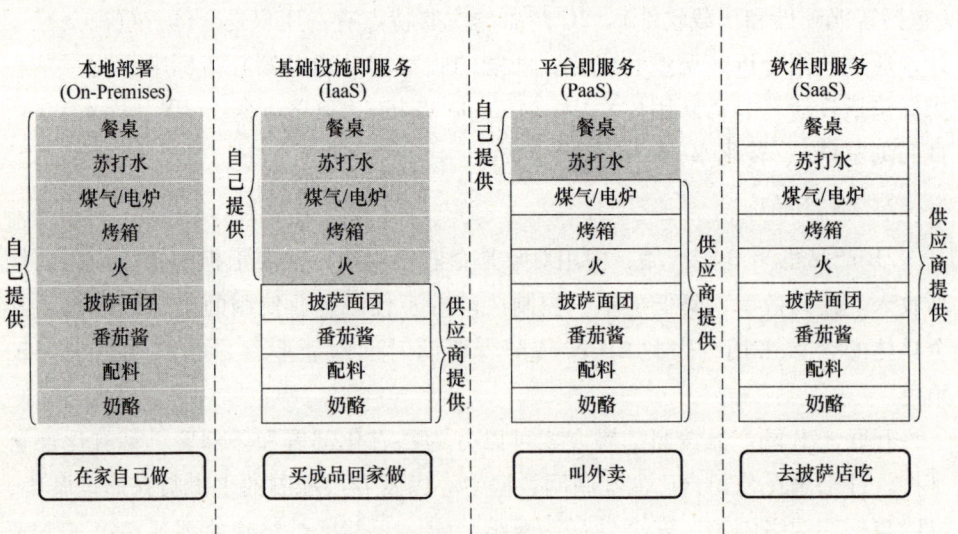

图 5-12　披萨理论

算从头到尾自己在家做披萨,则是本地部署(On-Premises),需要自己发面、做面团、进烤箱等。如果从披萨供应商那里买好速食披萨,回家烘培就是 IaaS。如果打电话叫外卖将披萨送到家中就是 PaaS。如果直接在披萨店吃披萨,什么都不需要准备就是 SaaS。

其他的 2B 产品还有 VaaS(Video as a Service,视频即服务)、NaaS(Network as a Service,网络即服务)、OaaS(Operations as a Service,运维即服务)。

2B 产品的主要特点有:目标用户是一个群体;效能第一,体验第二;强调抽象和逻辑;收益难以量化。

(四)盈利模式维度

盈利模式基本可以分为两大类:前向收费和后向收费。前向收费,是直接向用户收费。例如,面向信息使用者或浏览者收费,包括包月费用、点播费等。后向收费,是向合作商户收费。例如,广告发布、竞价排名、冠名赞助、企业会员等费用。该模式是互联网网站采用最多的盈利方式之一,如搜索引擎类网站(如谷歌、百度)、视频类网站(如优酷、土豆)等。

三、产品概念的提出

在概念提出阶段,有三个关键步骤(见图 5-13):①加深团队成员对用户的了解;②引导团队成员发现用户特点;③利用前两步得到的信息,设计以用户为中心的解决方案。我们可以将以上三个步骤总结为:视觉化、共情化和概念构思。这三种方法融会贯通,可以帮助团队在短时间内从静态产品线上产生新创意,让团队成员深入了解用户痛点。

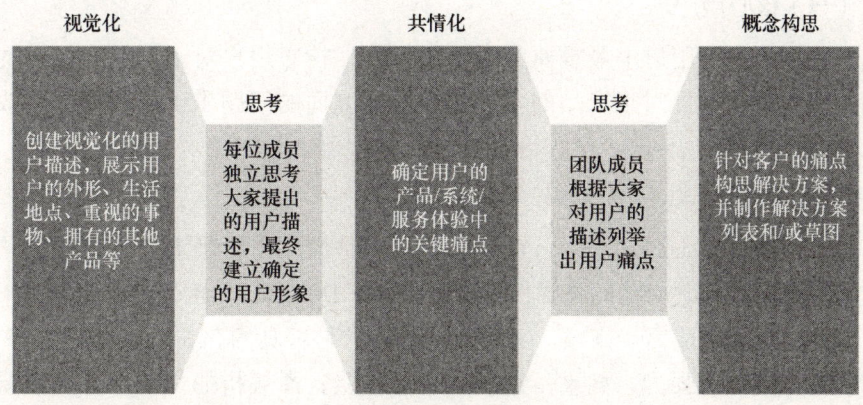

图 5-13 产品概念提出的三个步骤

提出产品概念需要确定五个关键要素来加深对产品的定义的理解（见表5-6和图5-14）。

表5-6　产品概念提出需要考虑的五个关键因素

要素	具体内容
核心用户	产品目标用户中最重要的用户是谁，表达为一个抽象的人群（Who）
刚性需求	用户碰到最痛的痛点是什么（Why）
典型场景	这些痛点最常出现在怎样的情况下（When，Where）
产品概念	用什么方案解决（What，How）
竞争优势	相对已有方案，有什么突出优势

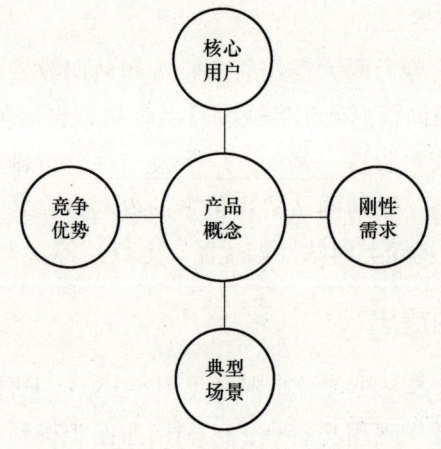

图5-14　产品概念提出的五个关键要素

（资料来源：苏杰. 人人都是产品经理2.0：写给泛产品经理）

（一）核心用户

核心用户是指用户中最重要的那一部分人，核心用户对于产品有一定的忠诚度和积极性，并且对于产品的功能、特性等方面的问题乐于提出自己的改进意见和使用反馈。

（二）刚性需求

刚性需求（Inelastic Demand）在经济学中是指在商品供求关系中受价格影响较小的需求，与之对应的是弹性需求（Elastic Demand）。刚性需求要满足下面三个条件：真实、刚需、高频。真实指的是需求是否真的存在，是否是伪需求；刚需特指需求是否强烈，如果不满足是否能忍受；高频指的是需求发生的频次是高是低。同时满足以上三点很难，有些需求强烈但并不是高频发生。因此需要综合考虑，刚性需求优先于弹性需求。

（三）典型场景

俗话说，做产品就是做场景。在用户、需求确定的前提下，场景也会有很多不同。特别是在移动互联网时代，移动设备作为人们身体的延伸，随时随地进行着场景的切换。但人们更在乎的是典型场景。典型场景是指在某种情景下、某时某刻，用户能想到，甚至是第一个想到产品的场景。场景分析可以从角色类型着手，同一角色在不同的时间、地点、情景下，可以细分为不同层次的需求。

（四）产品概念

产品概念指的是产品的解决方案，它是一个APP，一个网站，一个服务体系，还是一个企业协同办公的工具？"名片全能王"APP的用户需求场景可以简化描述为：经常收到各种各样名片的白领，需要整理、分类来管理自己的"商务人脉"。因此其产品概念是"一个支持不同终端登录的名片识别管理智能软件"。

（五）竞争优势

找到"竞争标的"，发现自己的优势可以帮助产品定位。与现有的解决方案相比，新的解决方案是否创造了额外的价值？如果额外的价值大于转移成本，那么新的解决方案就是可行的。

四、产品概念的锤炼

在理解产品概念之后，打磨产品概念之前，需要理解以下两个概念：

（一）经证实的认知

在精益创业模式中，我们要重建"学习"的概念。学习即"经证实的认知"。在新创企业中，最大的风险即公司没有朝着建立成功业务的方向迈进。创业者必须了解顾客真正需要的是什么，而不是他们自己说要什么，或者我们认为他们应该要什么。创业者必须认清自己是否朝着可持续企业之路发展成长。

经证实的认知是说明新创企业进展情况的一种严格方式，而通常这种进展情况被极端不确定的企业成长环境所掩盖。它也是一个实证的展示过程，让团队发现新创企业当下和未来商业前景的真相。它更加切实、精确，而且比市场预测或传统的商业计划更快速。成功地执行一项无意义的计划是导致失败的致命原因，而经证实的认知则是解决这个问题的首要方法。

当你开发一个产品时,"人们的需求是什么?"是一个需要思考的问题。如果你不清楚这个问题,你就是在浪费你毕生的积蓄和投资人的资金,就是在冒着声誉受损的风险,你会无法兑现对员工的承诺,甚至失去潜在的合作伙伴,将数月乃至数年的努力付之东流,这将会让你追悔莫及。

有鉴于此,我们需要科学的方法,在精益创业的模式中,新创企业要做的每件事,包括每种产品、每项功能、每次营销活动都被视为一次实验(试错),用来获取"经证实的认知"。

(二)信念飞跃

所有新创企业都要面对两个最重要的"信念飞跃"式问题:价值创造假设和增长假设。了解产品或服务,首先,是从根本上确定它是"价值创建",还是"价值破坏"。注意,这里是指"价值",而非"利润",价值创建并非以盈利论英雄,例如"庞氏计划",就是价值破坏。其次,同样的情况对增长假设也适用。从价值的角度来考虑,创业者非常需要了解新创企业增长背后的原因,避免很多价值破坏类的增长。例如,一项业务的增长是通过不断向投资人募款,以及大量付费广告取得的,却没有开发出创造价值的产品。这类企业被称为"升平戏院"。价值假设需要验证产品或服务能为客户带来的真正价值;增长假设需要验证新创企业拥有与之匹配的增长引擎。

扩展案例 5-3

Facebook 的"信念飞跃"

2004 年,三个大二学生带着他们处于雏形阶段的社交网站,在仅有 15 万注册用户的基础上筹集到 50 万美元的创业资金,不到一年又筹集到 1270 万美元。他们打动投资人的原因有两点:一是活跃用户耗费在网站上的时间量,超过半数的用户每天都会访问,这验证了它的价值假设;二是仅仅一个月就有近 3/4 的哈佛学生在使用这个网站,这验证了它的增长假设。这个社交网站并没有靠烧钱招徕客户,而是靠高使用量累积了大量的用户关注度。这个社交网站就是 Facebook,而这两个假设则代表了新创企业面对的两个最重要的"信念飞跃"问题。

第三节 需求分析及原型设计

本节可以用设计思维框架进行展开。

设计思维被认为是一种确定和创造性地解决问题的协作方法，主要包括两个阶段：确定问题和解决问题。大部分的项目团队较偏重于解决问题，而设计思维更强调解决关键问题。因此两个阶段可细分为四个模式：发现、界定、创造和评估（见图5-15）。本节将会围绕这四个模式进行展开分析。发现，贯穿于用户需求采集和需求分析阶段，需要站在客户和用户的角度去思考问题，以获取他们的共鸣。再对获取的需求进行总结，从中提炼有用的信息。发现模式的重要原则就是需求收集和需求分析的不断迭代。界定，也就是从用户的需求中推导功能的模式，将功能进行打包和细化，作为下一模式——创造的基础。创造模式也就是MVP的制作阶段，使用原型来启发创意。在评估模式，可以使用极低成本制作的MVP，来展示最终产品的主要特点，获取客户反馈并进行迭代和完善。这四个模式是非线性的思考和行动方式，并不是固定的步骤，可以为在产品设计过程中碰到的问题尽快生成潜在解决方案。

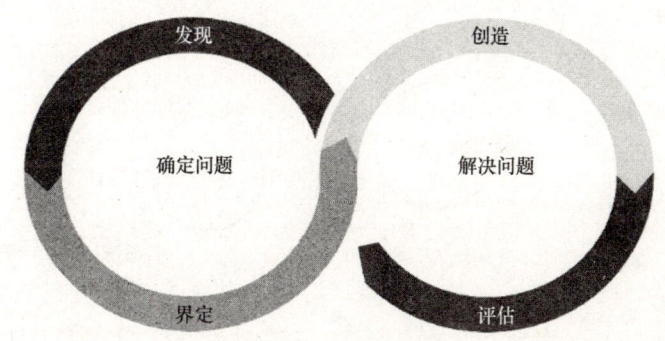

图5-15 设计思维框架

（资料来源：卢克斯，斯旺，格里芬. 设计思维：PDMA新产品开发精髓及实践）

一、需求采集

（一）需求采集的方法

采集方法主要分为直接采集（一手需求）和间接采集（二手需求）。一手需求更准确，从二手需求获取结论的效率更高，但是需要判断二手需求是否失真。通过图5-16的关键轴，可以把所有需求采集方法分成四类：说、做、定性、定量。

说代表观点，做代表行为。说和做各有优劣："说"可能存在耳听为虚；"做"可能存在对行为的理解掠影浮光，需要同时采集观点和行为。定性属于个体研究，可以了解原因；定量属于群体研究，可以发现现象。定性和定量也各有优劣：个体研究无法代表整体，但是整体研究只能发现表面的现象，需要定性与定量相结合。产品经理需要从观点到行为，再从行为到观点；从定性到定量，再从定量到定性。

图 5-17 中，将每个象限对应了一种常见的需求采集方法，分别为用户访谈、调查问卷、可用性测试、数据分析，根据不同时期需求采集的使用顺序，可以写出一个"Z"字，这就是"Z 字采集法"。用户访谈可以采取一对一或者一对多、面对面沟通的方式，发现用户和用户需求；调查问卷通过统计用户反馈，可以量化用户和用户需求；可用性测试通过分析被邀请用户在使用过程中的行为，验证用户和用户需求；数据分析通过在产品中植入统计代码，校正用户和用户需求。

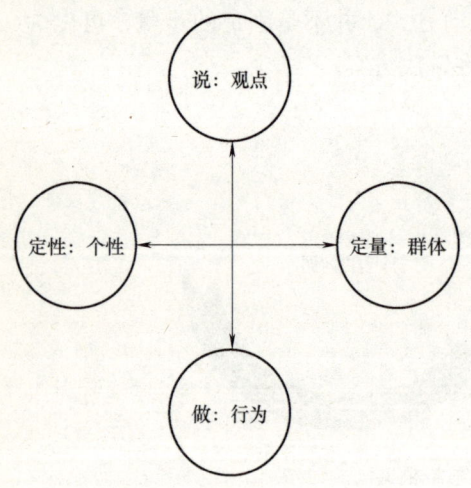

图 5-16　需求采集方法

（资料来源：苏杰. 人人都是产品经理 2.0：写给泛产品经理）

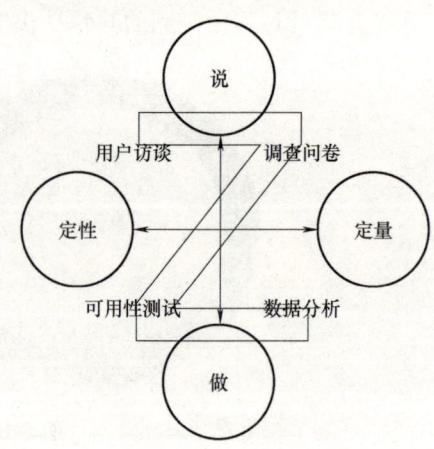

图 5-17　Z 字采集法

（资料来源：苏杰. 人人都是产品经理 2.0：写给泛产品经理）

（二）用户、需求的再理解

1. 需求的三个层次

我们可以从三个层次去理解用户的需求：①物理/功能层面的需求。用户购买产品主要是为了购买其"实用性"，例如买手机是为了"通信"，买冰箱是为了"储存食物"。②生理/心理层面的需求。用户主要关注产品的"适用性"和"有效性"。产品不但要适合用户操作和使用，还需要符合用户的习惯、经验和个性要求。③主观情感层面的需求。用户看重产品是否具有"宜人性"，例如产品是否能让用户获得舒适的使用体验，是否符合用户对个性、地位、品牌、服务价值观念等方面的需求。

在供给丰富的互联网产品市场，消费者越来越重视产品所带来的情感刺激及蕴含的情感意义，因此产品经理们需要不断去思考更多的高层次需求。

2. 用户理解的三个阶段

随着信息收集得越来越多，对用户的理解可以分为以下三个阶段：①用户是抽象群体：在产品概念阶段，用户是假想的某一类人——目标用户、核心用户；②用户是具象个体：在需求采集阶段，要去接触一个个真实的用户，见活人，听故事，找感觉，发现"用户故事"；③用户又是抽象群体：在需求分析阶段，把真实用户再合并特征，定义出"人物角色"，并反向修正产品概念。

在产品概念阶段定义的用户需求场景是产品的切入点，需要依靠产品经理的经验和经历做出假设。随后，试着扩展产品可能涉及的各种用户，去接触具象个体，回来后修正用户需求场景，再去见另一批个体，不断循环迭代。

（三）产品原则与初心

制定产品原则的前提是：一个产品做过需求采集且信息足够充分。产品原则是整个产品团队必须达成共识的准则，依赖于团队的价值观或者是产品的初心。

产品原则的部分组成要素包括：目标用户分为哪几类，以及优先级排序；产品的市场切入点，最关键的用户需求场景，最小可行性产品 MVP 必须满足的功能。同时，产品的初心包括不断自问：对于产品而言，用户重要还是内容重要？追求用户数量还是质量？

二、需求分析

（一）从问题到解决方案

前面提出并筛选了产品概念，采集了需求，研究了用户，随着信息收集得越来越多，对各种"用户需求场景"也理解得越来越透彻，下面要学习如何去分析需求。

以下是产品经理们工作中常见的一些疑问：①产品需求文档怎么写，给我个模板吧？②写产品需求文档的目的是什么，给谁看，要对方了解什么？③最优的团队组织结构应该怎样？④我们的团队做现在这个产品，需要哪些能力，谁有这样的能力？⑤我们应该用什么流程？⑥现在的流程会出什么问题？如果出问题怎么解决？

问题①③⑤以方法为中心，而②④⑥以问题为中心。方法是手段，问题是目的。问题中心思考"问题"相关的事情，方法中心更多地思考"解决方案"相关的事情，也就是本节开头提到的"确定问题"和"解决问题"。大部分团队可能会过于重视方法，或过于忽视问题。一个优秀的团队，技术人员的思维应侧重方法中心，业务人员的思维应侧重问题中心，而产品人员需要融合这两种思维——确定问题、找到需求、设计功能。

（二）Y模型的基本概念

需求分析是指从发现问题到解决问题的转化，也可以理解为从用户需求到产品功能的转化。接下来，我们可以通过"Y模型"（见图5-18）来理解这一转化过程，深挖需求。

"1"表示用户需求场景，对应需求的第一种深度——观点和行为；"2"表示用户需求背后的目标和动机，对应需求的第二种深度，在思考用户目标时需要综合考虑公司、产品的目标；"3"表示产品功能，是解决问题的方案；"4"表示

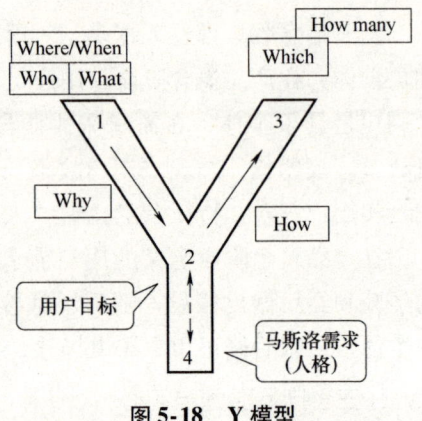

图 5-18　Y 模型

（资料来源：苏杰. 人人都是产品经理 2.0：写给泛产品经理）

人性，或者说价值观，对应需求的第三种深度，是需求的本质。

Y模型的不同阶段，可以总结为"6W2H法"（注意与六合分析法的区别）。

"1"阶段：Who（用户）、What（需求）和Where/When（场景）；"1"到"2"和"2"到"4"这个阶段，要回答Why，就需要不停地往下深挖需求。有些用户需求，可能不一定会挖到"4"，所以"2"到"4"是虚线。"4"到"2"再到"3"的过程中要想清楚"How"：问题怎么解决。"3"这个点，要回答Which和How many。Which是指选哪一个方案，做哪一个功能，需要对价值和优先级进行判断。How many是指这一次做多少个功能，需要把控迭代周期和MVP。

Y模型的核心价值观是：用心听，但不要照着做。猎豹移动的创始人傅盛曾经说过："极简聚焦被验证，专注口碑极致快。"因此项目团队在需求分析这一阶段，需要用各种方法去了解用户，但是不需要照着用户说的去做。虽然不照着做可能会有额外的成本，但是可以不被伪需求欺骗。

三、功能设计

（一）产品设计五个层级

产品功能设计必须基于用户体验，用户体验的整个开发流程，都是为了确

保用户在你的产品上的所有体验不会发生在你"明确的、有意识的意图之外"。也就是说,要考虑到用户有可能采取的每一个行动的每一种可能性,并且去理解在这个过程的每一步骤中用户的期望值。这听上去像是一个很庞大的工作,而且从某种程度上来讲也的确是。但是,我们可以把设计用户体验的工作分解成各个组成要素,以帮助我们更好地了解整个问题。

我们设计产品的功能时,需要在"战略层—范围层—结构层—框架层—表现层"五个层面(见图 5-19)的基础架构上讨论用户体验的问题,以及用什么方法来解决用户体验的问题。

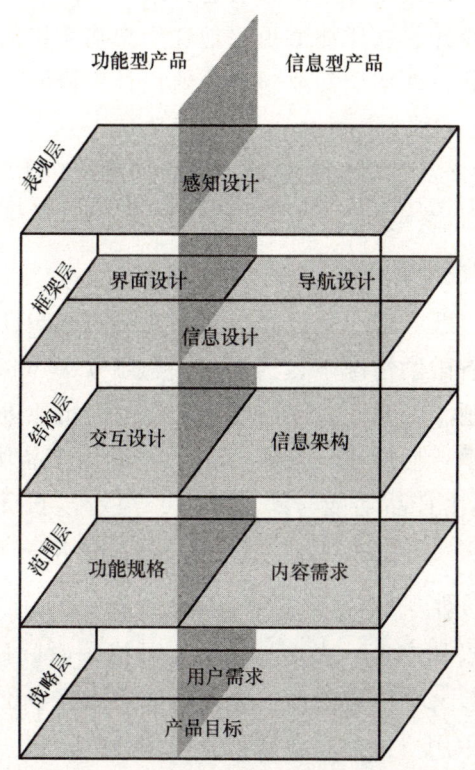

图 5-19 基于用户要素体验的产品设计五个层级

(资料来源:加勒特. 用户体验要素:以用户为中心的产品设计)

我们可以通过功能型的平台类产品和信息型的媒介类产品来更好地理解五个层面。

战略层包含来自企业外部的用户需求(我们的用户要通过这个产品得到什么?),以及公司的产品目标(我们要通过这个产品得到什么?)。无论是功能型产品还是信息型产品，在战略层关注的内容都是一样的。

从战略层进入范围层，我们面临一个新的问题：我们要开发的是什么？在功能型产品一侧转变为功能规格，即对产品的功能组合的详细描述；在信息型产品一侧转变为内容需求，即对各种内容元素的要求的详细描述。

结构层主要是界定产品将用什么方式来运作。在功能型产品一侧通过交互设计来定义系统如何响应用户的需求，在信息型产品一侧则是通过信息架构来合理安排内容元素以促进用户理解信息。

框架层则被分成三个部分：第一，无论是功能型产品还是信息型产品都需要完成信息设计，以帮助理解信息表达方式；第二，针对功能型产品，框架层需要包含界面设计，这样能够更好地让用户与系统的功能产生互动；第三，针对信息型产品，框架层需要包含导航设计，以允许用户在信息架构中穿行。

在表现层的两类产品都聚焦在为最终产品创建感知体验。将内容、功能和美学汇集到一起产生最终设计，以完成其他四个层面的所有目标。

（二）功能的属性分解

从战略层的用户需求和产品目标，到表现层的感知设计，可以推导出海量的功能，在资源有限的情况下，需要解决做哪个（Which）和如何做、先做谁（How）的问题。因此，我们需要对功能的性价比进行评估，产品的性价比等于价值比成本：性价比＝价值/成本。价值由产品功能背后的用户需求（问题）决定；成本由产品功能（解决方案）决定。下面主要围绕三点内容分解。

1. 功能的价值判断

功能的价值可以从广度、强度、频度、可持续时间四个维度进行判断：①广度＝潜在用户数×单用户价值。电商行业采用客单价，即用户平均每次消费多少钱来代表单用户价值。游戏行业采用 ARPU 值，即平均每个用户在单位时间内给公司带来的收入（Average Revenue Per User）来代表单用户价值。社交网络软件采用活跃度来代表单用户价值。②强度，也可以视作不可替代性、紧急性。当没有做这个产品功能时，用户如果在设法解决，甚至是在用某种抵消的方式来解决这个问题，则说明这个需求强度相当大。③频度＝需求频次×单次复杂度。频度是指需求频次的高低，不同的需求，频次差异会很大。通常频次很高的需求不太可能有太高的单次价值，低频低单价的需求又不值得做。因此通常的策略是：先利用高频低价策略抓客户，再用低频高价做利润（见图5-20）。④可持续性，发掘维护产品的可持续性可以提高产品的性价比并挖掘定向人群的共同关注。

2. 成本评估

判断一个产品功能的成本，需要从人力、时间、金钱，甚至是风险等角度进行考量。团队不同角色之间的默契程度可以增强初评的准确度。

3. 功能分类

在这里我们通过KANO模型来将功能分为五类：基础功能、亮点功能、期望功能、无差别功能和逆向功能。横坐标表示功能实现程度，纵坐标表示用户对功能的满意程度。

产品团队可以通过以下两个问题来判断功能的类型：如果产品没有功能A，你觉得如何？如果产品有了功能A，你觉得如何？请从很满意、一般满意、无所谓、不太满意、很不满意五个选项中分别选择一个回答以上两个问题。再将两个答案对应的点在KANO模型图中连线，就可以判断这一功能所属类型。

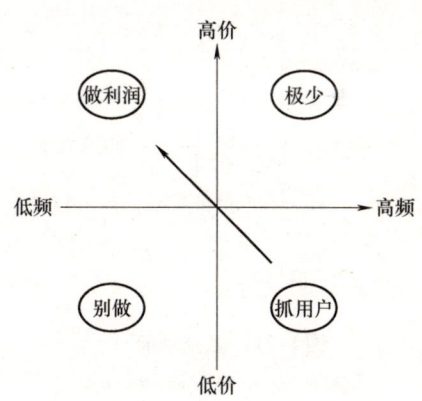

图5-20　不同价位、不同频次需求的处理策略

（资料来源：苏杰. 人人都是产品经理2.0：写给泛产品经理）

（1）基础功能。当这类功能没有实现时，用户对产品满腹牢骚，但是这个功能做得再好，用户也认为理所当然。这类功能只会消除用户的不满，却无法增强满意度。基础功能是隐形的，用户一般不会主动提及，但是必须要去发现并实现，因此需要留足资源通过合适的方法在产品中体现（见图5-21）。一个例子是"喜马拉雅FM"，它的用户可以分为内容产出用户和内容消费用户。针对内容产出用户，录音、直播、身份认证、播放记录、群组管理等这些属于基础功能。而搜索、分类、播放、下载、订阅列表、下载列表、已购列表等属于内容消费用户心目中的基础功能。

（2）亮点功能。当这类功能没有实现时，用户并不会觉得有问题，但是一旦有了这个功能，用户会觉得赞不绝口。亮点功能是忠诚度、口碑传播的基础，这一功能在用户的意料之外。小公司或者早期产品可以选择一些成本低的亮点，例如播放功能中的快进/快退15秒，倍速播放等功能，可以为音视频软件增添魅力（见图5-22）。

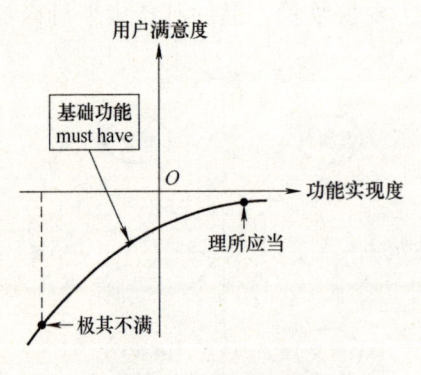
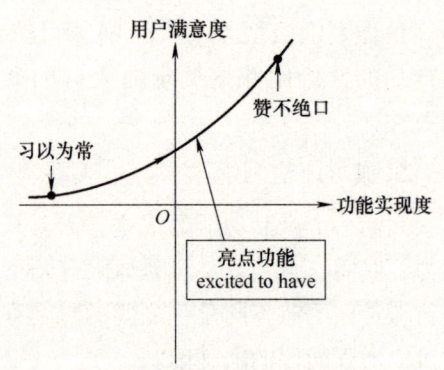

图 5-21 基础功能　　　　　　　　图 5-22 亮点功能

（资料来源：Kano. Motivator and　　（资料来源：Kano. Motivator and

Hygiene Factor in Quality）　　　　　Hygiene Factor in Quality）

扩展案例 5-4

"启信宝"的亮点功能

由合合信息发布的"名片全能王"APP 被认为是"最强大的人脉管理应用"之一。通过手机相机拍摄名片，可以自动完成裁切、辨识、归档等步骤，格式化生成通讯录信息。这一爆款产品自 2009 年正式发布至今，已累积了超过 3 亿 C 端用户。

合合信息于 2015 年推出"启信宝"APP，面向 B 端市场提供企业征信信息的 OCR + Data + AI 解决方案，汇集了 1.1 亿家实时、动态的企业经营数据。其中，"找关系"作为这款产品的亮点功能，允许用户输入多达五个目标，快速、精准地寻找企业与企业、企业与个人、个人与个人之间的交集。用户可以通过关联路径深挖投资关系、穿透股权结构，投入更低的成本就可以掌握更精准的信息，从而提升行业竞争力。合合信息通过这一亮点功能获取企业信息反哺"名片全能王"，建立庞大的可视化关系图谱。从 C 端起步，向 B 端延展，实现"高效连接全球商务"的商业生态闭环。

（3）期望功能。也可以叫作一维功能，当这类功能实现时，对产品而言是多多益善的，用户会继续使用，但因为缺乏亮点不太可能主动传播。在判断这类功能是否需要实现时，需要考虑其性价比（见图 5-23）。

将 KANO 模型与 Y 模型关联起来：1 是需求的表象，用户认为基础功能在产品中一定有，不太可能想不到亮点功能。因此，任何产品都不可能抄近道，必须从表象往下深挖，通过领域知识（见图 5-24 的 2）来补全基础，思考人性和价值观（见图 5-24 的 4）来提出亮点。值得注意的是，一个功能的类型会随着时间的推移而变化。

扩展案例 5-5

"喜马拉雅 FM" 的搜索功能

"喜马拉雅 FM"这类在线知识付费产品提供了海量的学习和娱乐内容，因此用户希望产品拥有搜索功能（见图 5-24 的 1）。如果直接从 1 到 3，产品可能仅提供一个搜索框。如果我们向下深挖一层可以知道用户是想更快获得优质内容（见图 5-24 的 2），产品可能会在搜索框的基础上提供"热门搜索标签""搜索历史纪录""搜索联想"等期望功能。如果再向下研究用户的输入习惯，可以发现不喜欢文字输入的用户一定会对"语音搜索"这一亮点功能赞不绝口（见图 5-24 的 4）。

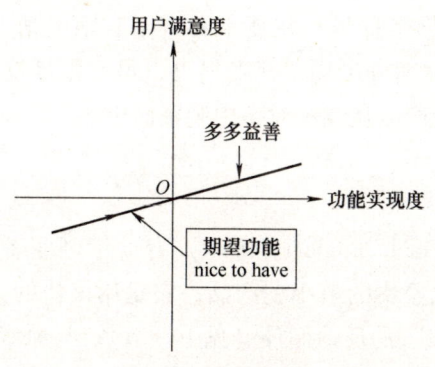

图 5-23　期望功能

（资料来源：Kano. Motivator and Hygiene Factor in Quality）

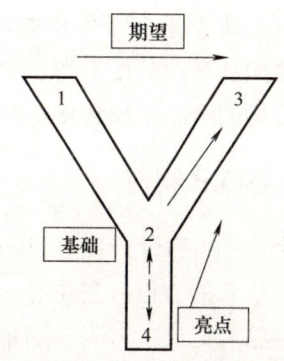

图 5-24　KANO 模型与 Y 模型

（资料来源：苏杰. 人人都是产品经理 2.0：写给泛产品经理）

（4）无差别功能。无差别功能无论实现与否，用户对产品的感受没有变化。针对这类功能，可以引入"低成本验证"，即采取小投入的方式来验证用户需求，衡量投入产出比。再利用 IT 系统来提升效率、实现规模化（见图 5-25）。

（5）逆向功能。这类功能的存在可能针对某一种用户的满意度是反向的，他们不希望产品提供这种功能，因此权衡各方利益尤为重要（见图 5-26）。

逆向功能可能会在以下两种场景中出现：①用户的多边性，指多边型的平台产品的不同类型用户可能存在利益冲突，例如出行软件中的司机和乘客；②用户的多样性，指同一类用户中，对功能的满意度可能有所不同。

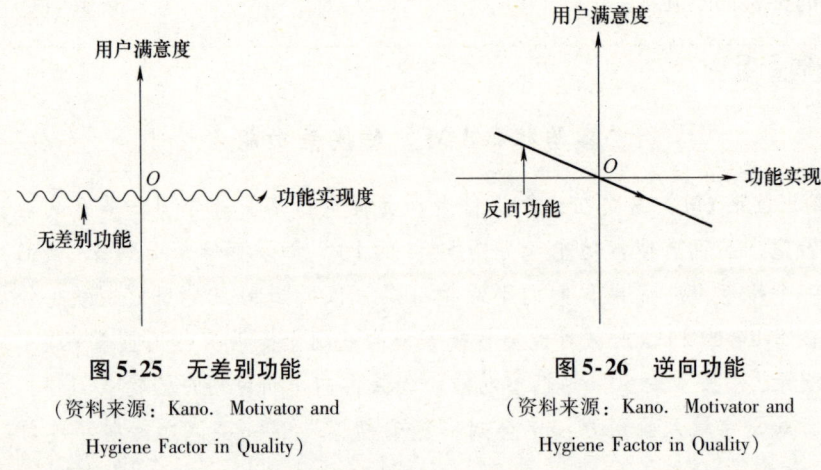

图 5-25　无差别功能　　　　　图 5-26　逆向功能

（资料来源：Kano. Motivator and 　　（资料来源：Kano. Motivator and

Hygiene Factor in Quality）　　　　Hygiene Factor in Quality）

KANO 模型具有以下优点：区分不同类型的用户需求，有助于在研发阶段开始之前判断研发重点；为功能取舍提供了标准，在技术和资金有限的情况下，可以方便团队合理分配资源；更清晰地细分市场，开发出可以最大限度满足每个细分市场的产品；找到亮点功能，让产品从竞争对手中脱颖而出。

四、MVP 制作

一个最小可行性产品（Minimum Viable Product，MVP）有助于创业者尽早开启学习认知的历程。它并不一定是想象中的最小型产品；它是用最快的方式，以最少的精力完成"开发—测量—认知"的反馈循环（见下一节）。与原型或概念测试不同的是，最小可行性产品并非用于回答产品设计或技术方面的问题，而是以验证基本的商业假设为目标。

（一）MVP 的分类

1. 极简化 MVP

新产品在成功推向大众市场之前，会先销售给"早期使用者"。你不需要用一个完美的解决方案去俘获他们的兴趣。早期使用者会用自己的想象来填补产品的不足部分。任何超出早期使用者需要的额外功能或修饰，都是资源和时间的浪费。

最小可行性产品的经验教训在于，不管某项工作在当时看起来多么重要，只要在开启认知流程所需之外，都是浪费。

2. 视频化 MVP

如果某项产品需要精通技术的专才来开发，实际产品需要克服重大的技术障碍，并且产品中的在线部分也需要做到高度可靠和有效，为了规避风险，以免开发多年之后才恍悟产品没人想要，拍段视频也许是最好的 MVP。例如，Dropbox 的创始人德鲁·休斯敦（Drew Houston）通过一段普通的视频，针对技术圈内的早期使用者演示了该技术的工作情况，Drew Houston 亲自给视频配了旁白。结果是，产品公测版的等候名单一夜之间从 5 000 人上升到 75 000 人。时至今日，Dropbox 已是硅谷最炙手可热的公司之一。

3. 贵宾式 MVP

还有一种最小可行性产品技巧：公司在服务第一位顾客时，没有开发任何软件系统，没有签署任何商业开发合作协议，团队最重要的工作是，寻找第一批客户，公司以贵宾式服务提供给早期使用者，以验证其价值假设，在获得价值假设验证的基础上，再通过逐步迭代方式将系统上线，以验证其增长假设。在这种模式下，个人化服务不是产品，而是企业增长模式的一种学习认知活动，用于检测信念飞跃式的假设。

（二）质量和设计在 MVP 中的角色

最小可行性产品最烦人的地方之一，是对传统质量观念的挑战。对于创新企业而言，质量原则是：如果我们不知道谁是顾客，我们也就不知道什么是质量。当产品经理想要开发最小可行性产品时，应该符合一条简单规则：放弃对你需要的认知没有直接用处的一切功能、流程或努力。

（三）MVP 的开发流程

1. 统筹安排，尽可能多放弃

MVP 需要满足"用户愿意用/用户愿意付费用、用户易于使用、团队有能力实现"的最小功能集合。并不是 MVP 中的所有功能都可以作为最终产品，需要考虑需求性、执行可行性和利益可行性。所以，产品经理应该尽可能多地放弃、统筹规划、分批次迭代实现，来提供更多用户价值。同时，以极低的制作成本制作 MVP，展示最终产品的主要特色，并尽早接触客户、获取客户反馈，也可以提前对产品策略进行修改。从某种意义上看，MVP 是利益相关者价值地图和创新解决方案的合体。

2. MVP 的限制因素

如何突破 MVP 的限制，需要从以下四个方面着手：①不同功能不同对策；②考虑功能的内外部依赖关系；③考虑功能的相似性；④考虑非功能需求，如培训需求、维护需求等。

3. MVP 的表达：产品架构图

俗话说："字不如表，表不如图"。在复杂项目开始前，可以通过产品架构图来帮助梳理产品的方向，为运营和技术的输出形成支撑，让他人可视化地理解产品架构。产品架构图的形式不限，绘制的工具不限。具体步骤如下：①确定元素（技术、产品、服务）；②架构关联关系：包含、支撑、同级并列等；③输出逻辑结构，例如，图 5-27 是天猫（原淘宝商城）的产品架构图。

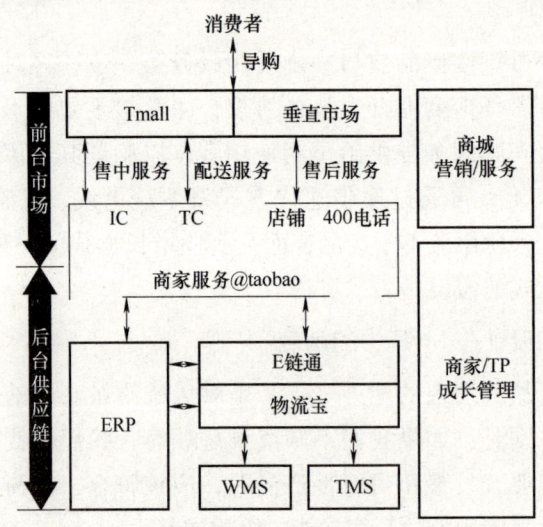

图 5-27　天猫产品架构图

注：IC：Information Center，信息中心
　　TC：Transfer Center，转运中心
　ERP：Enterprise Resource Planning，企业资源计划
　WMS：Warehouse Management System，仓储管理系统
　TMS：Transport Management System，运输管理系统

（资料来源：苏杰. 人人都是产品经理2.0：写给泛产品经理）

第四节　产品开发的创新管理

本节结合产品研发生产，深入研究精益创业方面的细节，通过核心的"开发—测量—认知"反馈循环，揭示重要的转折，为公司提高创新速度和效率提供了新颖有力的工具，如 MVP、通过经证实的认知、创新核算以及可执行指标等。这些工具将帮助各种规模的组织有效地利用时间、激情、技术以及人才来

保持创新。

一、"开发—测量—认知" 反馈循环

究其本质,新创企业是把理念转变成为产品的催化剂。顾客和产品的互动,为团队提供了定性和定量的反馈和数据。这些反馈和数据可以影响并重塑下一轮的想法概念,我们将这个过程称为开发—测量—认知反馈循环(见图5-28)。驾驭新创企业的精髓在于把反馈循环流程的总时间缩减到最短,利用已经掌握的信息,马上投入到下一个迭代周期。

在开发阶段,MVP的产品版本可以帮助团队缩短开发时间。但是MVP也存在缺点:①MVP可能会缺漏一些重要的功能特性;②MVP的开发需要投入额外的工作。MVP不能仅仅只用于工程师和

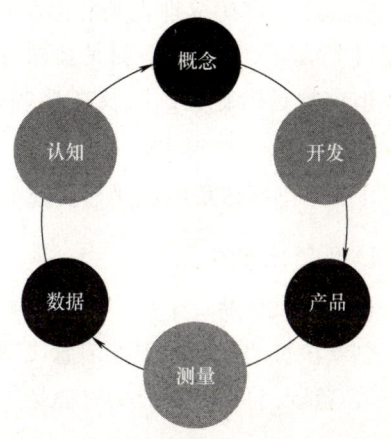

图5-28 "开发—测量—认知"反馈循环

(资料来源:莱斯. 精益创业)

设计师的内部品质测评,还应该推向潜在客户来获得反馈。

在测量阶段,通过创新核算去分析调整引擎是否有效,建立"阶段性认知目标"。

在认知阶段,公司制订计划的顺序应该与上述反馈循环相反:先确定需要知道什么,再使用创新核算方法确定需要评估什么、是否获得了经证实的认知,最后确定需要开发什么产品。

二、创新核算

在传统管理中,一个经理人承诺做某事,但最终失败的话,他的麻烦就大了。失败只有两种解释:要么是执行不力,要么是没能好好计划。两种情况都不可饶恕。创业经理人遇到的则是不同的问题:因为计划和预测原本就充满了不确定性,当我们遭遇阶段性失败、无法兑现承诺的时候,需要用一套井井有条的、针对创新管理的科学核算体系,支持创新者(或产品团队)在失败中总结教训,在快速迭代中迅速成长。

对于传统的制造公司而言,公司的增长率与产品销售量有关,而销售量与营销、推广费用有关,因此公司的增长率与三个因素有关:单一客户获利率、获得新客户成本、现有客户重复购买率。这些指标越好,公司的增长越快,这

是传统的公司增长模式中的驱动因素；对于电商平台而言，卖家需要一个能够提供大量潜在客户的平台，而买家需要一个卖家竞争激烈的平台来获得物美价廉的产品，对于此类新创企业而言，新买家和新卖家的高保留率可以证明网络效力，而网络效力是否起效，则是创新核算需要加以衡量的内容。

简言之，在持续性创新和颠覆性创新过程中，需要衡量的不是单纯的财务数据（如收入、利润），而是要通过一套创新核算体系知道做出的改变与新创企业追求的目标有关，以及在那些指标的改变中企业是否获得了真正的经验教训。

（一）创新核算的意义与实施

1. 创新核算的意义

核算可以帮助每个部门设立清晰的阶段性目标，但无法预测精确的财务目标。创新核算的核心在于把信念飞跃假设（本章第二节）转化为定量的财务模型，客观证明将来业务成功时会是什么样子的。

2. 如何实行创新核算

（1）确定基准线（Benchmark）。这一步需要将 MVP 通过主要营销渠道销售给真实的用户，通过用户反馈来测试新创企业建立的基础假设，并为每个假设确定基准线。企业可以获得转化率、注册率、试用率和用户生命周期价值等基础数据，这些数据可以提供关于用户情况、用户生命周期价值等非常有价值的信息。企业可以针对单一产品测试多个假设；也可以开发几种不同的产品，每次分别针对一个假设获得反馈。甚至可以在 MVP 开发前进行"冒烟测试"，让潜在用户有机会预订一个尚未开发出来的产品，来测试用户是否有兴趣试用，借此来判断是否应该投入更多的资源。

在挑选假设时，应该挑选风险最高的假设，例如广告销售公司可以建立两个基础假设：这个广告能否持续捕获一个客户细分市场的注意力？能否把捕获的注意力卖给广告商？第一个假设的风险更高，因此该公司应该把重心放在内容制作而不是广告销售上。

（2）调整引擎（Engine）。一旦确立了基准线，新创企业就可以向第二个认知阶段性目标前进了：即调整引擎。在这一步，公司可以在每次产品的开发、迭代过程中，以提升增长模式中的某个驱动因素为目标，并牢记"好的设计是能改善顾客行为的设计"。例如，一家公司建立的基础假设是：新用户的"激活率"是增长的驱动因素，且激活率低于基准线，所以公司应该改进产品设计，方便让新用户快速熟悉和使用。

(3) 转型还是坚持（Transform or Insist?）。如果获得的数据并不能在由 MVP 建立的基准线上逐步攀升，无法推动商业模式中的驱动因素，则意味着企业已经面临是否转型的选择。

（二）虚荣指标

判断新创企业的传统数据叫作虚荣指标（见图 5-29），例如总注册用户数量、总付费用户数量等。这些指标往往呈上升趋势，"形势一片大好"，但是放到同期群图中，每个新用户群产生的收益却并不高。通过虚拟指标并不能看到调整引擎所带来的效果，也无法判断产品是否具有可持续性，使团队容易原地踏步、浪费时间。

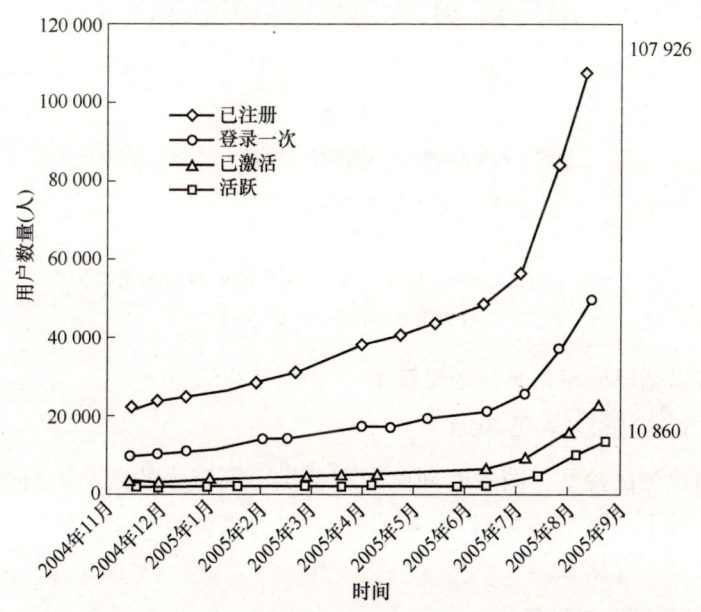

图 5-29 虚荣指标：累计指标（以 IMVU 公司为例）
（资料来源：莱斯．精益创业）

（三）同期群分析（Cohort Analysis）

与虚荣指标不同，同期群分析根据用户初始行为的发生时间进行分组，每组为一个同期群（Cohort）（见图 5-30）。例如，IMVU 公司将用户分为了已注册但未登录、已登录、有 1 次对话、有 5 次对话、付费。

图 5-30 中，有 5 次对话的用户占比从 2 月份的 5.3% 提高到 8 月份的 19.8%，但付费用户的百分比还是停留在 1%，这两项指标是非常有价值的指

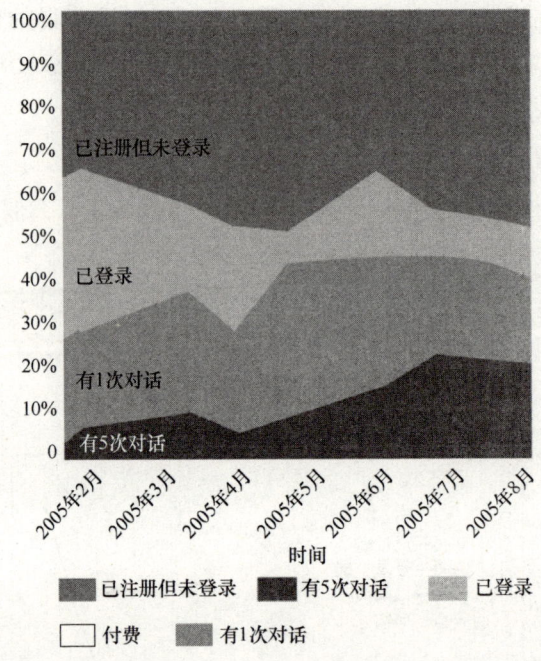

图 5-30　同期群分析：以 IMVU 公司三维即时通信漏斗为例

（资料来源：莱斯．精益创业）

标，团队可以据以决定是坚持还是转型。

（四）对比测试（A/B Test）

所谓对比测试就是在同一时间向顾客提供不同版本的产品。通过观察两组人的变化，对不同版本的影响力得出推断。对比测试有利于团队更细致理解顾客想要什么，不要什么。

（五）"看板"管理原则

在创新核算体系中，用户故事在带来经证实的认知之前就不算完整，用户故事按四种不同的开发阶段归类为：尚在产品列表中、正在开发、完成（技术角度上的功能完成）、已验证（见表5-7），可以有效控制生产量、提高生产效率。开发团队一般都用完成来衡量生产效率，但是如果在一开始就考虑了验证这个阶段，更能提高产出。在验证阶段一般会采取对比测试、用户访谈等方式，对比测试会将不同版本的产品提供给用户，通过观察不同用户群组的行为，来判断不同版本的影响力。通过对比此时可以剔除对用户行为不会造成积极影响的工作，细致地去理解用户的需求。

如表5-7所示，A、B、C 的工作即将开始，D 和 E 正在开发中，F 完成待验证。

表5-7 工作发展阶段的看板表（第一阶段）（每个阶段不能有三个以上的项目）

产品列表	正在开发	完成	已验证
A	D	F	
B	E		
C			

（资料来源：Ries. The Lean Startup）

如表5-8所示，F已验证，D、E和A完成待验证，G, H, I是即将开始的新工作，B和C正在开发中。

表5-8 工作发展阶段的看板表（第二阶段）

产品列表	正在开发	完成	已验证
G		D	F
H	B	E	
I	C	A	

如表5-9所示，B和C已经完成，但根据"看板"规则，不能移到下一个方框去验证，必须等待A、D、E验证完毕，H和I的开发工作无法开始，需要等下一个方框中有空位。

表5-9 工作发展阶段的看板表（第三阶段）

产品列表	正在开发	完成	已验证
	G	D	F
H→	B→	E	
I→	C→	A	

简言之，上述团队开发的逻辑是：经验证的认知或需求（用户故事）才能排期，而不能根据职位或其他非相关因素决定。稳固的流程根植于健康的企业文化基础：创意想法是以价值大小，而不是以职位高低来评估的。最为重要的是，在这个系统中工作的团队不是根据新功能的开发量，而是根据经证实的认知来衡量其生产效率的。这项测试还揭示了比减少浪费更重要的市场洞见：是顾客的选择决定产品的开发，而不是其他因素。

（六）可执行指标

区别于虚荣指标，创新核算中的衡量指标包括三项特征：可执行、可使用、可审查。

1. 可执行

这一特征要求产品成绩报告要清楚地让使用者理解数据变动的因果关系，否则就是虚荣指标。指标告诉团队：要得到结果，就必须采取行动。

2. 可使用

这一特征要求：①把产品报告做得尽量简单，让每个人都能理解。同期群报告就是认知阶段性目标的金科玉律，它们把复杂的顾客行为转化为以人为本的报告。②建立一套机制，让更多人能跨部门方便地获得产品报告，并及时更新数据，让每个看了报告的人都能了解其含义。

3. 可审查

这一特征要求：①避免信息传递错报，必须确保数据对所有员工来说都是可信的；②坚持第一性原则，要亲自测试这些数据，在繁杂的现实世界中和顾客交谈，查证报告属实；③确保生成报告的机制不会太复杂，应该直接从总数据中得到报告，而不是从中介系统获得。

三、增长引擎

可持续的增长来自三种增长引擎中的一种：黏着式、病毒式、付费式。新创企业明确了自己是哪种增长引擎，就可以把精力投入到对业务增长最有效的地方。

（一）黏着式

使用黏着式增长引擎的公司要非常仔细地追踪顾客损耗率，也称客户流失率。所谓流失率就是指在任意一段时间内客户流失数量占客户总数的比例。控制黏着式增长引擎的规则很简单：如果取得新用户的比例超过流失率，产品增长率将会上升。也就是说产品增长率取决于自然增长率减去流失率，而不需要依靠广告、病毒式增长或者公关噱头。在不断获取新用户的同时，也需要关注现有用户，不能让增长率被流失率抵消。想要找到增长点，就要关注现有客户，让产品能更加吸引他们。

（二）病毒式

病毒式增长依靠任何人之间的传递，是正常使用产品的必然结果。Hotmail团队在每封电子邮件底部增加了一条附言链接："备注：获取免费 Hotmail 电邮账户"，来实现病毒式增长。成功的社交产品一般都具有病毒式增长引擎，例如 Facebook。

病毒系数（见图 5-31）是用来测算每个注册用户将带来多少新用户的系数。

0.1表示每10位用户中有1位会介绍一个用户。100个用户会介绍10个朋友，但是这10个朋友再介绍1个朋友后，循环就到此为止了。使用病毒式增长引擎的公司并不直接向顾客收费，而是依靠广告这样的间接收入来源。

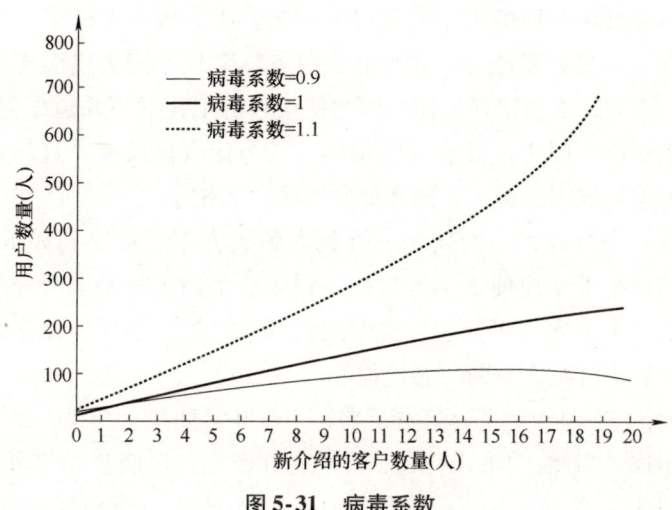

图 5-31 病毒系数

（资料来源：莱斯. 精益创业）

（三）付费式

使用付费式增长引擎的公司可以通过提高每位用户的收入，或者降低获取新用户的成本来提高增长率。我们用生命周期价值（Life-time Value，LTV）来衡量公司在每位用户的"生命周期"内，从他们的互动中所得到的全部经济收益的总和，具体计算为产品收入减去可变成本，同时用边际利润来表示生命周期价值和每取得成本（Cost Per Acquisition，CPA）的差额。例如一个花费100元的广告可以吸引50个新用户，则每取得成本为2元。如果边际利润为负，公司是不可能以量取胜的。因此，需要把用户货币化来提高边际利润。

从技术上来说，一项业务一次可以运行几种增长引擎。建议新创企业每次关注一种增长引擎，大多数创业者对哪种增长最有效已经有了很强的信念飞跃假设。如果还没想好，那就走出办公楼，花时间理解客户就能让他们很快知道哪种引擎可能最适用。

四、自适应组织

（一）自适应组织

新创企业可以从自身流程的演化过程中，不断试用和调整，建立一个"自适应组织"。不能为了时间牺牲质量，而是需要内置速度调控器，协助团队找到最佳工作节奏。

自适应组织可以通过"五个为什么"来找到问题的根本原因，系统化地解决问题。我们可以从下面的五个问题展开分析：①新版本关闭了一个功能。为什么？因为有一台服务器挂了。②为什么服务器会挂？因为错误使用了一个隐藏的子系统。③为什么会错误使用？因为使用它的工程师不知道如何正确使用。④为什么他不知道？因为他没有受过培训。⑤为什么他没有受过培训？因为他的经理认为不需要培训新员工，他和他的团队"太忙了"。

按问题的五个等级，不断向每一级投入解决方案。可得到如下解决方案：修复服务器、修改子系统使之不容易发生错误、培训工程师、与经理沟通。可以先从第一个解决方案入手，如果这个问题再次发生，公司应该深入讨论是否应该采取其他解决方案，不断改善流程。

"五个为什么"是天然的速度调节器，不仅和具体执行相关，也和学习认知的速度紧密相连。当然，"五个为什么"也存在弊端，可能会导致团队之间互相指责。因此应该注意以下几点：①需要一个双方彼此信任和权力下放的环境，对第一次错误要容忍，不允许同样的错误发生两次；②需要领导者的发起和支持；③从小类问题入手，务实地解决问题；④委派负责人主持、决定并跟进。

（二）创新沙盒

建立创新沙盒，可以在公开、开放的环境中向创新团队下放权力的机制，控制创新的冲击力，确保一旦创新发生问题不会损害整个系统。用标准的可执行指标和创新核算来汇报工作的成败。具体方法如下：①任何团队都可以在沙盒中创建一项真正的对比测试实验，实验仅仅影响沙盒内的产品或服务（对由多部分组成的产品而言），或某个用户细分市场或范围（对新产品而言）；②有一组团队必须从头到尾观察整个实验过程；③实验进行的时间不得超过一个特定时长（简单的功能实验一般为时几周，颠覆性创新的实验用时久一些）；④实验不应影响一定数量之外的顾客（一般用占公司全部主流顾客群的百分比表示；⑤每项实验的评估必须使用含有5~10个可执行指标的统一标准化报告；⑥每个在沙盒设置中工作的团队，以及每个开发产品，都必须使用相同的衡量指标评估成功与否；⑦任何一个建立实验的团队必须在实验进程中监测衡量指标和顾客反应（支持电话、社交媒体的反应、论坛里的帖子等），如有重大情况发生，应马上停止实验。

【要点回顾】

创新是一种基本的企业行为，具体的表现形式多种多样。其中，产品创新不但可以进一步满足用户的需求，更可以开辟新的市场。学习本章产品创新，首先需要了解产品的发展和产品经理必备的素质，透彻理解产品的定义并学会提出产品的概念。需求采集和分析是产品创新的敲门砖，而在功能设计和MVP制作环节把握性价比，可以有效提高创新速度和效率。利用经证实的认知、创新核算以及可执行指标等工具，企业可以有效地保持产品创新，获得竞争优势。

【复习题】

1. 产品可以分为前向收费产品和后向收费产品，这一分类是从下列哪一角度出发的？（　　）

　　A. 用户关系　　　B. 用户需求　　　C. 产品形态　　　D. 盈利模式

2. 以下哪一项不属于需求分析及原型设计阶段的模式。（　　）

　　A. 发现　　　　　B. 创造　　　　　C. 迭代　　　　　D. 评估

3. 下列哪个选项不属于可执行指标的特点？（　　）

　　A. 可理解　　　　B. 可使用　　　　C. 可执行　　　　D. 可审查

第六章
技术创新

【学习目标】

1. 了解技术的结构以及技术是如何进化的;
2. 掌握如何预测技术发展的趋势;
3. 了解如何进行技术开发。

【导入案例】

谷歌的技术洞见和技术驱动的创新

20世纪90年代,斯坦福大学的两位博士生拉里·佩奇(Lawrence Page)和谢尔盖·布林(Sergey Brin)着手进行博士论文的写作。他们在思考可以用怎样的方法更好地改进搜索引擎的质量。他们想到,通过看某个网页和其他网页的链接,可能是一个不错的判断网页质量的方法。如果其他很多网页都引用了这个网页,说明这个网页有着更高质量的内容。这种为网页排序的算法使得谷歌一问世就受到用户的喜爱,因为它能够提供更加准确的搜索结果。

谷歌前董事长埃里克·施密特(Eric Schmidt)把"利用网页的链接结果作为路径来寻找最佳匹配结果"称为一种"技术洞见"。在他看来,谷歌几乎所有成功的产品都是以坚实的技术洞见作为支撑的,而那些不太成功的产品则缺乏技术洞见。例如,谷歌赚钱的广告引擎 AdWords 背后的技术洞见是,应该以广告信息对用户的价值作为排序的标准,而不是广告商愿意在广告上投入的广告费的多少。对于新闻网站的归类,应该按照主题而非新闻的出处,这个技术洞见催生了能够把成千上万的新闻按照主题分类的谷歌新闻。随着网站的复杂性增加,浏览器的速度应该加快,因此有了谷歌的开源浏览器 Chorme。互联网上关于某个人物、地点的大量杂乱信息需要以更有结构化的方式整理呈现出来,因此有了谷歌的 Knowledge 搜索功能。YouTube 为了保护创作者的版权，开发了强大的内容识别系统，为每个视频和音频文件建立独有的数据描述，帮助版权所有者在网站中快速找到自己的版权作品。

技术洞见和产品有着密切的关系，但是也有着显著的不同。产品负责人会去制订产品计划，但是技术洞见是"用创新方式应用科技或设计，以达到生产成本的显著降低或产品功能和可用性的大幅提升"。技术洞见能够和同类竞争产品形成强大的差异化竞争优势，并且不用特别宣传也能让消费者感受到产品的魅力。

技术洞见的获得并不容易，其中最大的挑战就是营销思维和技术思维的冲突。市场调研声称以用户为中心，但是用户可能会对技术创新形成阻力，错误用户群体的选定会让市场调查将产品开发引向错误的方向。"技术洞见比市场调查更重要"的原则是谷歌通过成功经验和教训总结出来的。谷歌发现，优秀的产品都是靠技术因素而非商业因素赢得的。而那些昙花一现的产品，背后都缺乏技术洞见的支持，这包括个性化浏览工具 iGoogle、桌面搜索工具 Desktop、方便用户整理网络资料的 Notebook、网页注解 Sidewiki、百科全书服务 Knol、健康管理程序 Health，甚至包括著名的阅读工具 Reader 等。这些产品或者从构想的初期就缺乏技术洞见的支持，或者支持这些想法的技术洞见逐渐过时。

问题：谷歌是如何理解技术创新的？

（资料来源：改编自埃里克·施密特.《重新定义公司：谷歌是如何运营的》，靳婷婷译，中信出版社，2015）

第一节 技术结构和技术创新

一、组件和技术系统

要理解技术，首先需要理解技术背后的结构。斯坦福大学教授布莱恩·阿瑟（Brian Arthur）认为，组件（Components）是技术的基本结构，是理解技术的核心。它使得技术能够被拆分成一个一个的模块，实现功能性分组（Functional Grouping），从而更好地预防不可知的变化，当一个部件出现问题时不至于完全推倒重来。类似地，著名技术创新理论 TRIZ⊖ 也认为，组件是技术系统的基

⊖ TRIZ 是拉丁文 Teoriya Resheniya Izobreatatelskikh Zadatch 的缩写，意为"发明问题解决理论"。是苏联技术专家根里奇·阿奇舒勒（Genrich Altshule）提出的一套技术创新方法，包括一套对技术系统进行分析，找到问题中的关键矛盾，最终通过技术创新破解难题的方法体系。

础组成部分。技术系统可以拆分成若干组件，而每个组件还可以进一步拆分成为更小的组件。

从组件的角度看，技术系统包括一些执行基本功能的主要集成组件和支持主要功能的次要组件。组件的区分让技术的产生可以通过大规模协同分工来完成，从而使得不同厂商可以专攻技术的不同环节。随着时代的发展，分工越来越细化，厂商越来越致力于把握技术中的关键组件以控制整个价值链。例如，在个人计算机时代，计算机的核心组件是操作系统和处理器，诞生了微软和英特尔两大巨头，通过"Wintel联盟"把控着整个个人计算机行业的进化。然而，在手机时代，组件的分工变得更加细致，出现了像AMR这样专注于芯片设计技术的公司，授权给其他厂商使用。同时，由于手机对通信功能的要求远高于计算机，基带技术成为高通、华为等手机厂商竞争的核心技术。

组件不仅让不同厂商可以通过分工协作共同开发技术，还让技术的创新从依靠个人的灵感创意的过程，变成了一个可以跨越时间，通过一代代人的不断努力，共同创造新技术的过程。

如果把现代的刀具和原始社会时代的石斧放在一起对比，会发现它们实际上是一脉相承，按照一条传承的技术路线进化下来的。尖利的锋刃这一核心元素一直是这些切削类的器具的核心元素。现代的刀具增加了更加耐用的把柄。制作刀具用的材料随着人类文明的进化而升级，从最早的石器、到青铜、到铁再到工业时代后更坚韧的钢，最近随着先进陶瓷工业的发展还产生了陶瓷刀具。技术如同生物一样，伴随着人类的成长而进化。一些元素在进化的过程中一直保持，而另一些元素在进化的过程中被增加或替换。

机器学习也是长期积累而实现的技术突破。机器学习是当前人工智能的核心，主张通过数据不断改进算法，获得新的知识。虽然机器学习的很多算法和思想在20世纪80年代就已经提出，但是由于当时计算机性能较差，也没有足够多的数据供这些算法发挥，这些算法并没有得到足够重视。随着大量数据的积累，机器学习的优势越发明显，许多20世纪80年代就已经发明的算法作为组块被重新放在现在的人工智能分析包里，仍然发挥着重要的作用。

二、技术的进化

我们很容易被很多酷炫的"最新"技术所震撼。但如果我们站在更长的时间轴线中，会发现技术的新与旧并不是截然划分，很少有完全新的技术出现，现有技术都是基于已有的技术基础不断增减新的组块而实现的。布莱恩·阿瑟区分了两种组件的更替过程：内部替换（Internal Replacement）和结构深化（Structural Deepening）。内部替换是用更好的部件（子技术）更换某一形成阻碍的部件。结构深化是寻找更好的部件、材料或者加入新组件。

我们从燃油汽车到电动汽车的发展来理解内部替换和结构深化两个概念。随着对环保和石油资源的不可再生性的重视，各国都鼓励发展新能源动力汽车，尤其是电动汽车。虽然早在汽车工业的初期，爱迪生就已经制造出电动车，但由于车速较慢、续航能力差，一直没能发展起来。

电动汽车相较于燃油汽车在动力系统有所不同，电动汽车的动力系统使用电池和电动机，而不是燃油箱和发动机，这是一种内部替换。无论是燃油汽车还是电动汽车，都存在存放能源的装置和把能源转化成动力的装置。前者在燃油汽车是燃油箱，在电动汽车是电池。后者在燃油汽车是发动机，在电动汽车是电动机。虽然使用了不同的组件，但这两个组件在汽车系统里的功能是大致相同的，都是为汽车提供前进的动力，只是新能源汽车更加环保，不像燃油汽车在能源转化成动力的过程中会产生大量的尾气排放。

电动汽车有一个核心组件是燃油汽车所没有的——电池管理系统。这个组件用于优化电池性能，提升电池使用时间，确保电池合理使用。燃油汽车并没有针对燃油进行精细化管理的组件。然而电动汽车由于续航能力不足，常常需要同时连接很多块电池，因此需要一套系统来管理协调电池系统，使性能最优化。这个过程就是一个结构深化的过程。由于新技术相较于旧技术有诸多不成熟的地方，常常需要增添新的组块以使功能更加完善。

布莱恩·阿瑟认为，技术遵循"组合进化"的规律：所有的技术都是从已经存在的技术中创造出来的，这使得技术的内部替换和结构深化可以有无限的可能。例如，快速发展的智能手机就是同一时间很多组块都在发生着各种新的变化，从处理器、内存、操作系统、摄像头、面板、外壳等。这些变化涉及大量交叉的领域，包括半导体、软件、材料学、加工工艺、色彩学等，每个学科都已经有大量的技术积累，但是作为通信终端技术的一部分，可能会找到新的组合创新的机会。

新技术的产生是社会经济需求和科学原理共同作用，转化成一套实现某种人类目的的一种装置、方法或流程的过程。技术一端起源于对某种现象的本质有所洞察的科学原理，无论复杂或简单的技术，都依赖于一种或几种对某些现象有深入洞察的原理。技术并没有创造新的原理，而是利用已有的科学原理和规律。技术另一端起源于经济社会的需求，当现实生活中存在特定的需求时，希望技术的创新者能够找到新的解决方案。无论技术的产生是从哪一端开始启动,最终,技术都要通过对某些原理转译成一套由各种组件组成的技术系统,以实现某个特定的目的。这个过程也被称为概念的物化。原理要变成现实,要从一个概念发展成一套由各种不同元器件组件组合而成,能够正常运转,实现某种特定目的、具有可行性的解决方案。这个过程需要想象力、专业知识和实际操作能力的组合。

三、技术系统的停滞

技术系统并不是总在进步发展的。一些"新兴产业"经过一段时间突飞猛进的创新,会逐渐趋于成熟甚至停滞,逐渐变成了"传统产业"。技术出现成熟和停滞,组件也相对固定和标准化。技术停滞的原因可能包括以下四点:

(1)经过长期的发展,旧技术原理比所有的新原理表现得都要好。当缺乏新的科学原理时,技术可能会停滞。例如,现在电池的储能时间都不能让人满意,这受限于目前锂电池的储能已经达到理论极限。在没有新的储能材料或者储能原理突破的情况下,电池进一步突破可能会受到限制。在新技术发展的过程中,经常会出现由某种新原理的发现催生了新的技术,但当这个原理的红利释放完后,技术就陷入了长期的停滞。再例如,诞生于1985年的Windows系统,经过多年发展已经非常稳定,难以有大的突破。很多用户至今仍然在使用发布于2001年的Windows XP系统。Windows成为微软稳定但难有大的创新的操作系统技术。同样的情况也出现在Office软件,个人计算机的处理器等一系列相关技术已经成为一个相对成熟和停滞的领域。其标志就是新的产品只是在做边缘的微创新,不能带来明显的性能提升,甚至还不一定有旧产品的性能好。

(2)采用新原理可能意味着要改变周边的结构和组织,这将会带来较高的成本,导致采用阻力较高。例如,在没有足够的充电桩能够让驾驶人及时充电之前,电动汽车的发展阻力很大。而让充电桩像加油站一样遍布城乡是一个浩大的系统工程,在没有足够的电动汽车之前也看不到收益。这使得电动汽车在发明后很长一段时间里都处于完全停滞的状态。直到近期通过世界各国的政策补贴,才逐渐为新能源汽车的发展注入动力。

(3)从业者不认可新原理带来的新的可能性。1976年,法国就造出了协和号超音速飞机,成为人类历史上最快的飞机,从巴黎到纽约只要三个半小时,而现在需要八个小时。然而,由于飞行产生巨大的噪声,超音速飞机受到民航监管部门的抵制。加上高昂的人均运营成本导致的高票价、不安全的飞行记录等,最终超音速飞机的商业化运营失败。迄今为止,超音速飞机的商业运营仍然是一片空白。

(4) 丰厚的商业利益。对于占据市场领先地位的行业垄断者而言，保持技术的锁定能够带来丰厚的商业利益。行业垄断者会采用各种方式维持技术的影响力，游说各方继续形成对已有技术的路径依赖，和技术相关的上下游厂商形成利益联盟。

扩展案例 6-1

即将失效的摩尔定律

摩尔定律的失效意味着计算机处理器芯片的技术进步正在放缓，甚至停滞。1975 年，原仙童半导体公司研发总监戈登·摩尔对计算机芯片的处理速度进行了一个预测：每两年，微处理器的晶体管数量都将加倍，这意味着芯片的处理能力也会随之加倍。摩尔后来创办了全球最顶尖的计算机芯片公司英特尔。20 世纪 70 年代和 80 年代，惠普个人计算机、AppleII 计算机和 IBM PC 等一系列针对个人的电子消费产品诞生，行业对高处理能力、低体积的芯片要求越来越强烈。摩尔定律逐渐成为主导芯片技术发展的预测定律。计算机芯片的处理速度呈指数级的增长，推动了个人计算机、智能手机、物联网等一系列技术的产生。

摩尔定律协调着各计算机硬件和软件厂商的技术开发进程。从 20 世纪 90 年代开始，半导体行业每隔两年就会发布一份技术开发蓝图，成百上千家芯片厂商会跟随这份技术开发蓝图协调自己的研发进度，相应的软件厂商也会跟随升级更先进的软件产品。芯片的开发越来越昂贵。更高的芯片处理能力意味着更多的电路要集成在芯片中，从而使电子在芯片中能够以更快的速度移动。这需要更强的把电路等微元件蚀刻在硅表面的技术。芯片制作技术包括上百个复杂的步骤，产品升级不仅是一家公司的事情，而是整个供应链系统要集体升级。1991 年，美国半导体协会第一次推出了半导体技术路线图，当时担任英特尔技术战略总监的加尔吉尼担任该协会主席。到 1998 年，欧洲、日本、韩国、中国台湾等地的半导体协会也加入其中。通过这份技术路线图，全球半导体行业大致知道彼此的进展到什么程度，并彼此交换发展中遇到的问题。

到 21 世纪初期，半导体厂商发现，缩小芯片越来越困难。原先遵循摩尔定律时，只需要把芯片变小，芯片就可以变得更快，耗能更少。然而，当芯片缩小到 90 纳米以下时，电子移动速度越来越快，芯片过热的问题开始出现。为了解决这个问题，芯片制造商控制了处理器执行指令的速度，从而限制了芯片产生的热量。同时，对芯片内部电路进行重新设计，每个芯片有多核，如现在很多计算机或手机有四核或八核处理器。这些设计使得摩尔定律能够继续发挥作用。

2020年将会是半导体行业一个创新极限。目前顶尖的芯片制造商已经能够达到14纳米的进度,到2020年,有可能可以达到2~3纳米的精度。这个精度上,只能容纳10个原子,电子的行为将受限于量子的不确定性,晶体管将不可靠。科学家曾经尝试寻找替代硅的新材料,但仍然没有进展。

摩尔定律的失效意味着半导体行业的技术创新策略发生改变。例如,以往先改善硬件,再改善软件的开发流程可能会翻转过来。半导体行业先看软件需要什么,再反过来看需要怎样的硬件支撑。例如,随着人工智能的迅速发展,很多公司宣称开发更适合解决人工智能任务的专用芯片。但是,摩尔定律的失效终结了全球步调一致的技术创新路径,芯片厂商可能会根据各自所面临的客户群体,自行开发符合客户需求的软件和相应的芯片,自行决定进度。

第二节 技术创新的趋势预测

上一节,我们分析了技术的结构,以及技术是如何进化的。这一节,我们进一步来思考,大众对技术的期望值是如何随着新技术的诞生和发展而波动的,期望值的波动又将如何影响技术的成熟。

一、技术成熟度曲线

最有影响力的技术成熟度曲线是美国知名咨询公司Gartner提出的预测技术发展趋势的曲线(Gartner Hype Cycle),它预测了技术创新的发展周期(见图6-1)。

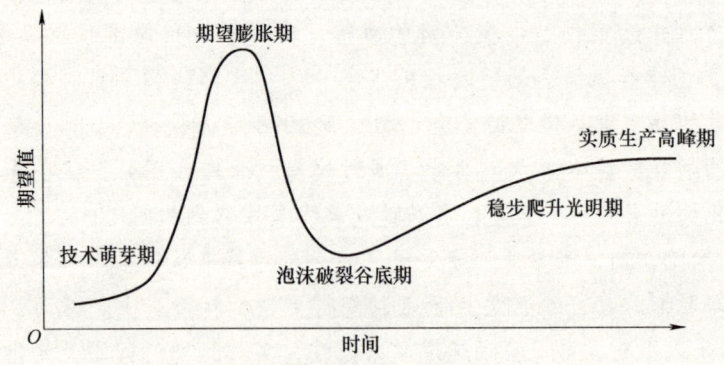

图6-1 技术成熟度曲线(Gartner Hype Cycle)

(资料来源:杰姬·芬恩,马克·拉斯金诺:精准创新:如何在合适的时间选择合适的创新)

这条曲线的横轴是技术出现的时间，纵轴是大众对技术的期望值。技术成熟度曲线把一项新技术从诞生到成熟划分为以下五个阶段：

（一）技术萌芽期

一项技术刚刚兴起的时候，这项技术的发布往往突然引发大家的兴趣。可能这项技术创新本身已经存在很长时间，但是突然由于某种机缘，引发了大众媒体的热议。

（二）期望膨胀期

媒体开始对这项新技术进行正面炒作，制造话题，公众对这项技术的兴趣也越来越高，为这项技术赋予了种种不切实际的期望。技术创新者成为各种论坛的受邀嘉宾，畅谈仅有的少量早期成功案例。各家公司都纷纷表示要跟进，以免在一个新的革命时代落后。

（三）泡沫破裂谷底期

随着人们的期望越来越高，而新技术的发展并没有随着人们的期望一同快速发展，人们渐渐开始对这项新技术给予负面评价。渐渐地，负面评价超越正面评价，人们更加关注这项新技术面对的挑战，而非所带来的机会。人们发现，原先的期望都是空头指标，泡沫开始破裂，最终达到泡沫破灭期的谷底。

（四）稳步爬升光明期

经历了期望高涨和期望破灭，幸存下来的少数创新者，坚持不懈地继续前进，不断根据用户的反馈完善技术。技术不断成熟，创新技术逐渐得到社会公众的真正认可。

（五）实质生产高峰期

创新技术已经达到成熟、可用的阶段，创新的价值大幅提升，并重新为社会所接受。

Gartner 曲线不是从技术的难度，而是从大众对技术的期望出发来预测技术发展趋势的。这样做是有一定道理的。技术创新的实现需要获得大众持续不断的支持，是在客户使用的过程中，反复打磨而成的。Gartner 曲线认为，用户期望值的变化决定了技术创新的命运，但是用户的期望值是跌宕起伏的。用户一开始对新产品的期望值都很高，但当发现期望无法兑现的时候，就逐渐降低期望值，最终导致大部分用户离开新技术。最终，在创新者的坚持下，用户建立起合适的预期，创新者也吸收用户的建议让产品更加成熟，最终使技术创新为人们所接受。

二、Gartner 曲线预测实践

Gartner 是从 1995 年开始技术预测的。1999 年夏天,整个硅谷沉浸在互联网世界的热潮中,人们普遍认为前途一片美好,著名的《连线》杂志甚至认为,未来 25 年世界将步入长期的繁荣。然而此时 Gartner 伦敦办公室的分析师亚历山大·卓比克(Alexander Drobik)却认为,电子商务技术在机票预定和分销领域早已有成熟应用,并不是多么颠覆性的技术,那些亏损的互联网公司不值得现在的高价,而助推互联网公司上市的狂热氛围更让他感到风险。结合 Gartner 曲线,他做了几个在当时惊世骇俗的预言:2000 年互联网泡沫将达到巅峰,人们觉得只要和互联网沾边的都是好的;2001 年互联网泡沫将破灭,到 2003 年达到谷底;2007~2008 年互联网行业将从谷底反弹,进入真正成熟的时期。

关于互联网泡沫破灭的观点在当时太过离经叛道,在公司内部争议不小。最终,公司决定在 1999 年 11 月 9 日把研究报告发给数千名客户。四个月后,美国股市开始崩盘,到 2001 年纳斯达克只有 1999 年的一半市值。研究报告不仅预言了 2001 年互联网的衰落,还预言了泡沫过后真正的互联网经济的崛起。以谷歌、Facebook 为代表的一批互联网公司在互联网泡沫破灭后快速崛起,成为一批真正成熟并保持持续高成长的互联网公司。1999 年的报告让 Gartner 技术成熟度曲线一战成名,成为技术创新趋势预测领域应用最为广泛的工具。

2018 年 8 月,Gartner 发布了最新一期的技术趋势预测。几十项技术按照 Gartner 技术成熟度曲线的五个阶段进行了排布。例如,自动飞行器刚刚走上技术萌芽期,5G 处在快速的期望膨胀期的路上,深度神经网络处在期望膨胀期的顶端,区块链已经从期望膨胀期开始下滑,增强现实技术处在泡沫破裂谷底期。Gartner 还对技术可能成熟的时间进行了预测,例如,4D 打印机和通用人工智能可能还需要十年,而深度神经网络可能还要两年就达到成熟。这些曲线能够帮助决策者判断技术所处的阶段和可能的发展趋势,以决策是否需要跟进。例如,一些虽然很受追捧的技术并不成熟,贸然跟进会承担过大的风险。而一些在低谷的技术有可能触底反弹,值得跟进。

米歇尔·木兰尼(Michael Mullany)回顾了过去 20 年来(主要是 2000 年后)的 Gartner 曲线的预测,并发现了一些有趣的规律和可以从中学习到的东西。

(1)完整走过炒作周期的技术数量并不多。20 年来,Gartner 一共预测了 200 多种技术,只有云计算、3D 打印、自然语言处理、电子墨水是早期就被发现,且完整地坚持到了最后的技术。

（2）很多技术昙花一现,很快消失。大部分技术在经历了短期关注上升,进入泡沫破灭期后就没有再复苏,而是完全消失。有50多种技术在炒作周期中出现了一年就消失得无影无踪。有一些一炮而红的技术到今天还幸存,包括众包（2013）、HTML5（2012）、播客（2005）。

（3）很多技术还没来得及变成主流就消失了。包括：超宽带、RSS企业、WiMAX（第四代蜂窝电话标准）、企业桌面Linux、网状网络结构。

（4）有一些技术的见解是正确的,但是由于市场没有做好准备而失败。例如,公共认证服务在2002年就作为一种新兴技术出现在了预测名单里,当时微软推出了Microsoft Passport,但是由于未被市场接纳而失败。随后谷歌、推特、Facebook等广泛推出第三方公开登录方式,现在已无处不在。

（5）有几个核心技术问题以不同别名出现,每一次都取得了一定的进步,但是还没有真正的突破。包括：①语音识别技术：1995年,语音识别技术就已经出现在"实质生产高峰期",被认为是一种已经成熟的生产力工具。但直到20年后,深度学习技术的出现才让语音识别达到了接近人类的水准。②互联网小额支付：从互联网出现开始,人们就一直致力于在两个不被信任的双方之间通过互联网实现支付,这个问题曾经有过不同的技术,包括电子现金（E-cash）、电子付款（E-payments）、加密货币（Cryptocurrency）以及最近热炒的比特币。③数据分析：20世纪90年代数据挖掘（Data Mining）就已经在被炒作,随后2000年人们开始炒作数据分析（Data Analysis）、2010年开始炒作大数据（Big Data）,要处理的数据量越来越大,需要不断发展出新的架构和方法。

（6）有些技术在周期里反复出现,常常被预言很快就能实现,但是从来没有真正实现过。例如,在2000年,量子计算就被预言十年以后就能实现,但直到今天仍然遥遥无期。脑机接口,通过思维控制计算的实现仍然很遥远。

（7）一些被认为已经衰落的技术仍然在稳定发展,甚至取得了显著的进步。现在所热门的机器学习一度被认为是没有前途的技术,但是在少数研究人员和科技公司的坚持下仍然向前发展,最终获得今天的成就。头戴式显示器在20世纪90年代末出现,2001年进入了炒作周期,但是很快就由于屏幕技术的限制而衰落了。近年来,在VR和AR的需求下,头戴式显示器重新得以发展。

（8）一些重要的技术突破未能在早期进入技术雷达的视野。这些技术包括x86虚拟化、NoSQL、Map/Reduce/Hadoop等。

三、STREET的创新管理流程

Gartner曲线对于公司来说就像一本创新指南,可以用于识别可以利用哪些创新计划，找到对公司最有价值的创新项目。具体而言，Gartner 公司提供了名为 STREET 的创新管理流程（见图 6-2），STREET 流程适合战略规划、产品研发或新技术团队等特殊团队专门负责创新采用的人员（集中创新采用）、负责业务改进的部门高管或项目经理（创新作为业务单元或部门活动的一部分）、希望承担创新职责的个人（自发的创新者）使用。STREET 流程是基于公司创新十多年的研究而总结出的工具，帮助创新者在合适的时机选择合适的创新，应对从创意产生到创新实施过程中的挑战。流程能够减少创新过程中的不确定性，有效管理创新周期。STREET 流程具体包括以下步骤：

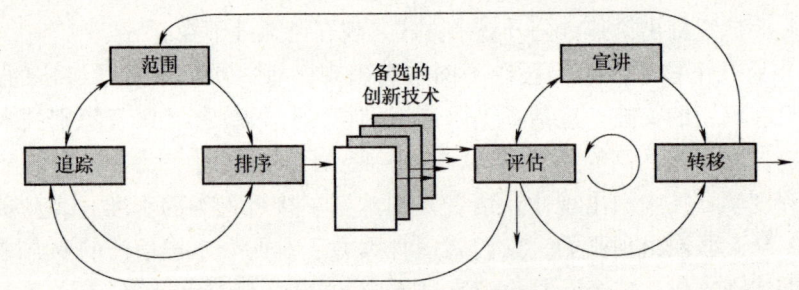

图 6-2　创新管理 STREET 模型

（资料来源：杰姬·芬恩，马克·拉斯金诺：精准创新：如何在合适的时间选择合适的创新）

（一）范围（Scope）

明确创新的目标是什么，为什么需要创新，为了创新能够承担多大的风险。范围来源于公司的使命、目标、战略、需求、价值观、商业机会等。例如，迪士尼的目标是成为"地球上最快乐的地方"，致力于"通过富有创意的内容和故事为游客创造无与伦比的体验"。迪士尼设计了一个叫作"Pal Mickey"的电子毛绒玩具，能够通过和中央通告系统联网，实时发布针对地点的信息，让孩子成为整个家庭的信息中心。这项科技创新让生硬的信息通告变成了一个有趣的过程，为旅程增添了很多的乐趣。这项创新是从迪士尼独特的价值主张出发而设计的。

（二）追踪（Track）

从众多创新中筛选符合划定范围的创新，追踪这些创新在周期中的变化。创新追踪的对象包括产品、技术、能力和趋势四个层面，从具体到抽象。例如，利用虹膜、指纹等生物特征识别用户的验证方式可能以某种具体产品的形态出现，也可能表现为指纹识别、虹膜识别等技术，也可能在不断增加的安全需求趋势层面进行观察。对于具体技术，可以对技术成熟度进行评估，记录存档。

追踪是一项持续进行的活动，但是可以定期地回顾和盘点利用追踪过程中积累的潜在创新。例如，埃克森美孚每年都会筛选出上千个有价值的创新机会，围绕生产、供应链、客户参与、家庭办公生产率等主题进行特定领域的技术盘点会，讨论公司面临的挑战，然后回顾哪些创新机会可能有助于解决这些挑战。

（三）排序（Rank）

对潜在的创新机会进行排序，比较不同的创新，聚焦那些给公司带来最大收益并且风险适中的创新项目。根据备选创新项目的收益、应用范围、当前成熟度、收益实现、风险、成本、赞助者支持等因素进行排序。

（四）评估（Evaluate）

通过实验室、文献、原型和试点，仔细研究排序靠前的创新机会，评估这些机会的具体价值。同时，预测创新可能的发展轨迹。创新的利益可能体现在营收，也可能体现在品牌声誉、业务流程、人才成长等方方面面。排序阶段仅仅是进行快速的扫描潜在有价值的创新项目，而在评估阶段要对项目的价值进行细致的评估，必要的时候甚至有可能做出原型让潜在客户试用。而风险则包括：创新是否能够达到预期的目标？创新是否会耗费过高的成本？创新是否会被用户接受？等等。

（五）宣讲（Evangelize）

鼓舞和教育可能会对创新项目有影响力的人，获得更多的支持。要根据曲线的不同周期有不同的表述，例如在高峰时控制合理的预期，在低谷时给予信息和鼓励。

（六）转移（Transfer）

点燃利益相关者的热情，让关心创新的人愿意实际投入，承担职责，共同推动创新。

第三节 技术平台和技术创新管理

一、产品开发和技术开发的区别

产品思维和技术思维有着微妙的差别。技术开发着眼于技术的创新性和前瞻性，有时候可能会开发出应用场景还不明确的技术，需要拿着技术去寻找应用场景。而产品开发是围绕用户需求进行的，通过和用户的不断碰撞交流，迭代升级产品。公司常常会面临技术开发和产品开发之间的矛盾。技术开发往往着眼于技术的前瞻性，但可能会忽略客户的需求无法落地。而产品开发从客户需求出发，也有可能会忽略技术的可行性，导致无法实现。公司需要在产品开发和技术开发的流程之间做出选择。

一些公司并没有刻意区分产品开发和技术开发，当有用户需求之后，把需求提交给研发部门，研发部门在承接产品开发过程中，如果遇到技术难题，就在产品开发过程中解决技术难题。在这种情况下，产品开发对公司来说是必须的，而技术是作为产品开发的一部分存在。这样做的好处是技术开发是围绕着产品开发和用户需求来进行的，不容易和市场脱节。但是这样做也有着明显的问题：为了在短时间内应对用户需求而开发的技术可能是一些仓促的解决方案，公司无法在一些重大技术领域做沉淀和积累，难以形成自己的核心技术优势。用户的需求可能是碎片化的、零散的，这导致公司的技术方向也可能变得碎片化。当公司发展到一定阶段的时候，会开始注重技术核心竞争力的积累，而不是完全随着产品需求开发的逻辑进行。产品开发更多的是面向终端客户的，而技术开发更多的是面向产品潜在需求的。

著名先进陶瓷公司京瓷曾经经历过从产品创新主导向技术创新主导的转型。稻盛和夫曾经描述转型后京瓷的开发方式是"在自身技术延长线的基础上确定研究开发的课题"。京瓷成立初期，为了生存，客户要求什么就做什么。在京瓷成立18年后，京瓷已经开发了100种陶瓷材料，在这些陶瓷材料开发的过程中，在调配混合粉体、粉体成型、烧制成型品等环节都积累了很多种不同的加工技术。这时候，京瓷开始改变开发流程，在独特材料和技术的延长线上选择研究开发的课题。这样做让研发工作相对比较简单，并且有利于技术能力的积累，每次开发的产品都和现有技术相关联，最终在所专注的技术方向上达到世界一流水平。这样做的挑战在于需要创造市场，解决"开发出来之后，用在哪里"的问题。这需要创新者积极思考如何找到落地场景，以及市场销售人员不断拜访客户，寻找可能有用的场景。创造市场的过程可能要经历好几年的时间。

二、通过技术平台管理技术创新

技术平台是在产品开发之前把技术模块化，服务于多个相关联的、可能跨越不同业务单元的产品。模块化在技术开发和产品开发之间搭建起了一个平台。

一方面，技术开发的时候可以有更加长远的眼光，着眼于标准、通用的模块，而不必总是为了某个用户的需求而急着开发技术模块；另一方面，由于产品平台中的模块在不同产品中不断被使用，制造成本和库存大幅降低，模块在不同项目之间重复使用，也能大幅降低产品上市的时间。

技术平台的开发有助于企业快速响应多样化的客户需求。通过技术开发过程、技术平台的搭建和技术核心竞争力的积累学习，一家公司围绕着组件逐渐积累技术实力。产品创新是围绕客户需求快速响应。而技术创新的核心是把技术模块化、平台化，以应对不同类型的客户需求。技术创新既有从一个技术平台到另一个技术平台的颠覆性创新，也有在同一个技术平台上继承性的创新。大部分技术创新都是在继承性的技术平台上，在大量技术开发人员的共同努力下共同完成的生态系统。

产品开发面向客户，重点在于多样化、个性化。而产品平台的开发是技术要素的集成，关注技术的集中度和先进性。在产品平台上，各种技术都已经做了模块化处理，包括大量的硬件模块和软件模块，当客户需要时能够快速调用。同一个模块可能同时服务于高端产品和低端产品。

技术平台不仅对产品开发的效率有重要影响，对公司整体的敏捷运营也至关重要。在市场瞬息万变的时代，一些公司直接面向客户的一线人员以敏捷项目小团队制的方式运作，而支撑他们的是强大的技术中台。技术中台集成了公司的运营数据、产品技术能力，对前端的小团队形成强大的火力支撑。而前端的小团队洞悉客户的需求，引导技术能力向客户需求配置。技术中台和前端团队密切配合，实现"让听得见炮火的人指挥战斗"。

技术平台是公司发展到一定规模的产物。公司在初创阶段，是以客户需求和产品为导向的，导致公司规模和产品范围不断扩大，业务多元化发展。这时候，公司开始考虑搭建公共技术平台，把各产品之间的通用技术集成起来，从而能够快速响应客户的多样化需求。

> 扩展案例 6-2

华为技术平台的搭建

华为从 20 世纪 90 年代起就意识到，技术核心竞争力积累的关键，在于把核心技术平台化，这样就可以基于同一个平台开发多种产品。产品平台包括共同的系统架构、子系统、模块/组件、核心技术等。华为在早期的产品开发中，遇到了由于中国各地采用不同的通信标准和管理要求，产生极其多样化的产品需求的问题。研发的版本更新滞后于客户需求，无法快速响应多样化的产品需求。

因此，华为开始把产品开发和产品平台开发分离。华为于1997年成功研发出C&C08 B型机，这是一款稳定的电信级产品。这款产品成功之后，华为刚刚成立的无线业务部GSM产品，立刻在无线BSC基站控制器上采用了B型机的单板和软件模块，缩短了产品开发时间，提升了商业化速度。C&C08逐渐成为华为产品平台的萌芽，智能网、传输设备等新产品都继承了C&C08的技术。华为专门建立了一支几百人的C&C08平台技术发展团队，以确保C&C08处在全球技术前沿。围绕C&C08，华为进一步发展出一系列子技术平台。例如，C&C08的信令技术就有几十人的队伍在维护这个模块，不断进行模块优化。

在C&C08的基础上，华为中研部加强了核心技术平台的规划，在研发新产品时首先考虑在原有技术平台上扩展产品，考虑利用原有技术平台把握新的技术点。在新产品立项审查时，把运用既有平台的比例作为重要标准来评价新产品对原有产品的继承性。这使得华为在面对竞争对手时着眼于产品平台的竞争，而非单一产品的竞争。例如，在视频会议市场的竞争中，华为一开始就着眼于对视频会议的核心技术点进行分解，形成技术平台。虽然前期建立技术平台花费了较多的时间，但是技术平台建立后开发新产品的速度大幅加快，逐渐拉开了与竞争对手的差距。

三、技术跃迁和技术平台升级

迈克尔·塔什曼（Michael Tushman）和查尔斯·奥赖利三世（Charles O'Reilly III）认为，技术跃迁是由科学或工程上的进步所带来的少见的、难以预测的事件。当新一轮技术跃迁启动的时候，往往会有很多种不同技术路线出现，各种路线之间相互竞争，最终形成主导性设计。主导性设计的选择是一个复杂的政治、社会和经济互动的过程，并非仅仅取决于技术本身的性能或者纯粹市场的自然选择。

为了实现技术跃迁，组织要提前进行技术平台的开发和升级。例如，当发现扁平电动机和微型电池所带来的技术创新的技术跃迁机遇后，索尼迅速开发了WM-20技术平台，围绕WM-20开发了30个渐进式不同版本的随身听。在随后十年的时间内，索尼开发了4大系列，160款渐进式改进的随身听。新的技术平台的建立是一个技术跃迁的过程，但当新的技术平台成为主导设计后，技术跃迁完成，占据主导设计优势位置的企业会围绕主导设计展开渐进式创新。类似地，在长期的研发实践中，华为逐渐形成清晰的产品平台战略。大约每隔两年，华为就会发布一个重大的产品平台，用全新的产品结构来取代原有的平台。

例如，华为的第一代产品平台是以 C&C08 B 型机为核心的，第二代产品平台是以 C&C08 128 模块为核心的，第三代产品平台是以软交换为核心的。产品平台的升级换代确保了华为技术的前瞻性。

技术开发过程往往希望保持在现有技术积累的连续性上。公司的技术积累常常耗费了大量的人力和物力，一般不愿意主动放弃。许多技术储备深厚的公司往往更愿意对现有技术的性能进行改良，而不是开发全新的技术。迈克尔·塔什曼和查尔斯·奥赖利三世认为，技术跃迁为技术开发带来了挑战，要破解这一难题，需要设计适应技术跃迁的结构、系统和奖励体系，以筛选和培育技术跃迁的萌芽。例如，公司可以建立一些小型的业务单元进行实验和探索。这些业务单元有宽松的工作流程、强烈的创新动机和较强的技术竞争能力。他们通过不断试验获得大量探索性成果，建立新的经验和知识体系，让高管团队可以从中选择未来的主导性技术。

本田等日本大型组织在实现跃迁式创新时，往往会组建一支由相对年轻的员工组成的团队，由一位受人尊重的管理者领导，鼓舞他们开发突破性的产品。这些团队会离开公司主体，在独立的空间办公。这些新的组织单元和尚在盈利中的原有组织单元可能存在着冲突。旧有单元常常会忽略甚至破坏新的单元。因此，需要把这些技术创新部门和原有部门在结构上隔离出来。

【要点回顾】

本章首先从组件入手，介绍了组件是技术的基本结构，并介绍了基于组件增减的技术进化以及技术进化的停滞。然后，介绍了技术创新如何由于人们的期望变化而起落，如何从 Garnter 技术成熟度曲线和 STREET 创新管理流程出发，管理组织内部的创新。最后指出，建立技术平台是系统管理技术创新的关键。当技术跃迁出现时，企业要设立独立的创新部门主动激发技术创新。

【复习题】

1. 组件对技术系统的重要性不包括（　　）。
A. 让技术局部出现问题时不至于推倒重来
B. 让技术创新的大规模协作成为可能
C. 让技术创新可以跨越几代人
D. 培养了更多的技术天才

2. Gartner 曲线成名是因为成功地预测了（　　）。

A. 互联网泡沫　　　　　　　　B. 金融危机
C. 人工智能的崛起　　　　　　D. 区块链的崛起

3. 技术平台设立的目的不包括（　　）。
A. 更好地满足客户多样化需求　　B. 更好地降低设计成本
C. 降低技术组件标准化的程度　　D. 更好地实现技术跃迁

第七章
知识管理与知识创造

【学习目标】

1. 掌握知识管理的内涵、三大派别及相关方法;
2. 了解知识管理的传统技术、智能技术以及企业常用的知识管理工具、系统;
3. 掌握组织中知识工作者、知识型组织的内涵,了解知识转化的四种模式。

【导入案例】

华为如何管理知识型员工?

2017 年,华为的销售收入达到了 6 036 亿元,研发投入 897 亿元,已快速成长为世界一流的通信公司。华为 17 万员工中,百分之八九十是知识型员工,全球研发人员 79 000 人,占员工总数的 45%。华为是如何将数十万追求个性的知识型员工组织起来,并激发他们的内在价值、创造潜能和能量的?

1. 与知识分子共创和共享

创业伊始,任正非就主动到高校招揽人才,现在华为的高管团队大部分是改革开放后最早的一批名牌大学的本科生、硕士和博士,这就奠定了华为成长的人才基础。

华为在 1990 年推出了内部员工持股计划。为激励奋斗者,华为推行获取分享制,规定股东每年只能分享利润的 25%,75% 要通过奖金分享给当年创造价值的人。另外,华为非常重视知识产权。早在 2008 年,华为的国际专利申请数就超过了西门子和丰田,成为全球最大专利申请公司。近几年华为的专利成果稳居全球第一。

2. 建立"三高"机制

(1) 高压力。从 1996 年始,华为就通过"干部能上能下,工作能左能右,人员能进能出，待遇能升能降"的四能机制，使员工始终处于内部人才竞争压力之下。

（2）高绩效。华为员工每年都要提出挑战性的绩效目标并做出承诺，使每个员工的行为都统一于公司的战略绩效目标，任何人都要承担挑战性的绩效责任。

（3）高回报。华为的薪酬分配机制保障贡献者得到合理回报，只要员工创造了高绩效，就会有高回报。

3. 不倡导"狼文化"

不少学者专家认为华为是靠"狼"文化驱动高绩效的。其实任正非从来没有倡导过"狼文化"。华为文化的本质是军队文化与校园文化的完美结合。新员工入职后有至少一个月的严格军训，让员工理解责任、组织纪律、执行、荣誉的意义；倡导军人的使命，如"狭路相逢勇者胜"的胜利精神，"胜则举杯相庆，败则拼死相救"的集体奋斗的荣誉感，"上甘岭上出干部"的奉献和牺牲精神。

4. 干部是财富

华为是先有干部，才有人力资源部，华为始终将干部队伍建设作为人力资源管理的核心。华为干部管理包括以下三部分：

（1）干部管理理念体系。包括干部必须勇于奉献，必须践行公司核心价值观，必须聚焦于工作，必须富有自我批判精神，必须为团队绩效负责。

（2）干部管理机制。包括干部任职资格管理机制、干部绩效目标责任制与述职制、干部考核激励机制、干部关键事件评价机制、干部任期与任前公示制等。

（3）干部管理制度。包括中高层管理者绩效承诺与述职管理制度、干部任职资格管理办法、干部任期管理规定、中高层干部民主生活会制度等。

5. 客观公正评价

在华为，员工不用看领导眼色行事，也不用拍领导马屁，只需不断提升能力，做好工作，创造高绩效，就可以多拿钱，快升职。因此，华为的整个评价机制向那些持续为公司创造价值的人，特别是知识型员工倾斜。

华为对知识型员工的价值管理有三大特点：创造一种让知识型员工全力创造价值，持续发挥作用的机制与制度；建立客观公正的评价体系，使价值分配有依据；通过多元全面的薪酬体系满足知识型员工的多元化、多层次的需求。

6. 开放职业通道

早在20世纪90年代，华为最早引入了英国NVQ职业资格标准系统，在与美国合益胜任能力标准相互融合之后，开发出了华为独特的任职资格标准认证体系，包括职业通道、任职资格标准、任职资格等级认证、任职资格体系等内容。每个人都可以参加任职资格认证，拿到认证书以后就具备了参与某个岗位的竞争资格，每个岗位都有两到三个达到任职资格的候选人可供选择。

7. 灰度管理和自我批判

在充满不确定性的混沌时代，华为更强调知识分子的价值观的管理，更重视对员工愿景与价值观的牵引。从 1997 年的《华为基本法》，到 2005 年的价值观再造，到 2009 年的六大核心价值观大讨论，再到 2010 年"以客户为中心，以奋斗者为本"核心价值观的正式提出，以及至 2012 年落实核心价值观三大管理纲要的推出，凝聚了十几万知识分子"力出一孔""利出一孔"地朝着共同目标努力奋斗。

任正非对人性有深刻的理解，他对知识分子既强调规则和制度化管理，又富有弹性和人情味，善用灰度艺术。华为主张人无完人，用人不求全责备，主张没有犯过错误的人才不是好人才。百分之七八十的管理交给制度，但剩下的空间要依靠人，有人情味的领导才会有人格魅力，才能让员工心甘情愿跟着你。

问题：华为对知识型员工和普通员工的管理有哪些不同？你从中获得了什么启示？

（资料来源：改编自"华为如何管理知识型员工"，《国家电网》2018 年 10 期，作者：彭建锋）

在《后资本主义社会》一书中，彼得·德鲁克高瞻远瞩地进行了大胆的"预言"：未来社会将越来越成为一个知识社会。

德鲁克认为，从 1750 年到 1900 年的 150 年间，"资本主义与科技征服了全球，创造出了一个文明世界"。而此过程与"知识"这一要素密切相关，当时知识主要用于工具的创造，大量的科学技术运用在新的生产工具的发明上，极大地提高了社会生产力，并开辟了举世闻名的"工业革命"时代。随着后资本主义社会的到来，知识的管理和创造将成为一种新的组织形式和创造生产力的形式，占据主导地位的将会是"知识工作者"。如果不能激发"知识工作者"的自主性，无论投入多少资本都无法创造出真正的价值，因而便要求组织在管理方式上做出调整，成为知识创造的"启动器"。

如今，随着信息时代的到来，从微软到谷歌，从 IBM 到麦肯锡，千千万万的 IT 公司和咨询公司正在崛起。毕马威 2000 年的调研发现：已经导入知识管理的 60% 的美国大型公司和 70% 的欧洲企业，在成功导入知识管理后，企业的经营绩效均取得了显著的改善。这表明德鲁克的预言已经得到验证，"知识管理"已经变成一个时代性的趋势。

本章具体分成三个部分：知识管理理论与方法、知识管理技术与工具以及组织中的知识创造。我们将透过知识管理的视角，在厘清其发展脉络和理论、方法的同时，探究组织、创新中的知识管理。

第一节　知识管理方法

一、知识管理概述

（一）知识的含义

到底什么是知识，这个问题可以追溯到古希腊时期。苏格拉底曾问泰阿泰德"知识是什么"，这也被称为"泰阿泰德问题"。对此主要有以下经典观点：柏拉图认为知识是一种思想状态，他将其定义为"得到论证成真的信息"；波兰尼对知识的阐述是"我们知道的比我们能讲出来的更多这一事实"，并建立了"隐性知识"的概念；管理学大师德鲁克认为"知识是一种能够改变某些人或某些事物的信息。"

从中外词典来看，《辞海》（1991年版）将知识解释为："人类认识的成果或结晶。"《现代汉语词典》（第五版）将知识解读成："人们在社会实践中所获得的认识和经验的总和。"《简明牛津辞典》把知识定义为如下三类：一是由经验获得的（对有关人、事实、事情的）了解或熟悉，或人的信息范围；二是对某种主题、语言等的理论或实践认识，或所知道的总和；三是经过证实的正确的认识，或与某种意见相对的认识。

中华人民共和国国家标准《知识管理　第1部分：框架》（标准号：GB/T 23703.1—2009）将知识定义为"通过学习、实践或探索所获得的认识、判断或技能。"本书对"知识"的界定与之一致。

（二）知识管理发展现状

回顾知识管理的历史，最早，管理知识的方式是口述和使用记忆来存储知识。公元前400年的苏格拉底时期已经盛行通过书本传递知识，而在中国，早在周代便有图书馆出现。1455年，随着印刷术的发明，知识的存储和传播发生了重大转变。20世纪末计算机的出现使得知识的获取、组织、存储、共享和评估等各个方面爆炸性增长，一方面更大量的知识能以更低成本存储在计算机中，另一方面知识得以通过网络在全世界共享。

从2006年开始，知识管理跨入成熟期，一方面，知识管理作为管理学领域中的一门独立分支学科初步建立起来；另一方面，知识管理在绝大多数行业中已经得到普遍运用，并产生了明显成效。

1. 学科理论

目前，随着知识管理实践越来越深入各个企业，在实践中逐渐形成知识管理的三大派别：技术学派、行为学派和综合学派。

（1）技术学派。技术学派认为知识管理是对信息的管理，强调运用信息技术手段管理显性知识。他们强调运用电子邮件、群件及其他工具从人、知识库以及计算机网络中获取显性知识。许多学者，包括计算机专业人员，目前仍然在深化这方面的研究，诸如数据挖掘技术、人工智能技术、知识存储和更新技术等。在知识管理未来的发展中，信息技术将会提供更多、更强有力的支持。

（2）行为学派。行为学派认为知识管理是对拥有知识的人（即知识管理者）的管理，他们重视对表现为人力资本和结构资本的"智力（知识）资本"的管理，比较关注知识管理与企业战略、企业竞争优势关系的研究，还关注组织间知识管理的研究。

（3）综合学派。综合学派认为，知识不仅要对信息和人进行管理，还要将信息和人连接起来进行管理；知识管理就是要将信息处理能力和人的创新能力相结合，增强组织对环境的适应能力。该学派融合了信息技术及经济学、管理学的相关知识，推动了技术学派和行为学派的相互交流、学习与融合。

2. 标准与指南

（1）欧洲知识管理最佳实践指南。2004 年，欧洲标准委员会发布了《欧洲知识管理最佳实践指南》，该指南的主要目标为：首先，为欧洲的个人和组织提供关于知识管理理念和方法的实用介绍，促进欧洲范围内对于知识管理共识的达成；其次，提供关于知识管理的新思维；最后，为欧洲范围内对知识管理感兴趣的个人和组织提供公开讨论的平台。其内容主要包含五部分：知识管理的框架、知识管理与组织文化、在中小型企业中实施知识管理、知识管理的评估，以及知识管理术语。

（2）我国的知识管理国家标准。2009 年 8 月，中国国家标准化委员会正式颁布了《知识管理 第 1 部分：框架》的国家标准（标准号：GB/T 23703.1—2009），这是我国知识管理领域的第一个国家标准。该标准主要定义了知识管理的基本概念和框架模型，以形成对于知识管理的统一认识，力图为我国各类组织开展知识管理实践提供指南。该标准具体包括：范围、规范性引用文件、术语和定义、知识管理目标和原则、知识管理模型、知识资源、知识流程和活动，以及知识管理的支持要素等。

3. 知识管理的概念

在后工业或知识经济时期，许多人认为，竞争力绩效的驱动力不再是传统的工业技术或工艺技能，知识已成为组织生存和成功的关键资产。知识管理成为一门新兴学科，它根植于众多且差异较大的不同学科。例如，一些关于知识管理的文献主要是信息系统方向的，给人的印象是知识管理就是信息管理；而另一些文献更多从知识创造和共享的视角出发，认为知识管理与人力资源管理的联系更紧密。

与此同时，由于"知识"这个概念本身内涵的丰富性，也给知识管理的理解和界定带来了挑战。当前存在不同视角下的知识管理的定义，如表7-1所示。

表7-1 不同视角下的知识管理的定义

作 者	定 义
托马斯·达文波特（Thomas H. Davenport）和拉里·普鲁萨克（Larry Prusak）	知识管理来自组织中已有的资源（包括信息系统管理、组织变革管理和人力资源管理实践）
大卫·斯克姆（David JSkynne）	将知识管理视为实现组织目标，对重要知识的创造、收集、组织、传播、使用、开发等一系列流程的规范和系统化管理
默廷等	对促进核心知识过程有益的所有方法、设施和工具
野中郁次郎（Ikujro Nonaka）	知识管理是在组织内持续创造新知识、广泛地传播这种知识，并迅速地将其体现在新产品/服务、新技术和新系统上的过程
乌伊特·贝耶尔斯（Uyte Beyers）	组织通过知识要素的创造，实现组织目标
艾伦·纽厄尔（Allen Newell）等	在频繁变化的环境中，公司通过调配知识基础改进应对方法，确保持续的创新能力
美国生产力和质量中心（APQC）	知识管理是组织采取的一种有意识的战略，能够确保在最需要的时候将最需要的知识传递给最需要的人，以帮助组织共享信息，进而将知识通过不同的方式付诸实践
欧洲标准化委员会	知识管理是对一系列活动和过程的管理，通过这些活动和过程能够更好地应用和创新个人及组织的知识资源，从而使知识价值最大化，提升组织竞争力
中国国家标准化委员会	知识管理是对知识、知识创造过程和知识的应用进行规划和管理的活动

总而言之，首先，知识管理活动的战略目标是增加智力资本和提升组织绩效，从人力资源管理视角促进个人、团队、组织的学习，并将其融入不同的学习过程；其次，一旦知识被创造，知识的探索、利用、共享就成为一个持续性

的挑战，有大量的工具、技术和系统能够实现，但只有知识管理工具和组织程序是难以取得成功的，还需要考虑文化环境和变革管理。

二、知识管理方法

（一）知识组织方法

"知识组织"最早于 1929 年由英国著名图书馆学家、分类法专家、《书目分类法》的编制者布利斯（H. E. Bliss）提出，主要是指对事物的本质及事物间的关系进行揭示的有序结构，即知识的序化。国内学者田书格（1999）认为，知识组织即是关于知识的组织与检索系统，是现代网络信息环境下人们获得知识与利用知识的所有方法的总和，他认为知识组织不仅包括有用信息的组织，而且还包含着"人"的才华、能力、技术与智慧等因素。

结合上述认识，本书对于知识组织的定义为：知识组织是指人们对知识的整理、加工、控制、开发、创造等一系列的活动与过程。

1. 知识关联组织法

知识关联是建立知识之间的联系，强调知识间的关系性质或类别。知识组织方法可以将散落在多个数据库中的信息有机地关联起来，形成多维度联系，使隐藏于大量数据之中的规律呈现出来，为决策者进行决策提供有价值的信息和知识。常见知识关联组织的应用包括：知识地图、学科关联、知识图谱、引用网络、学者网络等。

以知识图谱为例，2012 年 5 月，谷歌在其博客上发表了一篇文章"Introducing the Knowledge Graph：things, not strings"，自此，知识图谱概念开始慢慢预热。这篇文章指出，借助知识图谱，搜索引擎实现了从"strings"到"things"的飞跃，并由此提炼出谷歌知识图谱产品的三个核心逻辑：

一是找到正确的东西。如果在谷歌中搜索"泰姬陵"，它会在搜索结果的右侧给出泰姬陵的地图、相关介绍以及同名的音乐专辑，城市街道等。

二是展示更有序的内容。当用户搜索某个事物时，谷歌可以将这些信息有条理地展示给用户，用户无须再打开网页，就能了解到这个事物的基本概要。

三是激发人们的求知欲。通过谷歌知识图谱的推荐内容，人们会了解到之前不知道的东西，以及这些不同东西之间的关联关系。

2. 知识聚类组织法

知识聚类组织法是指将知识按一定的聚类标准分门别类地加以类集和序化的过程。知识聚类组织法的第一步是特征的提取，可以用原始数据的特征对数据进行分类和提取；第二步是给定数据间的相似度或相异度及其定义方法；第三步是根据相似度对数据进行划分，即"聚类"；最后便是对聚类的结果进行分析。

新媒体文章价值评估便依赖于聚类分析。例如，由于微信公众号的头条和次头条位置会对文章价值评估带来巨大差异，因而需要同等曝光位置的文章放在一起聚类，即头条和头条聚类，次条和次条聚类。在聚类完成之后，便可针对新媒体文章的指标（如粉丝增长指标、文章传播指标、文章价值指标等），将文章数据进行解读并归类，进而便可分析文章价值差异的来源。

（二）价值管理方法

价值管理是指以价值评估为基础、以价值增长为目的的一种综合管理模式。斯图斯特咨询公司的一项研究表明，推广和实施价值管理的公司与未推广和实施价值管理的公司相比，年收益高出 8.25%。因此，有越来越多的公司开始将传统的"财务管理"模式转变为"价值管理"模式。

1. 德勤价值管理模式

德勤的价值管理模式如图 7-1 所示，在价值驱动力和价值创造之间建立了一种直观的联系，因而，可以通过价值地图方便地考察在某个特定的公司里价值创造的具体过程。该模式围绕如何提升价值，将企业创造价值的来源从增加收入、降低成本、资产管理和预期管理等方面，逐步细化为许多具体的细节问题，并称之为"价值驱动因素"，这些价值驱动因素对公司价值的提升起着至关重要的作用。

股东价值			
收入增长	营业毛利	资本效益	期望
√影响收入增长的两个关键因素是销量和价格 √通过市场营销、产品创新、客户管理等赢得新客户的增长，从而实现量的增长 √通过供求关系管理、细分定价机制等增强定价，从而实现价格优化	√寿险公司影响营业毛利的主要因素是保单获取及维护成本、赔付支出及准备金管理 √通过提升客户互动效果、提高公司资源的利用效率等对保单获取及维护成本进行控制 √通过再保险、承保风险管理实现风险转移，加强理赔及准备金管理，实现赔付和准备金成本控制	√寿险公司的营运资本效益主要体现在降低营运资本需求和营运资本增长 √通过财务风险管理、保险风险管理、操作风险管理降低营运资本需求 √通过提高营运资本的运用效率，实现营运资本的增长	√期望主要体现在公司优势提升和外部因素影响 √充分考虑公司优势及外部影响因素，提升管理与执行能力，实现股东、利益相关者及监管机构对公司的期望

图 7-1 德勤价值管理模式

（资料来源：德勤华永会计师事务所，《德勤风险智能地图与企业价值地图介绍》）

公司在选取了衡量企业价值创造的指标后，很容易根据该指标所包含的成分进行层层分解，确定所谓的"价值驱动要素"，整个分解价值的过程就构成我们现在看到的"企业价值地图"。

运用企业价值地图可以对企业现状进行分析，确定目前影响企业创造价值最大的驱动力是哪些，然后对这些"价值驱动力"的表现进行分析，来明确改善的方向和空间的大小，最后可以针对每一种特定的价值驱动力，制定具体的改善措施。在现状分析阶段，可以以自上而下的方式查阅地图，找出问题并进行分析；而在改善阶段，则可以以自下而上的方式查阅地图，随时对工作进展进行监控，明确关键之所在。

2. 阿尔弗洛德·拉帕波特价值管理模式

阿尔弗洛德·拉帕波特（Alfred Rappaport）的价值管理模式如图 7-2 所示，其核心是将价值创造的原则转化为具体的价值管理实践。

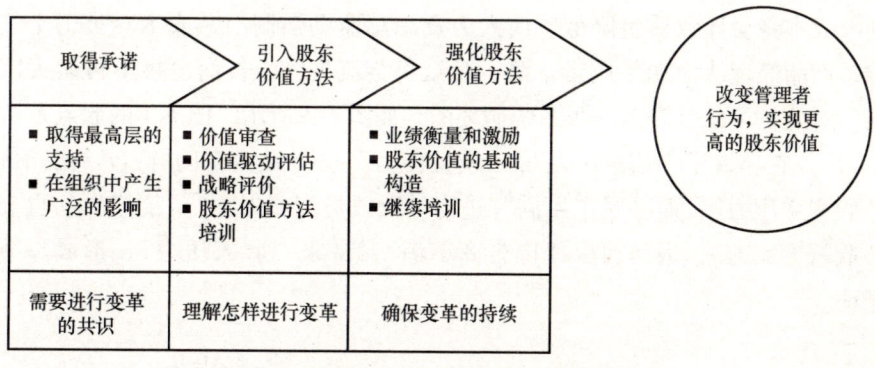

图 7-2　阿尔弗洛德·拉帕波特价值管理模式

首先，价值管理的成功实施需要管理层和组织内所有员工接受创造价值的一般原则：第一，价值受长期的、风险调整后的现金流，而不是短期收益的驱动；第二，不是所有的增长都能创造价值；第三，依托于毁损价值战略的"价值创造计划"是一种劣质的投资。

其次，价值管理的成功实施意味着组织接受了上述原则，并把这些原则转换为具体的实践：①不同的战略具有不同的价值创造潜力，应选择预期能产生最大股东增加值的战略；②为所有资产寻找最高价值的用途；③将绩效评估和薪酬机制建立在股东增加值或其他长期价值指标的基础上；④当缺乏能够创造价值的投资机会时，将现金返还给股东。

最后，公司以长期股东价值最大化作为目标来制定适合自己的管理程序和制度，一般包括三个阶段：①高层管理者必须坚信确实需要改革；②必须确定和正确导入适当的变革细节；③必须不断增强变革的势头以确保变革的持续。

3. 系统方法

系统思考是系统方法论的新发展阶段，其理论基础为系统动力学，属于系统方法论中的一种。彼得·圣吉（Peter M. Senge）和丹尼斯·舍伍德（Dennis Sherwood）等提出的系统思考是指纵观全局，看清事件背后的结构及要素之间的互动关系并主动地"建构"和"解构"的思维能力。

系统思考的工具主要为系统循环图。系统循环图展现了一个系统中各个部分之间的联系，如图 7-3 所示。其中箭头的方向代表因果关系，"S"和"O"代表着因果关系的方向，如果两个变量向同一个方向变动，则为"S"连接，如果朝相反的方向变动，则为"O"连接。

例如，"如何在不损害业务的情况下削减成本"是很多公司苦苦思考的一个问题。以一家电视制片公司为例，总经理希望可以削减成本，但制片人的反应是削减成本将会导致质量降低，而人力资源总监则强调削减成本对员工士气的影响，产品经理认为如果质量下降，观众将会流失，广告商也将不再购买广告时间。对此，可以首先画一张系统循环图，如图 7-4 所示。图 7-4 的起点是"成本压力"，它导致了"质量压力"，"质量压力"会导致两个问题："员工不满"和"收视率压力"，而"员工不满"进而导致"员工流失""员工流失"也会加剧"收视率压力"，进而加深"广告商不满"，带来"收入压力"，形成一个恶性循环。

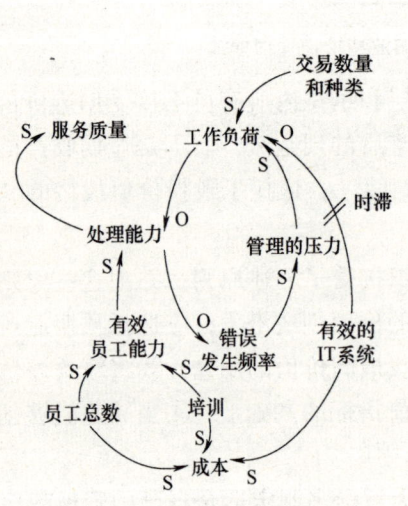

图 7-3　系统循环图示例 1

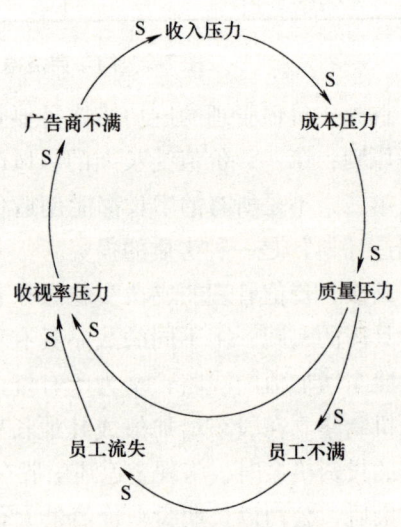

图 7-4　系统循环图示例 2

那么，有哪些解决方案可以使公司走出恶性循环呢？例如，针对收视率压力，可以增加节目创新；针对员工不满的问题，可以增加员工的参与度，针对成本压力，可以在日常管理中进行一定的费用控制等。这样便可以形成一个新的系统循环图，如图7-5所示。

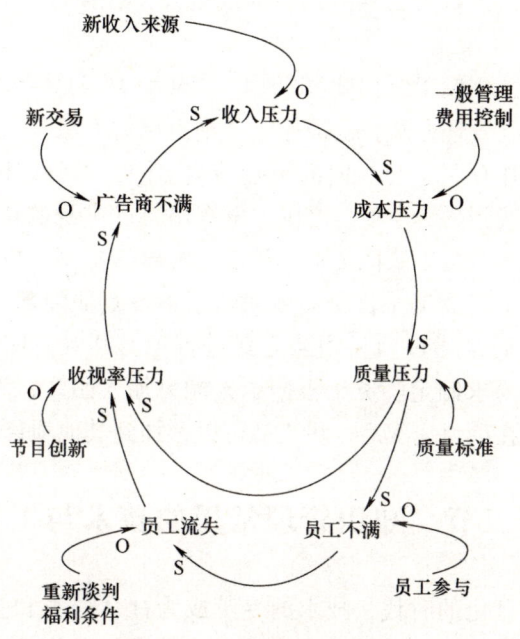

图7-5　系统循环图示例3

每项新添加的因素都可以对该恶性循环起到刹车的作用（O连接），将业务重新纳入可控的范围。丹尼斯·舍伍德强调，激发睿智的最有利方法是从整体上观察复杂的问题，梳理出所有相互连接的组件，然后使用精心构造的系统循环图，将这种复杂性以一种言简意赅而又揭示本质的方式表现出来。

4. 矩阵管理方法

矩阵管理方法是加州理工学院天体物理学系的F·茨维基教授提出的一种通过建立系统结构来解决问题的创新方法，在逐渐演变的过程中已经成为企业广泛使用的管理方法。

一般来说，矩阵式管理结构由纵向和横向结构组成，通过交互式的沟通来完成相应的任务。

纵向矩阵结构：矩阵的纵向结构，即从多个部门挑选负责的专家队伍，并且安排专家到负责领导的项目经理手下，之后由企业专家队伍完成项目的设计与实施。矩阵组织的每位员工都有两位直属上司,其所属部门经理与项目经理,就是该项目与产品的小组经理,经理的职权相同。在一般情况下,项目经理负责项目小组人员与工作相关的各项职权,而部门经理则是负责员工晋升、评价、薪资待遇等方面的调整。为了确保矩阵结构的运行效果,部门经理与项目经理需要定期进行沟通,了解员工遇到的具体问题及工作条件,并且制定出合理的解决方案。

横向矩阵结构:相较于纵向矩阵结构,以项目划分领导系统的横向结构是一种更加先进的矩阵管理方法,也被称作"项目结构方法"。通过项目结构,员工可以快速变换工作项目,与纵向的矩阵结构不同,项目结构无须设置正式的职能部门,而是直接到另一个项目之中,发挥出自己本身的技巧与能力。而且,项目结构所有工作均有员工队伍负责,员工了解自己是团队中不可取代的一员。例如,丹麦助听器生产商奥蒂肯公司就采取了不设置职能部门的结构,员工并没有明确的职衔,而是通过项目团队方式进行项目活动。团队的组建、解散、重组,均根据项目要求制定。员工根据个人能力加入团队,为团队提供自身拥有的技巧与能力,在项目完成后,员工就可以参加到其他项目之中。

第二节 知识管理常用的技术与工具

在全球化和信息化的时代,技术的变革成为社会变革和企业商业、管理模式变革的主要推动力。在知识管理的发展上,技术依然扮演着重要的角色。印刷术的发明,使得知识的存储和传播发生了重大转变,印刷业的发展扩大了图书馆及藏书的归集,使得知识的采集、组织、保存和获取成为可能,20世纪计算机的出现,使得知识的获取、组织、存储、共享和评估等各个方面出现爆炸性增长,计算机通过电信技术被连接起来,从而使得知识得以通过网络在全世界共享,而今天人工智能、大数据、云计算等技术层出不穷,知识管理又进入一个划时代的发展阶段。

本节将对知识管理实施中常用的技术、工具进行介绍。本节内容分三部分,第一部分介绍传统的和智能化的知识管理技术;第二部分介绍知识管理工具,重点介绍知识获取的工具、知识分享的工具和知识存储的工具;第三部分介绍企业常用的知识管理系统,包括文档管理系统、决策支持系统和工作流管理系统等。

一、知识管理技术

就知识管理的实践而言,它并不是一项单纯的技术活动。尼克·米尔顿

(Nick Milton)和帕特里克·拉姆(Patrick Lambe)在其知识管理实践手册中提出,技术是知识管理推进与实施的四大动因之一;角色、流程、技术与治理,是知识管理实施中不可忽视的四大支撑要素,它们相互支持,密切关联,具有同等重要的地位。由此可以看出,知识管理的实施涉及人力资源管理、组织管理、组织战略等多方面,技术是其中重要的一环,也是实施的基础,知识管理的各种功能及服务最终都要依靠信息技术来实现。

(一)传统的知识管理技术

知识管理的初期阶段,知识共享下的信息技术是人们关注的焦点。知识共享是指人们通过知识共享系统获取知识,并加以吸收的过程,包括显性知识和隐性知识的共享。常用的用于知识共享的信息技术有 Wiki、RSS、语义 Web 等,是比较传统的、以个体为知识管理主体的搜索技术。

1. Wiki 技术

Wiki 被定义为"一个允许一群用户通过简单的标记语言来创建和连接一组网页的社会计算系统",使用 Wiki 技术的 Web 网页可以使用户通过普通的浏览器对其内容进行自由的修改和编辑,网页的访问者同时也是新网页的创建者,这样的系统本身就提供了一个活跃的学习环境。Wiki 站点一般都有一个统一的关注主题,Wiki 站点的内容必须和主题有高度的相关性。此外,Wiki 的协作也是针对同一主题做外延式和内涵式的扩展,努力将同一个问题谈得充分、深入。对于 Wiki 而言,信息的完整性、充分性以及权威性是其最主要的目标。

2. RSS 技术

RSS 是 Rich Site Summary 或 Really Simple Syndication 的英文首字母缩写,意为"简易信息聚合",是在线共享内容的一种简易方式,它使用 XML 描述,用来聚合新闻或者像新闻一样更新比较频繁的网站内容。

RSS 技术主要包含 RSS Feed 和 RSS 阅读器这两个重要组件。作为站点之间的信息沟通标准,RSS 主要执行信息聚合和信息推送的功能。通过发挥它的聚合作用,RSS 可以将用户自己提供的(或者创造的)信息和内容,根据 RSS 规范对各种资源用 RSS 格式"打包",即创建 RSS Feed 文件,然后采用"Push"技术将其发布到网络中,这样 RSS Feed 中包含的信息就能直接被其他站点调用,而且互联网中各网站也能通过互相调用彼此的 RSS Feed 文件,自动地显示网络中其他站点上的最新信息,这被称为 RSS 的联合,网站间通过这种方式实现了资源共享。这种联合就导致一个站点的内容更新非常及时,而且 RSS 可以把网络上搜集到的各种 RSS Feed 打包在一个界面中提供给读者进行阅读。而用户则可以在用户端用离线型或在线型 RSS 阅读器对信息进行查阅。

3. 语义 Web 技术

语义 Web 是蒂姆·伯纳斯·李（Tim Berners-Lee）在 1998 年首次提出的，他认为语义 Web 是一个网，它包含了文档和文档的一些部分，描述了事物间的明显关系，且包含语义信息，以便于机器的自动处理。语义 Web 中的各种资源不再只是各种相连的信息，还包括信息的明确含义，能够被机器理解并自动处理，从而提高计算机处理信息的自动化和智能化能力。语义 Web 构成相当复杂，它的实现依赖于三大关键技术：XML、RDF 和 Ontology。

（二）智能化的知识管理技术

1. 人工智能

人工智能（Artificial Intelligence，AI）是一门综合了计算机科学、生理学、哲学的交叉学科。"人工智能"一词最初是 1956 年在 Dartmouth 学会上提出的。从那以后，研究者们发展了众多理论和原理，人工智能的概念也随之扩展。目前人工智能已经成为诸多包括互联网巨头在内的企业竞相发力的方向。人工智能的出现，大大减少了社会人力成本的浪费，提高了服务效率。

人工智能技术在知识管理领域的运用包括以下三个方面：

（1）知识获取和描述。知识管理的关键环节之一是知识获取和描述，知识系统中的专家系统就是运用人工智能以获取和描述知识的。像面试、市场调查分析、模拟个人图形、卡片分类等都是人工智能在知识管理中的运用。专家知识被充实到知识库中，为组织所运用，极大提高了组织的效率，降低了组织的运营成本。

（2）知识整理和分析。人工智能还可以运用于知识整理和分析，以预测制造新知识的知识库中各种关系和发展的趋势。人工智能技术还可以运用于搜索知识、修正知识、产生新的知识。在知识分类和创建知识地图领域，人工智能将大有可为。在英国爱丁堡大学的人工智能研究所，已发明了灵活的工作流系统，运用 agent 技术来支持知识管理。

（3）知识的传播。知识传播是知识管理的另一个关键领域。知识传播包括将组织内外部的知识传送给能最大化利用它们的每一个人。雇员、管理者、顾客以及股票持有者都在组织知识传播范围之内。组织中有一个专门负责分析知识并传播知识的基层。智能 agent 可以帮助分析知识、邮件、网页等，并将个人总结、心得和其他的知识匹配给可以最大化利用它们的人。数据采集、知识发掘、从已有数据库中分析趋势及关系、新知识等，都是人工智能在知识管理中的运用领域。成熟的产品已经在营销和财务领域中得到有效运用。

2. 大数据

大数据是指超出了典型数据库工具收集、存储、管理和分析能力的数据集，是自然界、人类社会与虚拟空间等三个人类依存空间的数据耦合集。有研究认为，大数据将带来媲美 20 世纪电气化技术的科技大变革。根据国际数据公司（International Data Corporation，IDC）发布的《2020 年的数字宇宙》报告显示，全球数据总量将以每两年翻一番的速度增长，预计到 2020 年达到 40ZB。

大数据环境下，知识管理需要快速处理更大体量的数据集，并以更优化的知识管理方法挖掘海量低密数据的知识价值。与传统的知识管理技术相比，大数据在知识获取、知识存储、知识整合和知识使用方面均有重大的改变和推进。

首先，知识获取由传统知识管理面向组织外部的定向搜寻和主动获取，转变为海量碎片化数据的涌现，扩大了知识获取的范围和体量，改变了知识获取的方向。

其次，知识存储由私有知识库存储的方式向共享分布式存储的方式转变，这种云端存储的方式，扩展了知识存储容量，突破了知识存储所有权力的限制。

再次，知识整合由传统知识管理中结构化、可编码的数据整合，向结构化、半结构化、非结构化并存的多源异构数据的逻辑整合转变，增加了知识整合的难度，优化了知识整合的方式。

最后，知识使用的关键前提条件由隐性知识的显性化，转变为数据清洗与数据脱敏，大数据时代的信息共享使得对于数据处理结果的应用，由服务于某一主体的知识增值，转变为被多方主体使用。

二、知识管理工具

如何让经验成为最好的老师？知识管理专家阿特·克莱那（Art Kleiner）和乔治·罗斯（George Roth）在 1997 年就已提出这一重要问题，并刊文发表于《哈佛商业评论》，同时提出"学习型历史文献"这一知识管理工具。在信息爆炸性增长的今天，如何有效地管理个人、组织的重要知识资产，诸如技能、关系、方法、经验、天赋等考验着每个企业。对于大多数企业而言，在知识创造和知识积累中，深入挖掘自身的经验至关重要，但往往很难做到，其中非常重要的一点，就是因为缺乏汲取组织经验教训的工具。

阅读材料 7-1

学习型历史文献

学习型历史文献最基本的含义，是一套记录企业重要事件的文本，它包含了企业成长中的许多插曲，如企业变革、新创意、新发明、成功的产品导入，或者是企业不幸的事件，如大规模裁员。文献大约有20~100页，分为两栏。

文献右栏记录有关认识描述的插曲，他们是事件的当事人或者是受到事件的影响，或者仔细观察过该事件。经理人员、流水线工人、秘书、外部人员（如顾客、广告商、供应商）分别讲述他们眼中的故事，并被直接记入文献。

文献左栏是学习型历史专家所做的分析和评论，学习型历史专家是一个小组，包括训练有素的外部专家和知识渊博的内部人士。通过耗时漫长的访谈，小组提炼出右栏的故事，并在这个过程中完成左栏内容的文本。在左栏内容中，专家们试图指出文献中反复出现的主题，提出有关其假设和含义的问题，并揭示出隐藏在右栏叙述中"不可讨论的"问题。

（一）知识获取的工具

1. 知识地图

组织内的知识财富通常是隐藏的，知识地图可对知识资产的内容及拥有者信息提供一个清晰的了解路径，扮演类似"快照"的角色。知识地图的概念最早是由英国著名情报学家贝特拉姆·克劳德·布鲁克斯（Bertram Claude Brooks）提出的。他提出的知识地图的概念主要是指人类的客观知识，他认为人类的知识结构可以绘制成以各个单元概念为节点的学科认识图。在企业知识管理中，知识地图有它特定的含义，是一种知识库管理系统技术（DBMS）与互联网技术相结合的新型知识管理技术。

知识地图的主要功能有三个方面：①揭示知识的存储地。知识地图是一个向导，这是知识地图和其他一些工具如CASE，数据库，群件和BPR等软件的一个最大的不同之处。知识地图不是具体的知识，而是关于知识的来源的知识。②揭示知识之间的关系。知识地图不仅仅要揭示知识的存储地，通常也要揭示知识之间的关系。知识地图在试图揭示知识之间的关系时，往往会发现以往所没有发现的某些知识之间的新的关系，从而产生新的知识。③实现知识的共享。知识地图的最终目的是帮助企业员工实现知识的共享。知识地图之所以要尽量完整地揭示企业的知识源，就是要使使用者在需要知识时，能够很有效地找到它们，不管这些知识是以什么形式存在的，是显性的还是隐性的。这样做的最终目的是使企业已有的知识能够被所需要的人找到，实现企业知识资源的充分共享，最大限度地发挥企业知识资本的作用。

2. 知识图谱

知识图谱与知识地图之间存在着一定的联系，它们都是用信息可视化的手段对各种知识资源、知识载体、人员及其相互间的联系进行组织，但它们的应用领域侧重点及采用的技术各不相同，知识图谱用于揭示学科或领域研究热点和知识演进趋势，揭示科学研究的社会网络关系，知识地图则是通过统一的界面帮助读者准确快速地获取所需知识。

知识图谱是知识管理中数据挖掘和知识发现的有效手段，知识图谱将数据挖掘和知识发现的有关方法和模式移植到文献信息之间的共引、共现关系上，采用关联、序列、聚类、分类等方法进行深层次的分析，发挥它能够从大量的、不完全的、模糊的、随机的、事先未知的数据中自动、有效、智能地提取隐含于其中的有用信息和知识的优势。科学发展的继承性可以从引证关系上体现出来，通过对引证关系的挖掘分析，发现科学理论和方法的历史演变过程；用共现、共引、耦合关系按年代分布所构成的历史图和网状关系进行研究，揭示学科结构特点、研究热点、发展源流、专业相关程度以及突破性成就、未来发展方向等。

（二）知识分享的工具

1. 维基百科

2001年，维基百科在美国诞生。截至2020年1月，维基百科共有301个独立运作的语言版本，超过4 900万词条，是Alexa公布的全球最流行网站的第10名。

"维基百科（Wikipedia）"一词源自"wiki"和"encyclopedia"的合成改写。"encyclopedia"的意思是百科全书，而"wiki"则是一种超文本系统，提供了可以被访问者随时修改的网页，是维基百科得以实现的技术前提。维基百科的开放式编辑模式，为同一个词条的编写提供了一个互动交流的平台，从而使得作者和读者之间无法沟通的界限消失了。维基百科颠覆了人们长期以来信奉的专家与新手之间的依赖与被依赖关系。维基百科提供的开放式匿名编辑模式，恰好与现代强调从专家到新手的自上而下的知识传播方向相反，更多地强调从新手到专家的自下而上的知识互动过程。当词条编写者出现了对词条内容的理解偏差，乃至出现恶意捣乱的情形时，后继修改者的集体智慧和管理条例起到了纠错的作用。这种集思广益的全球脑式的编辑模式，是当代互联网技术下特有的。

2. 社交网络

随着互联网的发展，越来越多的企业利用交互技术来进行日常运营活动。交互技术常被引申为社交网络。社交网络起源于互联网中各类提供"社交"的应用，电子邮件被看作早期互联网环境下应用最为广泛的社交工具；论坛的出现，将电子邮件"点对点"的信息交流升级至"点对面"；博客、微博等应用的不断推进，除了提升了信息传递与交流的效率之外，更加突出了"人"的特点与个性。

从计算机按照通信协议连接在一起而形成的互联网，到基于人际关系而形成的社交网络，"网络"的参与主体发生了根本性变化。从早先突出强调底层的、冷冰冰的"硬件"，到现在一个个鲜活生动的"人"，社交网络或是一种全新的互联网应用，或是一种革命性的信息交流方式，或是一种颠覆性的商业模式，然而它更是将网络虚拟世界与人类现实世界相融合的强有力助推器。社交网络利用移动与网络技术，为个体与群体提供高度互动的平台，分享、共建、讨论与改进用户产生的内容，包括博客、虚拟社区、社交网站、微信、BBS、微博等。社交网络能在不同的信息生态环境中，促进个体、组织内及组织间的知识合作。

（三）知识存储的工具

1. 数据库

数据库是存储来自大量数据源的海量信息的大型物理数据库。数据库需要保持数据的中立性，从而满足分析工具的使用要求。数据库可以存储各种格式的数据，包括当前详细数据、早期详细数据、简要概括数据、高度概括数据以及元数据。关系数据库管理系统（Relational Database Management System，RDBMS）被广泛运用于存储、处理和查询大型数据集的各种数据库。几乎所有的大型组织都使用它们进行工资、销售和绩效管理。

2. 云存储

云存储是在云计算概念上延伸和发展出来的一种新型存储方式，即将互联网中不同类型的存储设备联系起来一同工作，主要应用于海量数据的存储。随着分布式计算和在线存储技术的发展，信息资源不断增加，计算的数据急剧增加，需要配置海量的存储设备。云存储技术的出现解决了大量数据如何高效存储的问题。由于廉价、快捷、方便等特点，云存储得到了快速发展。2006年3月，亚马逊推出的简易存储服务产品正式开启了云存储服务之路。2011年谷歌推出了云存储服务 Cloud Storage。在过去的十年里，我国也出现了较多热门云存储服务平台，如 360 云盘、百度云盘等。

三、企业知识管理系统

知识管理正在逐渐受到越来越多的重视，企业不断推出各种知识管理方案，如 IBM 和微软这样著名的公司，不仅其自身在参与知识管理的实践，还将知识管理作为技术和产品开发的重要方向。微软构建了世界最大的知识群落组，这些知识群落的范围广泛覆盖从技术到市场的一切知识领域。同时，为了促使这些知识群落的有效运作，微软还在人力资源配置上制定了一系列的保证，诸如要求知识群落的负责人必须是专职的，知识群落的专项专家与群落会员的比例要维持在一定合理的比例。IBM 践行与企业的战略相结合、基于系统协作的知识管理，从"需求分析"模块、"专家网络"解决方案到"推动式"知识，力求把知识整合起来，使其实现更大的价值。

知识管理系统（Knowledge Management System，KMS）指的是一系列应用于管理组织知识的信息系统。它们是一种建立在 IT 系统之上，用来支持和强化组织中知识创造、存储、转移和应用过程的系统。一般企业常用的系统包括文档管理系统、决策支持系统、工作流管理系统等。

（一）文档管理系统

文档管理系统（File Management System，FMS）是知识管理系统的重要组成部分。企业内部存在大量的文件、档案，其中蕴涵了大量的企业特有的知识财产，文档管理系统就是帮助企业对这些知识资源进行明晰化、系统化的管理，让所有人都能快速而方便地访问到或学习到所需要的信息和知识，使知识能够得到高效的共享利用。从结构上看，文档管理系统一般分为三层：一是数据层，用于存放文档的所有信息；二是中间层，提供文档管理系统的各项基本功能；三是用户层。

企业在选择文档管理系统时，需对其基本功能进行考察。一般而言，文档管理系统功能分为四大模块：文档管理、用户管理、权限管理和系统管理。其中，文档管理的主要功能是各种格式电子文档的上传、下载、修改、分类、查询、检索、比对等，其中检索是核心功能；用户管理是指管理不同的用户信息，设置不同级别的用户查询下载不同级别的文档；权限管理是指管理不同用户的级别及操作权限，创建和维护工作人员的组织和角色，人员具有一个或多个角色，保证系统文档的安全性；系统管理是指对用户的个人中心的创建及维护，用户可收藏、创建笔记和书签、留下足迹等，对系统数据进行备份，并自动监控系统运行状态。

（二）决策支持系统

决策支持是在管理科学和运筹学的基础上发展起来的，在于运用模型辅助决策，早期是单模型决策，随着时代的发展，需要解决的问题越来越复杂，决策所需建立的模型也越来越多，无法单纯地依靠人力来解决模型的联合与协调。计算机技术发展起来后，可以实现由计算机自动组织的多模型协调运行和对数据库、模型库进行高效管理，大大提高了辅助决策能力，同时促进了决策支持系统（Decision Support System，DSS）的形成和发展。在新兴的研究领域，如人工智能、各种分布式技术、数据仓库和数据挖掘、联机分析处理等技术发展起来后，迅速与 DSS 相结合，形成智能决策支持系统（IDSS），分布式决策支持系统（DDSS），基于数据仓库、联机分析处理与数据挖掘的决策支持系统，群/组织决策支持系统（GDSS/ODSS）和智能、交互式、集成化的决策支持系统（IDSS）等。

DSS 系统目前在各行各业已经被广泛运用，例如，在医疗行业，临床决策支持已经成为电子病历系统要求的核心部分，到 2020 年，预计所有三级医院要全信息共享，并且具备决策支持功能。在制造行业，决策支持系统可用于提升企业的柔性制造能力，增强企业竞争力。2017 年，西门子研发生产决策支持系统，打造基于工业云的"透明工厂"，融合了数据采集智能网关、语义 Web 技术、OPC UA 和 PROFINET 通信等物联网技术，用以解决生产制造中的异构数据整合和工业级数据传输两大难题，实现对人、机、料等各环节的透明化描述和追踪，避免因物料内部运输错误或丢失造成的经济损失，并大大提升了生产设备综合利用率。

（三）工作流管理系统

企业工作流所要解决的主要问题在于，使在多个参与者之间按照某种预定义的规则传递文档、信息或任务的过程自动进行，从而实现某个预期的业务目标，或者是促使此目标的实现。工作流管理系统（Work Flow Management System，WFMS）是一个软件系统，它完成工作流的定义和管理，并按照在计算机中预先定义好的工作流逻辑推进工作流顺利执行。工作流管理系统不是企业的业务系统，而是为企业的业务系统的运行提供了一个软件的支撑环境。

根据所实现的业务过程，工作流管理系统可分为四类：①管理型工作流。在这类工作流中活动可以预定义并且有一套简单的任务协调规则，例如，大学里的课程选修、完成论文后的学位申请等。②设定型工作流。这种工作流与管理型工作流相似，但一般用来处理异常或发生机会比较小的情况，有时甚至是只出现一次的情况，这与参与的用户有关。③协作型工作流。这种工作流参与者和协作的次数较多。在一个步骤上可能反复发生几次直到得到某种结果，甚至可能返回前一阶段。④生产型工作流。生产型工作流是指实现重要的业务过程的工作流，特别是与业务组织的功能直接相关的工作流。与管理型工作流相比，生产型工作流一般应用在大规模、复杂的和异构的环境下，整个过程会涉及许多人员和不同的组织。

第三节　组织中的知识创造

知识管理的最终目的是知识创造，而随着社会分工的细化和技术门槛的提高、产权保护的严格，真正有价值的知识创造很难由个人完成。知识管理很大程度上就是利用集体的力量来提供创新能力，组织中的知识创造可以说是知识管理的核心。

历史学家尤瓦尔·赫拉利（Yuval Noah Harari）在《知识的错觉》一书中写道："与数百万年来不思进取的蜂巢不同，我们共同追寻的志业变得愈加复杂，我们共享的智慧也越强大。"随着互联网为代表的信息技术的迅速发展，创新越来越依赖于更宽泛的基于知识管理的合作和生态体系，所以这种组织中的知识创造本身就在创新中拓宽着其边界。

一、知识工作者及其组织体系

1959年，德鲁克在《明日地标》一书中首次提出知识工作者的概念。其含义是指"把自己从学校学到的知识而非体力或体能投入工作，从而得到工资的人。"德鲁克还认为"在新社会真正支配性的资源、绝对决定性的生产要素，既不是资本、土地，也不是劳动力，而是知识。在后资本主义社会中，社会主导阶级不是资本家，而是知识工作者与服务工作者。"德鲁克的这些预言已经成为现实，知识工作者及其知识创造成为组织竞争的核心内容之一。

（一）知识工作者的特点

1. 专业性

成为知识工作者不但需要有相当程度的、规范的专业教育和训练，还需要在实践中不断提升个人专业技能和工作效能，如程序员、教师、律师、会计师、医生、投资分析师等。并且，随着社会分工更加细化以及知识工作本身加速发展、更新，知识工作者越来越多样化，如物联网安装调试员、算法工程师、数字化管理师等。

2. 流动性

在以知识和知识工作为特征的新兴社会，知识工作者的话语权和选择权较传统工作者大为增加。而且，知识工作者通过不断获取关键知识资源和学习，大大拓宽了向上流动的机会。这种流动性拓宽了知识工作者的竞争和发展空间。

3. 自主性

与体力工作等传统的工作不同，作为知识的拥有者和创造者，知识工作者自己就是生产资料，有较强的独立意识和自我管理能力。知识工作者在通过持续学习和知识创造中获得向上发展机会的同时，也获得了内在的自我激励和自主性。

4. 复杂性

知识工作者的工作主要以脑力为主，比一般的劳动更难以观测、控制和评价。在团队合作中，个人贡献的评价和激励机制的设计也更为复杂。较之传统工作方式，知识工作者的知识创造活动更加具有不确定性，企业对知识工作者的耐心和给予的弹性也更大。

5. 持续性

知识工作者需要对其生产工具——"知识"进行持续投资。在知识社会，"教育"将成为中心，而"学校"会成为关键机构。掌握和运作知识的组织雇员在教育培训等方面的投资已经大大超过了传统的制造工人，并推动知识工作者"终身学习"。

（二）知识工作者的激励

组织与知识工作者的关系不仅仅是雇佣关系，更是合作关系，企业不可忽视他们也是企业核心竞争力和价值的主要源泉。玛汉·坦姆仆（Mahen Tampoe）在《激励知识工作者》一书中，将知识工作者的激励因素分为四类：①个人成长，即组织使知识工作者认识到个人能够提升和发挥自己潜力的机会。②工作自主，建立一种工作环境，其间知识工作者能够在既定的战略方向和自我考评指标框架下，完成交给他们的各项任务。③业务成就，指完成的工作业绩达到一种足以令个人自豪的水准和质量水平。④金钱财富，指获得一份与自己贡献相称的报酬，并使雇员能够分享自己所创造的财富。这种奖励制度要适合公司的发展，又与个人的业绩挂钩。

（三）知识工作者的组织体系

在知识社会和知识型组织里，每一个工作者在某种程度上，都既是知识工作者，也是管理者。而且，"知识现在有了网络的属性"，所以，时代对知识工作者的组织体系有了新的要求，该组织体系由若干有知识管理职责的人员构成，主要有三类：首席知识官、知识经理和知识员工。

1. 首席知识官

首席知识官是"组织中全面负责知识管理的领导者，主要职责包括：阐明组织的知识管理愿景，领导知识管理项目的持续实施，对知识的创新、共享和应用负责"。首席知识官需要致力于组织内学习与知识发展的文化，对企业内部知识分享、学习培训、知识转换及知识创造负全责，并着力改变知识管理工作难以量化的问题，建立知识管理基础结构，最终促进推动知识创造和创新。国际著名知识管理权威汤姆·达文波特（Tom Davenport）将首席知识官的关键责任概括为：创建知识管理基础设施，培育知识导向型文化，并使上述两项产生效益。

2. 知识经理

知识经理又称知识主管，主要任务是筹划企业知识管理项目，解决知识管理的组织和实施问题。知识经理一般要执行以下管理职能：确定知识项目研究目标；组织和管理知识项目小组，研究和确定客户需求，推出合意的知识产品；管理和控制项目预算和进度；确认和解决项目问题等。正如知识管理大师野中郁次郎强调的，"中层管理人员是知识创新企业中真正的'知识工程师'"。知识经理可由专人担任，也可由部门经理或项目经理兼任，配合首席知识官的工作。

3. 知识员工

任何组织的知识管理首先是从个人开始的。知识员工是企业知识获取、分享、创造的主要力量，是从事知识管理的具体工作者，大量的隐性知识以工作经验等形式积累在他们身上，需要组织来激发、转化。IBM 注重知识管理的全员参与，最先利用"即兴大讨论"这一形式，鼓励全员集中时间讨论企业面临的核心业务挑战。这种讨论为企业创造了全新的业务。

二、组织变革与知识创造

（一）知识管理的组织变革

德鲁克认为，"后资本主义社会在经济方面的挑战，一定是知识工作与知识工作者生产力的问题"。所以,传统科层制的组织形式在知识管理上的核心弊端就凸显出来,那就是思考与行动分离的特点,这限制了知识工作者的参与感、创新精神的发展,也不利于他们的自我管理和个人职业发展,最终束缚了知识工作与知识工作者的生产力和知识创造。而且,网络催生出的复杂的、多项的互动意味着专家网络可以比其所有者的总和更为智慧。所以,知识管理的组织变革就是回应和解决以上问题的结果,大体可分为三个阶段:知识型组织、学习型组织、知识创造型组织。

(二)知识型组织

1. 知识型组织的理论基础

"知识型组织"一词最早由"世界知识管理之父"卡尔·爱瑞克·斯威比(Karl-Erik Sveiby)博士于1986年在《新组织财富——管理与度量以知识为基础的资产》一书中提出,他发现"知识型组织"有一个共同特点,即在战略上都涉及如何在人类所拥有的知识与诀窍的基础上建立持久性组织。

2. 知识型组织的特点

扁平化。扁平化就是精简中间管理层,把层次众多的等级结构压平,从而建立一种紧凑、干练的组织结构。这样可以避免传统科层制在内部知识传播上的弊病,提高组织知识共享的水平。

弹性化。随着网络技术带来的巨大变化,当代组织理论越来越强调现代企业组织结构应具有弹性,以适应企业内外环境的急剧变化。例如项目制这种富有弹性化的动态团队组织结构有利于实现创新,而且也便于来自企业外部的专家、顾问等参与。

柔性化。柔性化是与刚性化相对应的,柔性化组织要根本改变由企业领导驾驭企业员工的思想观念,真正发挥广大员工无穷的创造能力。典型的柔性化组织有三个主要特点:一是职务界限模糊;二是集体决策参与管理;三是上下左右进行良好的意见交流。

网络化。网络是人与人之间互相联系的沟通途径,网络化结构以比其他现有的组织速度更快、更富有情感、更节省能源的方式沟通信息。另外,通过网络化组织,企业也可以与外部建立知识联盟,尽可能地吸收各种知识,并使之与本企业的知识相结合,增强自身的竞争力。

虚拟化。网络技术的发展为企业组织虚拟化创造了有利条件。通过计算机网络,人们可以与工作设备、设计工具、软件连接起来,即使它们处于不同的地点、属于不同的所有者,也可以密切地合作。虚拟化可以实现与其他企业的信息共享，加强信息和知识在组织内、外部的交流。

通用汽车公司与微软公司分别是传统制造型企业与知识型企业的代表，通过表 7-2 中两个公司在多个方面的对比，可以更好地理解上述特点。

表 7-2　通用汽车公司与微软公司的简要比较

通用汽车（传统型组织）	微软公司（知识型组织）
通用公司拥有遍及世界的、数量惊人的工厂、资产和设备	微软拥有一些主要集中在美国雷德蒙德（Redmond）的建筑物，在这些建筑物内拥有许多办公室和计算机
信息从世界各地流向底特律，操作指令又从底特律流向各个工厂	信息流向各个方面，很少发出指令，大多数决策由个人或小组讨论而定
大多数设备是工人加工原材料和进行维修的工具	员工利用计算机来完成他们的各项工作
大多数工人重复生产某个元件，用来装配某种产品	除偶尔需要在计算机旁打字外，员工主要从事创造性思维活动
企业主要生产途径是利用已有的设备和工厂	生产主要靠员工的创造性思维来完成
主要通过建立和拥有更多的工厂和设备来促进企业的发展	主要通过产生新的创造性思维即知识来促进企业的发展
产品生产是为了保证存货，产品一经生产出来，即使为最终用户也丝毫不能改变	根据需求生产企业最终产品，产品在设计上能够根据用户的需求做适当的调整，在某种程度上，能够熟悉用户怎样利用与采纳这些产品

（资料来源：韩经纶，《知识管理》，南开大学出版社，2006 年，第 33 页）

3. 全球最受赞赏的知识型企业（Globel MAKE）

1998 年，由美国 Teleos 和 KNOW Network 开始共同主办的"全球最受赞赏知识型企业"评选活动，为实施知识管理、建设知识型组织提供了一个可供借鉴的标准，其主要的八项指标如表 7-3 所示，这八项指标既是区分优秀企业的标尺，也是企业学习和建设知识型企业的方向。表 7-3 统计了 2008—2017 年 10 年间 Globel MAKE 奖获奖企业的原因频次，频次最多的是"营造学习型组织结构"和"开发和销售知识型产品、服务和解决方案"。

表 7-3　2008—2017 年 Global MAKE 奖获奖企业原因频次统计

指标	2008 年	2009 年	2010 年	2011 年	2012 年	2013 年	2014 年	2015 年	2016 年	2017 年	Total
营造知识驱动的企业文化	2	2	4	3	4	2	2	3	2	3	27
高级管理者帮助培养知识工作者	6	3	5	3	3	3	2	2	4	2	33

(续)

指标	2008年	2009年	2010年	2011年	2012年	2013年	2014年	2015年	2016年	2017年	Total
开发和销售知识型产品、服务和解决方案	6	4	4	3	3	3	4	4	4	3	38
企业智力资本最大化	5	3	4	2	3	3	2	4	4	4	34
营造协作性企业知识共享环境	2	4	6	3	2	4	4	3	3	2	33
营造学习型组织结构	4	4	4	6	3	2	4	4	5	4	40
传递/创造以客户知识为基础的价值	8	3	2	5	3	3	3	2	1	2	32
将企业知识转化为股东价值或利益相关者价值	4	6	2	3	5	4	2	3	2	4	35

（三）学习型组织

学习型组织在20世纪90年代得到很大发展，其代表人物彼得·圣吉（Peter M. Senge）将组织看成是人们思考、互动的产物，并将学习型组织定义为"持续开发创造未来能力的组织。"他在《第五项修炼》一书中强调，大多数组织机构在学习方面很糟糕，存在多种学习障碍，并提出"学习型组织的五项修炼，能够成为医治这些学习障碍的良方。"

1. 自我超越

自我超越被认为是按照坚持、耐心的原则，根据个人愿景的召唤，不断为创造自己真心追求的生命成果而扩展自己的能力。个人的自我超越的修炼是学习型组织的基础。学习型组织的精神，出自组织中的个人对不断学习的追求。

2. 心智模式

心智模式是人们反映内心世界的能力。随着世界的变化，人们的心智模式和现实之间的差距就会逐渐加大，从而导致行动越来越达不到预期的效果。反思实践是心智模式修炼的精髓。

3. 共同愿景

共同愿景是一种由深刻难忘的影响力所产生的愿力，是根植于个人愿景和共同理想之上的长期承诺。学习型组织的共同愿景是学习实践的焦点，也是其动力来源。

4. 团队学习

团队学习是指一个单位的集体性学习，这种学习方式便于单位成员之间互相学习、互相交流、互相启发、共同进步。团队学习是发展团体成员整体搭配与实现共同目标能力的过程。团队学习对组织与个体来说是双赢的选择，也是双赢的结果。团队学习包括深度会谈和商讨，能提升团队成员的沟通、对话和讨论能力。

5. 系统思考

系统思考是观察复杂局面背后"结构"的修炼，是一种分析综合系统内外反馈信息、非线性特征和时滞影响的整体动态思考方法。系统思考将前四项修炼熔合为一个理论与实践的统一体，是五项修炼的核心，即"第五项修炼"。它克服了传统管理方法理解复杂、动态系统方面的主要缺陷。

就如何建立学习型组织，哈佛商学院的戴维·加文（David Garvin）教授提出了五个主要方面：①系统地解决问题。其要点是在问题的调查方面主要依靠PDCA循环等科学方法，在制定决策时坚持以事实资料而非假定条件为基础，并利用统计工具来组织资料，推出结论。②实验。"实验本质上是系统地探寻知识和试用新的知识。各种实验和问题的解决，都在推动着组织的学习向更高的层次前进，知识所处的阶段也将由低向高不断发展。"③从过去的经验中学习。对过去的成功或者失败的教训进行系统的评价，并提炼出改进和优化的意见，是重要的学习过程，也是团队进行知识创造的重要方法，即桑特亚那回顾。④从他人处学习。他山之石，可以攻玉，知识并非总是来源于组织内部，对外部知识、思想的借鉴同样是知识创造的重要来源。典型的方法是标杆管理，其中本节第四部分介绍的"最佳实践"就是标杆管理在知识管理中的具体应用。⑤传递知识。建设学习型组织必须使知识能够在组织内迅速高效传播。除了传统的报告、考察、培训等方式，还应采取实地演示、人员轮岗等方式，并建立专项奖金等传递知识的激励机制。

（四）知识创造型组织

野中郁次郎在1991年提出了知识创造型公司的概念，即通过知识创造获得持续创新的公司，以及闻名世界的知识螺旋理论。该理论将企业知识划分为隐性知识和显性知识两类,并认为知识创造的核心是挖掘和促进隐性知识的共享,强调最有效的信息来自直接的经验。

所谓隐性知识包括信仰、隐喻、直觉、思维模式和所谓的"诀窍";而显性知识则可以用规范化和系统化的语言进行传播,又称为可文本化的知识。当显性知识和隐性知识之间相互作用,并从相对较低层次向更高层次动态扩张,产生新的知识创造的时候,螺旋运动便应运而生。这个过程源自个人,并随着组织范围的扩大,从小组、项目、事业部到更大的组织边界,不断扩张和向前推动。

阅读材料 7-2

腾讯的 Support 产品交流平台与大数据下的反馈机制

为了解答用户体验的一个终极问题"用户到底需要什么",腾讯专门建了一个秘密武器:Support 产品交流平台。Support 产品交流平台是一个海量用户与产品经理直接交流与沟通的平台,产品经理通过每天浏览自己的产品交流版面,来获取用户的需求与想法。通过"我要说一下",让用户自己来说。

腾讯甚至把每个产品线上的用户体验人员,全部拎出来成立了一个公司级的部分——用户体验与研究部,从战略性的高度来建设,刚开始是十几个人,后来达到近百人的规模。每一款产品,腾讯都专门提供官方博客、产品论坛等反馈区。

在成为用户最多的互联网公司后,腾讯所掌握的用户数据量日益丰富,挖掘这些数据成为腾讯后来在多元化业务拓展时屡试不爽的重武器。数据挖掘的更深层次部分是腾讯在互联网数据中心上的积累,例如高速上传、大容量邮件传输的后台及基础技术支持。2007 年,腾讯成立了腾讯研究院,研究院有六大研究方向,其中,通过数据挖掘发现用户的反馈与需求正是其中之一。

(资料来源:吴晓波,《腾讯传》,浙江大学出版社,第 229 页)

三、组织中的知识创造活动

(一)知识创造活动

知识创造活动是在企业现有知识资源基础上开发、导出、生产新知识的过程。知识创造既是知识管理的核心活动,也是企业获取或培育核心竞争力的主要方式。知识创造活动主要分为三大类:知识发现、知识推导、知识转化。表 7-4 较为详细地讲解了知识创造活动,下文将详细介绍知识转化的基本模式。

表 7-4 知识创造活动的分类

分　类	具体的知识创造活动
知识发现	制定战略；建立知识资产战略与战术来支持商业战略；开发新产品和流程；数据挖掘；文本挖掘；通过参与实践社区创造新知识；在工作中通过相互作用与即席创作来创建知识；发表创造性意见；发现某种方式；形成创造性见解；从创新与观察信息的新方式中创造新知识；进行意会；授权知识内容；从教训中创建知识；把供应商和客户召集起来以便帮助设计现有产品的未来款式；个体通过学习和与其他人之间的交流产生创新构思
知识推导	利用经验改进使用中的流程；利用过程分析改进流程；构建某种软件程序；提出某种预见；提供有助于决策的正确信息；培育思想库并提供对思想库的访问以便他人能够利用它们；了解复杂背景的特征、如何理解这种特征和如何把它传递给其他人进行意会；在资源库中建立知识对象；通过添加关联把知识编码成知识对象；通过删除关联使局部知识变成边界对象；从教训中创建知识，丰富明晰知识，建立知识原型
知识转化	社会化，外部化，组合化，内部化

（资料来源：盛小平. 基于知识管理的企业核心竞争力研究［R］. 北京：北京大学博士后研究工作报告. 2007：168-169.）

（二）知识转化的四种基本模式

在企业创新活动的过程中隐性知识和显性知识两者之间互相作用、互相转化，知识转化的过程实际上就是知识创造的过程。知识转化有四种基本模式：社会化（Socialization）、外部化（Externalization）、组合化（Combination）和内部化（Internalization），即 SECI 模型。

1. 社会化

社会化是指隐性知识在员工之间传递，从隐性知识到新的隐性知识。这些知识没有线性化，因此不能被整个组织使用。其具体模式如学徒模式、权威模式和伙伴模式。

2. 外部化

外部化是指将隐性知识转化为显性知识。在这个环节中产生了新知识，并且以显性的形式在组织中分享。可划分为总结模式、专家模式、惯例模式和文件模式（技术、管理规范等）。

3. 组合化

组合化是指将分散的、个人的显性知识整合起来，把显性知识转化为更加复杂和系统的显性知识。显性知识的转移并没有增加组织的知识总量。主要包括辅导模式和咨询模式。

4. 内部化

内部化是指让个人能够扩展他们的知识,并在将显性知识转化为隐性知识的过程中创造知识。内部化方法包括阅读、聆听等学习方式和体验、观察、实践、"干中学"等方式。常见的模式有培训模式和同化模式。

在野中郁次郎和竹内弘高的《知识创造的螺旋》一书中,作者介绍了知识创造型公司创造新知识的四个环节及其转化关系(见图7-6),概括了隐性知识和显性知识的转化过程。隐性知识的传递是社会化过程,隐性知识转化为显性知识是外部化过程,而显性知识通过组合化转化为更复杂和系统的显性知识,而显性知识通过内部化的方式再次转化为隐性知识。

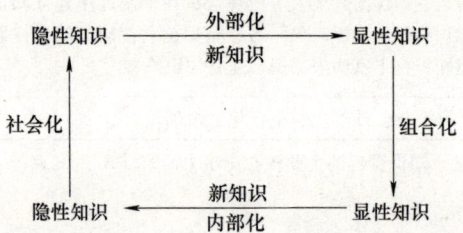

图7-6 知识创造型公司创造新知识的四个环节及其转化关系

(资料来源:野中郁次郎、竹内弘高,《知识创造的螺旋》,知识产权出版社,2006年)

(三)知识创新的五个要素

在组织的知识创新过程中,组织的作用是提供适当的场所以利于个人知识的创造与积累。野中郁次郎总结出促进组织中的知识创新的五个要素。

1. 意图(Intention)

意图即组织对其目标的渴望,为了创造知识,组织应该首先制定出组织的意图,并向员工阐明这种意图。组织的意图是知识螺旋的驱动因素。

2. 自我管理(Autonumy)

任何组织管理的知识创造首先源自个人的知识创造。只要条件允许,就应该让组织的所有成员自主行动,让个人实现自我激励,从而提高创造知识的可能性。

3. 波动(Fluctuation)与创造型混沌(Creative Chaos)

波动与创造型混沌能够促进组织与外部环境的互动。如果组织对环境中各种信号采取开放态度,他们可以利用信息的模糊、冗余和噪声对自身知识进行完善。

4. 冗余（Redundancy）

冗余是指组织成员在工作中并非马上需要的信息。在组织内进行知识创造可以促进隐性知识的开发，信息的冗余有加速创造知识过程的作用。冗余之所以重要，还在于它鼓励频繁的对话和交流，以利于知识的转移。

5. 必要多样化法则（The Law of Necessary Diversification）

如果组织要迎接环境带来的各种挑战，其内部多样性必须与环境的多样性和复杂性相适应。组织提高必要多样性的途径可以是利用不同的信息联结方式敏捷地对信息进行综合处理，以及在整个组织内部提高获取信息的能力。

四、组织中的知识创造策略

（一）师徒制

师徒制是较为传统的知识创造方式，由资深员工对新员工定向、跟踪指导和培养，并在实践中互动。这种组织策略在隐性知识的传递和共享方面尤其有效。例如，麦肯锡的文化鼓励各层级的员工在该公司内部找到自己的导师。这些导师通常会无私地提供职业发展方面的辅导和忠告。如果找不到导师，公司也会帮忙介绍，甚至安排"相亲"。

（二）最佳实践

最佳实践源自标杆管理，是以已有的成功案例为模板，从中提炼出管理方法的精华，作为标准落实到企业的实践中去。这是获得外部观察视角的途径。基于知识创造的企业最佳实践可以分为四个阶段：①最佳实践案例收集；②最佳实践知识提炼；③最佳实践知识管理的系统实现；④最佳实践推广应用。

（三）虚拟组织

1991年，以肯尼斯·普瑞（Kenneth Preiss）为首的一批美国学者向美国国会提交的《21世纪制造企业战略》的报告中首次提出了"虚拟组织"的概念。1993年，约翰·拜恩（John A. Byrne）在美国《商业周刊》的封面报道中对于虚拟组织给出了如下定义：为了追求最大的适应度，虚拟组织是多个企业快速形成的、暂时的公司联盟，它是一种新的组织形式，运用技术手段把人员、资产、创意动态地联系在一起。虚拟组织包括单体组织的虚拟化和组织间关系的虚拟化。

（四）实践社群

实践社群这一概念由人类学家让·莱夫（Jean Lave）和埃蒂纳·温格（Etienne Wenger）在研究师徒制学习模型时提出，指有特别专长或工作的群体成员，为了使工作更有效率或对工作有更深的理解，在进行广泛交流和相互帮助的过程中，形成对兴趣和目标的共同体感知，以及具有分享与工作相关的知识和经验的共同体愿望，由此而形成的一种特殊的建立在工作和实践基础之上的非正式网络组织。

实践社群之所以重要，主要在于解决两个问题：一是人类所掌握的大部分知识是以隐性知识的形式存在的，而信息技术方法只在能够被描述、编码的显性知识上有优势；二是知识并不是一种有形的物质，所以公司不能像对其他存货那样的知识进行简单管理。

（五）知识联盟

知识联盟就是指企业在实现创新战略目标的过程中，为分享知识资本、促进知识流动和创造新知识，与其他企业、大学和科研院所之间通过各种契约或股权而结成的优势互补、风险共担的有机组织。

在组织的知识创造过程中，众多企业不但在内部推动知识管理，也在外部寻求以技术开发和研究成果共享为特征的知识管理合作。例如 IBM 与三菱在办公自动设备领域的联合，丰田与通用汽车在数据管理信息方面的合作。知识流动是知识联盟的核心，知识联盟主要是通过知识要素的流动来实现各方面核心能力的连接与融合，在交互学习中提高各自的创新能力，并将知识转化为市场价值。

总之，随着人机系统共同体的不断演进，"技术的巨大进步不在于制造拥有非凡马力的机器；相反，它们会通过空前巨大的知识共同体使信息交流更顺畅，合作更容易。"

【要点回顾】

知识管理活动的战略目标是增加智力资本和提升组织绩效，从人力资源管理视角促进个人、团队、组织的学习，并将其融入不同的学习过程。传统的知识管理技术有 Wiki 技术、RSS 技术、语义 Web 技术等，智能化的知识管理技术包括人工智能和大数据。知识获取的工具有知识地图和知识图谱等，知识分享的工具包括维基百科和社交网络等，知识存储的工具包括数据库和云存储等。一般企业常用的知识管理系统包括文档管理系统、决策支持系统、工作流管理系统等。

组织中的知识工作者主要有三类：首席知识官、知识经理、知识员工。知识型组织具有扁平化、网络化、虚拟化等特点，例如学习型组织。知识创造活动是在企业现有知识资源基础上开发、导出、生产新知识的过程，主要包括三类活动：知识发现、知识推导、知识转化。知识转化有社会化、外部化、组合化和内部化四种模式。

【复习题】

1. 下面哪一项不是知识型组织的特点？（   ）
   A. 弹性化　　　　　　　　　　B. 虚拟化
   C. 制度化　　　　　　　　　　D. 网络化
2. 学习型组织的五项修炼不包括以下哪项？（   ）
   A. 心智模式　　　　　　　　　B. 团队赛马
   C. 共同愿景　　　　　　　　　D. 系统思考
3. 文档管理系统功能包括四大模块，以下哪个不是其中之一？（   ）
   A. 文档管理　　　　　　　　　B. 系统管理
   C. 分类管理　　　　　　　　　D. 权限管理

第八章
创新思维和方法

【学习目标】

1. 了解打破常规的定义及创新者如何打破常规；
2. 熟悉创新者跨界交叉思考的几种方法；
3. 了解创新者如何系统思考。

【导入案例】

第一代 iPhone 诞生的故事

2005 年，苹果的音乐播放器 iPod 大获成功，当年卖出 2 000 万台，占到苹果营收的 45%。然而，这时候乔布斯却越发开始担忧 iPod 的成功会转瞬即逝。乔布斯敏锐地觉察到，手机可能会颠覆音乐播放器市场。当时手机已经开始配备摄像头，造成数码相机市场急剧萎缩。这时候，如果手机制造商开始内置音乐播放器，那么 iPod 的市场会迅速失去。

乔布斯希望进入陌生的手机市场。第一个策略是选择和摩托罗拉合作，在其畅销手机 RAZR 中内置 iPod，推出全新的 ROKR 手机。ROKR 的软硬件整合得很不成功，外观难看，只能容纳百首歌曲，这让追求极致的乔布斯感到愤怒。他注意到，手机市场的产品很混乱，充满种种"脑残"的设计。这让乔布斯意识到，有机会打造一款自己想用的手机。

从 iPod 到一台手机需要克服输入方法的挑战。当时人们并不知道在手机上应该用何种方式输入信息，和设备进行交互。手机能容纳的空间有限，单靠键盘、滚轮、手写笔等外部硬件设备能输入的信息非常有限。乔布斯逐渐意识到，用户最好的输入手段就是用手指触摸屏幕，这需要使用"多点触控"的技术，从而能够在同一时间内处理多个输入。乔布斯要求团队用六个月的时间做出一台样品，在同一时间同步开发滚轮手机。最终，滚轮模式始终难以解决简单的拨号方式，而多点触控面临着工程化的挑战。最终，乔布斯决定放手一搏，冒风险去争取更高的回报。同时，乔布斯决定彻底放弃物理键盘，而是用软件在手机上实现物理键盘的功能。乔布斯还花费了半年的时间不断迭代屏幕的显示，他把这个过程称之为"这是我所拥有的最复杂的乐趣"。乔布斯在乎各种复杂的功能能否以简单的方式让用户使用。

乔布斯非常喜欢在做产品时尝试不同的材料。在 iMac 和 iPod 上使用的阳极电镀铝板被选作新手机的金融材料，为此苹果专门在中国兴建了一家工厂进行生产。乔布斯认为，阳极电镀铝能够让产品完美起来。屏幕不再像 iPod 一样使用塑料屏幕，而是使用更加优雅实在的玻璃屏幕。由于使用多点触控，手机的玻璃屏幕需要耐划，乔布斯找到了著名玻璃制造商康宁公司的 CEO 威克斯。威克斯告诉乔布斯，康宁公司早在 20 世纪 60 年代就研发出一种非常耐划的"金刚玻璃"，但是找不到市场。这种玻璃通过离子交换反应在玻璃表面并产生一个压缩层。在乔布斯的坚持下，康宁公司在六个月的时间之内生产出了这种从未量产过的玻璃。

在手机项目快要达到尾声时，乔布斯要求外观设计推倒重来。最初的设计是把玻璃屏幕嵌入铝合金外壳，但是这会让整个设备过度男性化。虽然这时候项目已经进行了九个月，但乔布斯还是要求重新设计。最终，手机的正面完全是金刚玻璃，并在边缘和不锈钢边相接，手机的每个部件似乎都在为屏幕而服务。手机完全密封，不能打开和更换电池。

2007 年 1 月，iPhone 在旧金山 Macworld 大会发布。乔布斯亲自主持发布会，他表示 iPhone 将像早期的 Machitosh 计算机和 iPod 一样成为一款革命性产品。2007 年，iPhone 上市，到 2010 年年底，已经售出 9 000 万部。而在 iPhone 问世九周年的 2016 年，销量已经达到 10 亿部。iPhone 成为历史上最重要、最成功的产品之一，成为人们日常生活的一部分。

iPhone 的诞生和乔布斯的创新思维密切相关，既有打破常规、追求极致用户体验的执着；又有跨界联想、找到创新材料的发散；还有能够把不同的组件变成一个系统，让软件和硬件交互。在下面的内容中，我们将学习创新者是如何思考的。

问题：iPhone 发明的过程，体现了乔布斯的哪些创新思维？

（资料来源：改编自沃尔特·艾萨克森《乔布斯传》，管延圻，等译，中信出版社，2011）

创新者是否和常人有不同的思维方式？是否存在一些通用的流程，按照这些方法去做就能够取得创新的成果？心理学家米哈里·希斯赞特米哈伊（Mihaly Csikszentmihalyi, 2015）发现，跨不同领域，有一些通用的创新思维过程，这些过程包括以下几点：

- 准备期：开始有意识或无意识地沉浸在一系列有趣的、能唤起好奇心的问题中。这些问题主要来自个人经历、领域的要求和社会压力。
- 酝酿期：想法在潜意识中翻腾。
- 洞悉：也被称为"啊哈"时刻，创新者通过顿悟，获得对要解决问题的洞悉。
- 评价期：决定自己的洞悉是否有价值，是否值得继续研究下去。
- 精心制作阶段：把洞悉从创新变成一个完成的产品或解决方案。这个过程花费的时间最多，工作也最辛苦。

这些过程并不是按照步骤一步步走下去的，而是经过多次反复和循环。这是一个"烧脑"的过程。创意在创新者的头脑里汇聚、翻腾，最终被打磨成创新的成果。我们认为，在这个过程中，有三种思维对创新的成功起到了至关重要的作用。

（1）打破常规的思维。创新意味着拒绝接受默认选项，并选择去探索一种更好的选择。创新者首先需要有质疑精神，对某个已经被大众所接受的选择产生疑问。在准备期，质疑思维能够帮助创新者摆脱社会常规的束缚，开放性地探索新的挑战。

（2）跨界交义的思维。创新需要把各种看起来不相干的事情联系起来，提供不同的思路。在酝酿期，创新者需要探索各种可能性，经过在脑中的酝酿形成洞悉。

（3）系统整合的思维。和酝酿期的发散不同，在评价和精心制作的阶段，创新者缜密、系统地评价创意的价值，整合不同评价者的意见和各种外部资源，把创意变成现实。

第一节 打破常规

一、社会常规的形成原因

社会常规（Social Norm）是在群体中形成的共同标准，影响着群体成员对事物的感知和判断。在社会中存在种种既定的常规，大部分人对这些规范习以为常，遵守常规，并获得奖励和认可。少数"叛逆"的人，知道所有的常规都是人们所设计的，因此，也都是可以打破的。创新者会比大多数人想得更深，会去质疑常规存在的必要性。

从众（Conformity）是指个人的观念和行为由于群体直接或隐含的引导或压力而与多数人保持一致的倾向。人们在生活中会自觉或者不自觉地服从于社会群体的压力，而放弃自己的想法。例如参加某个小组讨论，当大多数人形成某种共同的观点时，即便你觉得这个观点是错的，你也未必愿意说出自己的想法，而是追随大多数人的意见。

社会心理学家所罗门·阿希（Solomon Asch）通过一系列经典的实验验证了人们存在强大的从众倾向。在实验中，心理学家让一位实验参加者和另外7～9人一起坐在桌边，这些人实际上是心理学家的助手。当心理学家让他们呈现3条长短不一的线段，让他们判断这条线段中的哪一条和另一幅画中的标准线段一样长。这个判断任务非常容易。但是，心理学家的助手们都一致地说出一个错误的答案时，大部分实验参加者会附和团体的观点，即便这个观点错得非常明显。这个实验揭示了人们在团体中的迷思。人们会自觉地服从于某种常规，害怕和别人变得不一样。而这种害怕阻碍了人们讲出真话，探索新知。

人们为什么会遵循社会常规？心理学家总结了三种原因：追求精确性（Accuracy）、追求归属感（Affiliation）和保持正面的自我形象（Maintaining Positive Self-concept）。

很多时候，人们不敢打破社会常规是因为觉得常规比我们更加正确。每个人在做出判断的时候都会找一个参照系，看看周围的人是怎样想的。如果自己的想法和周围人的想法不一致，就会觉得自己的想法可能是错的。例如，在电子商务领域，通常的看法是阿里巴巴和京东已经占据了市场的主导地位，不会再遭遇到强大的挑战者。这种认识是基于观察到身边的消费者仿佛都已经是京东和阿里巴巴的客户。在电子商务领域，从创业者和投资人逐渐都形成共识，阿里巴巴和京东是不可挑战的，它们掌握了庞大的流量资源、物流体系和供应商资源，一个创业者不可能从零开始挑战这两大巨头。但是拼多多发现了社交电商和市场下沉的机会，通过关系链的裂变快速崛起，挑战了"天猫京东不可挑战"的社会常规看法。创新者往往是孤独的，他们更加相信自己而非社会常规的判断，他们宁愿通过自己的尝试摸索找出正确的答案，而不会轻易把自己放置在一个轻松可以获得"正确"答案的社会参照系统里。

追求归属感是人类的本能，人们都不希望被孤立，希望成为社会群体的一分子。为此，有些时候人们需要放弃独立的思考和观点，服从于团队的规范。

社会常规对创新想法形成压力。郑渊洁讲述了一个《驯兔记》的童话。聪明、善良但不守规矩的皮皮鲁在老师眼中是一个调皮捣蛋的叛逆学生。与之相对比，李小曼是一个特别听老师话的好学生。某一天，李小曼突然变成了一只兔子，受到了老师和校长表扬，鼓励全校学生变成"努力听话"的兔子。在校方的鼓励下，全校同学都逐渐变成了兔子，老师和父母向皮皮鲁施加压力，但皮皮鲁无论如何都没法变成兔子。最后，皮皮鲁选择妥协和伪装，带上了兔子头罩。全班同学响起了热烈的掌声。虽然这仅仅是个童话，但是反映了不服从于社会常规的人受到的巨大孤立的压力。查热拉泼斯·迈尼米利斯（Charalampos Mainemelis，2007）指出，创新者会采取创新型叛逆（Creative Deviance）去反抗社会常规的压力，宁可冒着抵触管理权威也不停止坚持创新想法的探索。这种创新型叛逆很多时候都会失败，但一旦成功，就可能是颠覆性的。

　　保持正面的自我形象是遵循社会常规的第三重动力。每个人都有社会身份，心理学家把它们称之为社会认同（Social Identity），是一种对人们"属于"某个群体的感知和认同。社会身份满足了人们对身份和地位的需求。属于某个社会群体让我们觉得很骄傲。例如，供职于一家著名世界五百强公司，会让人们觉得自我形象也变得积极起来，周围人也会更加尊重自己。而创新者需要抗拒这种压力，他们往往不在意这些外在的身份地位，他们积极的自我形象不是外在的身份给予的，而是更多地来自自己的内心，有一套自己的评价标准。例如早年曾跟随李开复在谷歌工作过、现任阿里巴巴天猫和淘宝的总裁蒋凡，《李开复自传：世界因你不同》曾描述了毕业于复旦大学计算机系的蒋凡在进入谷歌的一段波折，虽然面试成绩非常优秀，但由于毕业成绩单平均分只有61分，有位美国工程师坚决反对录取。随后经过深入沟通发现，蒋凡并非成绩不好，而是在大学考试里有很多和他所喜爱的编程毫无关系的内容，这些课程上他只是"低空闪过"，并不浪费更多的时间和精力。高分的优等生所被认可的往往是对熟练事物或游戏规则的掌握，却不去打破规范创造新的游戏规则。创新者往往不是班上成绩最好的那个孩子，而是那个有自己内心主见，能够摆脱从众压力的孩子。

　　创新是通过不断打破既定社会的常规实现的。很多时候，常规本身的设计者也会被限于常规之中，不敢打破自己设定的框架，结果给了竞争对手崛起的机会。20世纪初，亨利·福特（Henry Ford）致力于通过流水线降低生产成本，在1908年推出了T型车。1921年，全美56%的汽车都是福特生产的。然而仅仅过了十多年，"消费者只需要一种汽车"的假设就被打破。消费者在都能开上一台便宜的汽车之后，希望汽车有更丰富的变化。通用汽车敏锐地觉察到市场的变化，打破常规，生产不同款式的汽车，成为新一代的汽车霸主。

二、从"为什么"开始打破常规

当人们很小的时候，对常规并没有形成定势的思维，而是充满好奇心，觉得任何东西都没有"一定的"之说。小孩子总会不停地问"为什么"。这些问题有时候让大人烦躁，但是有时候就能打破某个既定的常规，带来全新的思路。宝丽来（Polaroid）的拍立得相机，就是从一个三岁小女孩打破常规的提问中获得启发的。发明人爱德文·兰德（Edwin Land）的女儿，迫不及待地想要看到父亲刚拍的照片。父亲向小女孩解释，照片必须冲洗后才能看到。小女儿质疑说，为什么照片一定要等？受到小女孩的启发，父亲发明了拍照后可以立刻成像的宝丽来相机。孩子们对周围的世界总是充满好奇，不害怕问"为什么"，也不会担心别人觉得他们早就应该知道答案。但是，随着孩子逐渐长大，社会压力越来越大，人们会逐渐压抑下自己的好奇心，形成种种思维定式。

在职场中，在一个职位待得越久，就会越容易适应常规，减少提出挑战性问题的可能。研究者针对250位进入公司的新进人员进行好奇心调查。六个月后发现，好奇心的平均降幅达到20%。工作的压力让人们逐渐消磨了对广泛流程或整体目标提出建议的兴趣。

有研究者招募了200名不同公司和不同行业的员工，通过一个四周的对比试验来探索如何鼓励员工的好奇心，从而改善工作表现。其中一半员工作为控制组，每周会有两次在上班前收到一条信息，信息会关注员工日常完成的工作。例如，你今天会从事哪个主题或活动？有哪件常做的事情，你今天也会完成？

另外一半的员工作为观察组，每周也会有两次在上班前收到一条信息，不同的是，信息中还包括了一些问题以引发员工对常规的质疑。例如，你今天会从事哪个主题或活动？有哪些让你感到好奇？有哪件常做的、你平时认为理所应当的事情，但今天想问问看？请务必在整天工作中问一些"为什么"的问题。

四周后，研究者通过提问来评价两组工作时的创新行为，例如，是否曾提出建设性意见，是否针对组织的迫切性问题提出解决方案等。结果显示，观察组的半数参与者在这些领域的表现好过控制组的参与者。

通过提出挑战常规的问题，可以引发新的思考，提出更有创意的想法。有公司鼓励员工提出"如果……会怎样"，"或许我们可以……"的问题，经过讨论和评估，这些问题会挂在墙上，鼓励员工不拘泥于现状，提出有挑战的问题，想出更加高效工作的方法。多问"为什么"是一种打破常规的，找出好的想法的有效方法。这种源自丰田的思维方法，会让员工在调查问题时问"为什么"，等得到一个答案后，还要再继续追问为什么，直到问了五次为什么。不断的追问让员工持续挑战既有观点，不断逼近问题本质。

美国心理学家阿尔伯特·埃利斯（Albert Ellis）提出了理性情绪疗法，用于纠正不合理性的信念，以解决心理问题。这些思路也适用于打破常规，引发新的思考。理性情绪疗法认为，人们对待自身和外部事物有无数的信念（Beliefs）。这些信念影响着人们对外部诱发情绪的事件做出解释，进而影响人们对这些事件的反应。有一些信念是"不合理的信念"，包括绝对化的要求、过分概括化等一些特征。我们对常规的很多信念都带有不合理信念的特征。例如，我们相信某件事情"一定"是怎样的时，就把自己框定了起来。我们要不断思考：我能够合理证明这个信念是正确的吗？这个信念可以证伪吗？有证据支持它吗？通过这些追问，我们可以发现一些习以为常的规范的背后，并不是一定成立的，从而找到创新的新机会。

三、成长思维和打破常规

2000年，格雷格·戴克（Greg Dyke）被任命为BBC的总监。在上任前五个月走访了BBC的主要分支机构，在每一个地方都召集员工。大家原本以为他会发表激动人心的演讲，发布全新的愿景。但是没想到，每到一处，他都问大家两个简单的问题：我该做哪一件事情，能让你的情况变得更好？我该做哪一件事情，让我们观众和听众的情况变得更好？

戴克的行动反映了创新者打破常规的一种底层思维方式——成长思维。心理学家卡罗尔·德韦克（Carol Dweck）区分了两种思维模式：固定思维和成长思维。具有固定思维的人，相信人的能力是一成不变的，聪明的人会一直很聪明，而笨蛋会一直是笨蛋。而有成长思维的人，会相信人的能力可以不断地提升，而遇到困难的时候会视为成长的机会，通过不断地提升改进自己，直面困难，解决问题。

在一个实验中，德韦克给了小朋友有挑战性的智力拼图，并记录了他们在解题过程中是怎么说的。拼图越来越难，有一些小朋友不断地责备自己，觉得自己的记性不好，有些小朋友开始放弃拼图，觉得太难。而有一些小朋友，在拼图变得越来越困难的时候，并没有责备自己，而是觉得自己喜欢挑战性的任务，题目越难越应该努力地尝试。他们会给自己积极的心理暗示，差一点就可以做出来了。前一种小朋友是固定思维，而后一种小朋友是成长思维。

成长思维意味着一个人能够坦然接受自己的不足之处，从中获得进步的力量。很多时候人们回避提问，是因为担心别人觉得自己能力不足，没有判断力或者不够聪明。然而，对于创新者而言，承认不足带来了巨大的进步和创新的空间。例如，一位新上任的 CEO 缺乏工程方面的知识，当他遇到一群工程师时，如果坦诚地说自己对工程学的知识为零，那么这些工程师会热心地教给他这些知识。创新者并不害怕某个问题没有答案，重视寻找答案的过程，也会和其他人一起探索。

皮克斯（Pixar）公司的创始人为了鼓励新人打破常规，会故意告诉他们 Pixar 曾经做过的糟糕选择，让他们意识到，虽然 Pixar 是一家创造了辉煌纪录的动画公司，但是并非完美无缺，也需要不断有新的想法来让它更加完善。有成长思维的人即便有辉煌的过往，也会承认自己所知的非常有限，会看到世界一直在变化，而且未来和现在会变得非常不同。这种底层的信念，会让创新者能够召集到志同道合的人，以开放的心态打破常规，一起探索未知的世界。

> 扩展案例 8-1

埃隆·马斯克的第一性原理

硅谷创业家埃隆·马斯克（Elon Musk）在四个不同的领域里都有杰出的创新：金融支付的 Paypal，电动汽车公司 Tesla，载人航天公司 SpaceX，新能源公司 Solarcity。马斯克能够跨越多个领域创新，是因为他总是能够从事物本质出发，打破常规的看法。

马斯克认为，"我们运用第一性原理，而不是比较思维去思考问题是非常重要的。我们在生活中总是倾向于比较，对别人已经做过或者正在做的事情我们也都去做，这样发展的结果只能产生细小的迭代发展。"第一性原理是一种创新思维方式，拥有这种思维方式的人能够一层层拨开表象，看到事物的本质，再从事物的本质回到表象。

例如，马斯克注意到，美国主流航天界认为，用火箭发射卫星是昂贵、耗时的，只有波音和洛克希德·马丁这样的大型公司才能承担。但是同时，卫星客户又需要低成本、快速地发射小型卫星。马斯克开始快速学习火箭设计和制造的原理，并成立了 SpaceX 公司。马斯克一开始对火箭制造一无所知，主要靠教科书学习基础知识。随着 SpaceX 聘请了越来越多的技术专家，马斯克在工厂里拦住工程师们，不断问这些工程师关于阀门或者特殊材料的知识。SpaceX 的早期工程师回忆道，"刚开始我以为他在考我，看我是不是知道自己在做什么。后来我才知道他想要学知识，他会不停地提问，直到学会你掌握知识的 90%"。在经营 SpaceX 几年之后，马斯克彻底弄懂了火箭是怎么制造的，SpaceX 也因而实现了自主制造。80%~90%的元器件都自己制造，实现了成本的大幅降低。这些部件包括引擎、主板、电路、探测震动用的传感器、飞行计算器、太阳能板等。SpaceX发现，一些花费5万~10万美元的工业等级设备，如果自己制造只需要花费5000美元。

在特斯拉的设计和制造中也体现了第一性原理。例如，传统电池组的市场平均价格是600美元/千瓦时，由松下供应。而马斯克仔细研究了电池组的原材料，发现如果从伦敦金属交易所购买锂电池所需要的原材料，把这些原材料组合在一起，只需要80美元/千瓦时。这中间存在巨大的价格差异。马斯克因而选择自己弄明白锂电池的原理，建造自己的电池厂。投产之后，电池的价格能下降30%，并支持150万辆电动汽车的需求。

在马斯克看来，所有的常规都是可以被挑战的。他会不停地问为什么，去探索事物背后的本质，在底层原理上解构事物，然后找到更好、更低成本的方法重新制造它们。

（资料来源：阿什利·万斯. 硅谷钢铁侠：埃隆·马斯克的冒险人生）

第二节 跨界交叉

一、交叉思考

把不同学科的知识联系起来，是创新者最重要的思维方式之一。每种学科都有独特的概念体系和思维方式，当这些学科在创新者的头脑里汇聚交流时，就有可能碰撞出全新的想法，打破原有学科的固有思维。领域是一个可以通过教育、学习、经验使一个人获得某种专长的概念和方法体系。一个领域越精深，就需要越多的概念和专业技术知识。交叉点（Intersection）是人们思维当中不同领域交汇的焦点。当人们的想法站在不同学科，不同领域，不同文化的交叉点上，就可能把各种概念联系在一起，组合成为大量不同凡响的创新想法，这种想法被弗朗斯·约翰松（Frans Johnansson）称为美第奇效应（Medici Effect），或者交叉创新（Intersectional Creativity）。这个概念来源于15世纪的美第奇家族。美第奇家族是意大利佛罗伦萨的银行业家族，后来逐渐成为佛罗伦萨的统治者。美第奇家族长期赞助多个学科的创新者，包括雕塑家、科学家、诗人、哲学家、金融家、画家、建筑师等。这些不同领域的人才聚集在佛罗伦萨，彼此交流，打破了学科和文化之间的界限，共同开创了"文艺复兴"这个历史的新纪元。

麻省理工学院（Massachusetts Institute of Technology，MIT）的媒体实验室是当代美第奇效应的杰出代表。在这里，不同领域、不同学科和不同研究范畴之间的边界是不存在的。人们通常觉得麻省理工学院是一个培养科学家和工程师的地方。然而，在媒体实验室，这里有建筑师、音乐家、社会科学家、心理学家、设计师、精神科学家、医生、经济学家、物理学家、视觉科学家、作家、演员等。MIT媒体实验室是一个将具有不同背景和兴趣的人集中在一起的环境，在这里不存在任何学科的边界。

创意的产生和联想有密切的关系。当人们把一个概念和另一个概念联系起来的时候，就产生了很多新的想法。联想有两种，单向想法（Directional Ideas）和交叉想法（Intersectional Ideas）。这两种联想的运作机制不同。单向想法通过完全可以预测的路径进行联想，往往是改善型的。而交叉想法是跳跃性的，不可预测的，常常为一个新领域的出现展开了方向。例如，当一名风险控制专家遇到一个面向低收入人群，思考如何进行风险控制的问题时，他会调用以往和风险控制相关的经验，寻求解决的方法。而一个金融和计算机复合背景的人士，就可能会考虑借助人工智能的手段增强风险识别能力。

交叉创新不一定需要一个人是专家，但需要一个人具备开放的心态和广阔的思维。苹果公司的创始人乔布斯是一个交叉创新的高手。他自己并不是发明家，但是他会借鉴不同学科，不同人发明的产品，凭借他的设计美学和对用户的洞悉，重新组合成简洁好用的产品。

扩展案例8-2

彭博终端机的交叉创新

1966年，哈佛大学MBA迈克尔·布隆伯格（Michael Bloomberg）加入了所罗门兄弟公司，六年后成为公司负责股票交易、销售和系统开发的合伙人。1981年，所罗门兄弟公司被飞波公司收购，布隆伯格拿了1 000万美元的遣散费后，选择了一个全新的开始：一套面向华尔街的金融信息系统。

布隆伯格发现，虽然信息在金融业非常重要，但是与信息相关的信息系统却非常缺乏。布隆伯格把金融和计算机两个不同的领域联系起来，想要设计一个针对金融证券领域人士的系统。这个系统可以让市场的实时数据、财务计算和市场预测信息能够即时送达到金融机构的办公桌上。布隆伯格有金融行业的背景以及计算机行业的相关经验，他非常清楚金融人士需要什么，也知道怎样能够通过计算机技术手段实现这些需求。

彭博终端机提供了交易员梦寐以求的服务。终端机本身使用的计算机和配套技术并不算先进，最初的服务演示甚至用的是一台和终端机相连的老旧电动打字机。但是布隆伯格精准地把握到了交易员的需求，精明的交易员一看就知道这种服务之中蕴含的强大力量。一些服务非常谨遵地把握了客户身处的麻烦和困境。例如，失业的客户可以在家里继续使用终端机四个月，不收取任何费用。这大概是因为布隆伯格自己经历过被炒鱿鱼的落寞，才能深刻地理解到客户的需求，提供贴心的服务。彭博终端机对大小客户一视同仁，不提供批量购买折扣，每台终端机每个月的付费价格是相同的。

彭博终端机是交叉创新的精彩案例。交叉创新并非意味着要利用两个领域最好的技术实现创新，而是从客户需求出发，组合两个领域的知识和技术，创造出符合客户需求的产品和服务。

(资料来源：周广益，简单梳理 Fintech 的历史和 Fintech 行业内的玩家)

二、打破联想壁垒

20 世纪 60 年代，卡耐基梅隆大学的心理学家赫伯特·西蒙（Herbert Simon）对国际象棋大师和新手进行了研究。他让大师和新手记忆两个棋盘，一个棋盘是真正下出来的棋局，而另一个棋盘是混乱摆放的棋子。当国际象棋大师看到真实棋局中的 10 多个或 20 多个棋子时，经过 5 分钟，他们能够记住大约 2/3 棋子的位置。而新手只能记住 4 个棋子的位置。当面对随意摆放的棋盘时，大师相对于新手记忆的优势都消失了，都只能记住两三个棋子的位置。西蒙后来提出了"组块（Chunk）"的概念来解释专家和新手的差异。他认为，专家的知识是按照一定的模块系统组织起来的，当看到真实的棋局时，他会联想到许多已有的棋局，因为在他们的记忆里已经存储了很多棋局的模式。而新手大脑里缺乏这样的信息。这就导致专家和新手之间在面对同样的信息时，记忆能力出现了巨大的差别。

专家的知识框架在解决问题时既是一种优势，也可能会制造联想壁垒，阻碍人们探索新的方向。当人们看到一样事物时，会激活大脑的联想链条，一环套一环地激活人们的联想。这些思维链条通常会集中在和人们自身经验关联最密切的领域，让人们快速形成判断和结论，找到解决问题的行动方案。然而，这种"走捷径"的联想壁垒会阻碍参照自己熟悉的经验，阻碍人们探索新的可能。

Stitch Fix 是一家非常独特的服装电子商务公司，它会寄给顾客认为顾客会喜欢的衣服和配饰，顾客可以留下想要的，寄回不想要的。向顾客的推荐结合了人工智能算法的分析和造型师对顾客需求的洞察。Stitch Fix 的创意，来源于创始人 2007 年做一家风投公司研究员的经历。当时她在观察 Netflix 作为网络视频网站的崛起，对线下竞争对手 Blockbuster 的巨大冲击。这样她联想到零售商未来的命运，例如，10 年之后如何买牛仔裤？会去一家家店里试穿？但是这个联想并没有让她直接导向当时已为大家所熟悉的电子商务的模式。她看到一种电子商务的模式，人们可以在浏览器上打开一堆产品页面，比较各种产品信息和顾客评论，一次性买回几条牛仔裤，然后留下合适的，退回不合适的。这种方式也并不便利，可由于对数据的兴趣，让她想到可以通过数据来改善人们买衣服的体验。而对衣服的爱也让她意识到，购物中还有人性因素，例如意外看到喜欢的衣服想要购买的惊喜。这些想法的组合使得创始人把电子商务、数据和人的体验结合起来，创造了一家独特的公司。这家公司不仅与当时的主流电子商务模式不同，而且与人工智能行业追求自动化的风潮也不同，很长时间并不为投资人所看好，但最终由于创始人的坚持获得成功，2017 年在纳斯达克上市。

  Stitch Fix 创立的故事是一个很精彩的打破联想壁垒的例子。当从 Netflix 的崛起联想到电子商务的冲击时，通常人们会迅速联想到未来电子商务可能会取代传统零售商，并看到 Amazon 这样电子商务网站的成功，想要做一家类似 Amazon 这样的电子商务网站。但是创始人从这个框架跳出来，认为除了现有的电子商务的购物方式之外，还可能会有更好的体验的方式。这个思考的方向是超前的、没有任何经验可以参考的。跳出联想壁垒，站在跨界思维的交叉点，创始人用了十年的时间，成功地把电子商务、算法和购物中的人性结合起来，创造了独一无二的购物体验。

  创意的产生常常来源于联想，而联想壁垒常常会把人们导向熟悉的领域，无法超越经验。创新者有很强的打破联想壁垒的能力，会以跳跃的、非线性的方式，往全新的方向联想和探索新的可能。这是创新者能够有交叉思维的关键。然而，一个创意并不足以保证成功。交叉创新是一种有效的创新策略，并不仅仅因为它能够产生创新的想法，还因为它有可能产生大量的创新想法，下面将对此进行讨论。

三、从量到质

  创新者常常不能准确地判断自己作品的价值。由于确认偏差（Confirmation Bias）的存在，人们倾向于关注自己想法的优势所在，而忽略了自己想法中的局限性。失败的创新者常常觉得自己想出了一个非常迷人的想法，然后执着于什么都不管，把这个想法打磨成一个完美的想法。

然而，对创新者的研究显示，卓越的创新者并不是这种只想出少量完美想法的人，而是有几个精彩的创新之作，但是也产生了更多的平庸甚至失败作品的人。创新者是通过大量的创意来提升创作杰作的概率的。他们作品的平均水平并不比同行更好，但是他们的作品数量要远远超过别人，这使得他们获得了更大的机会实现卓越的创新。例如，莎士比亚创作了五部经典作品，包括《麦克白》《李尔王》《奥赛罗》《哈姆雷特》《罗密欧与朱丽叶》，但是他总共创作了 37 部戏剧和 154 首十四行诗，有一些作品被认为非常糟糕。爱因斯坦的相对论让他获得了世界性声誉，但是在他总共 248 部出版物中，这只是非常小的一部分。创新者不是执着于成功的人，相反，他们是勤奋思考，大胆尝试，接纳失败的人。如果失败的概率太低，反而可能是尝试得不够多，过于追求稳定不敢冒险。

交叉思维能够提高创新成功的概率，是因为把两个独立的领域联系起来之后，带来全新的思考维度会使创新呈指数级增加，使得大量可供尝试的创新想法产生。即便其中绝大多数想法都失败了，仍然会有少数想法会变成创新的杰作。

举个例子来理解为什么交叉思维能够增加思考的维度。假设有一位服装设计师，擅长于一种类型的服装设计，这种类型有 10 种不同的主要款式。如果这位服装设计师只会这一种类型的设计，那么他的设计只能从这 10 种款式中选择，或者做微小的调整。假设这位服装设计师再了解了第二种类型的服装设计，这种类型也有 10 种不同的款式，那么他可以选择的设计款式就有 $10 \times 10 = 100$ 种。以此类推，如果这名服装设计师了解 10 种类型的服装设计，每种类型有 10 种款式，那么他可以选择的设计款式就有 10 亿种！当然这中间的很多创意是不符合市场需求的，但是只要有几个符合市场需求，就有可能带来全新的冲击和体验。

前面讲到的 Stitch Fix 的案例也是一个增加思考维度带来创新可能的例子。服装零售的创新，人们通常会思考线上/线下的维度，但是创始人增加了推荐算法和推荐师这两个不同领域的思考维度，拓宽了服装零售的创新空间，也打破了算法和人之间不能兼得的传统看法。

无论是个人还是群体，增加思维角度的多元化对创新都有很大的帮助。一个职业生涯丰富多样的人，比一个一直在某个领域垂直发展的人更有可能做出交叉创新的成果。后者虽然有更大的可能性成为一个经验丰富、持续改进的技术专家，却无法站在知识领域做出颠覆性的创新。而越来越多追求创新的公司鼓励员工跨专业领域轮岗流动，增加不同岗位的历练，从而获得多视角思考的能力。在知识越来越细分，对专业化要求越来越高的时代，人们尤其需要让专家能够从专业深井中跳出来，拓展横向知识的宽度，增强和不同领域的优秀人才碰撞交流的机会。

一个多元化的群体比一个单一群体更有创新能力。许多公司致力于打造跨界交流的氛围，激发员工的创新能力。著名玻璃制造商康宁公司创造了一个特别的创造屋（Creative Room），在那里人们可以讨论各种问题，激发需要交叉酝酿才能形成的想法。康宁公司还致力于把专家从自己的专业视角里拉出来，对公司产生巨大的影响。例如，公司有一位理论物理学家，总是在实验室的角落里从事前沿研究。康宁公司让他加入一个开发产品的具体小组，突然之间他从应用而非基础理论视角看待自己所做工作的价值，他的研究最终对公司产生了巨大的贡献。

第三节 系统思维

一、从个人创意到创造力系统

研究者们普遍认为，创新活动包括产生各种各样新想法的发散思考（Divergent Thinking）过程，和应用已有知识、社会情境评价这些想法价值的聚合思考（Convergent Thinking）过程。在发散思考阶段，创新者可以天马行空，探索各种各样的奇思妙想。而在创新评价阶段，创新者需要把自己的想法放到一个已有或者新创的领域中进行评价，这个领域也被称作产生创造力的系统。在这个阶段，创新者需要能够洞悉这个创造力系统的全貌，与之产生积极的对话，最终获得创造力系统的认可。

心理学家米哈里认为，创造力的评价不能以个人自己的解释为准，而要了解领域中的评价标准。创造力不是发生在一个人头脑中的思想活动，而是发生在一个人的想法和社会文化背景的互动中，是一个系统性的现象而非个人现象。创造力并不是一种主观现象，即不是创新者自己坚定地觉得自己做的东西是新颖而有价值的就是了，而是要看创新者的确信能否得到相关领域专家的认可，能够在文化中留下痕迹。

米哈里定义了一个创造力的系统模型。他认为，"创造力在哪里"是创造力研究的核心问题。可以从以下三个方面定义一个创造力系统：

（一）领域

领域包括一套符号规则和程序。领域存在于文化中，是特定团体或整个人类所共享的符号知识。一个创造力系统往往都有一套独特的概念甚至符号系统。例如，当讨论一个商业计划书的创新性时，风险投资公司有一套从赛道、技术、创业者等多方面评价公司价值的概念体系。当评价一首音乐的创意时，会从它相对于之前作品的风格、特色、曲式等方面进行评价。创新者可以自己想出自认为全新的想法，但是对它的价值必须放置某个既有领域才能做出。

（二）学界

这里的学界并非指狭义的学术机构中的研究人员，而是指在一个领域里进行把关和评价的人，这些人的工作是决定某个新的观点或新的产品是否应该被纳入这个领域。例如，创业公司的价值由投资人或投资机构来评价。当一些创新公司在早期获得了一些知名投资机构的认可，那么它们再吸引到新的投资就容易很多。

（三）个人

当一个人使用某个领域的符号规则，产生了一个新观念或新形式，而这种创新被适当的学界认可，进入某个领域的时候，创新就发生了。创新改变了一个领域的未来，永远成为这个领域的一部分。有时候，创新可能还会创造新的领域，例如支付宝不仅是一个创新的产品，还开拓了移动支付这样一个新的领域。

从个人创意到创造力系统是创新者必须逾越的挑战，只有获得认可，创新的价值才能显现出来。对创造力系统产生影响，需要创新者不仅产生创新的想法，而且还要熟悉了解这个领域的游戏规则。创新者获得一个创造力系统的认可，有以下关键要点：

1. 了解所在领域结构的清晰性

不同领域有不同的构成方式，一些领域符号体系组织相对紧密，内部逻辑严格，系统非常清晰，这种结构清晰的领域创新观点很容易迅速被评判，例如数学和物理学。而另一些领域结构松散，缺乏清晰边界和明确规则，一个新观点从进入到被接受要经过较为漫长的过程。创新者需要根据领域结构的清晰度对获得认可的时机有相应的判断。

2. 了解文化的中心性

对于掌握评判创新性大权的学界而言，有三个方面可以影响到创新：是主动激励创新还是被动等待创新？是选择宽松的新事物进入领域的标准还是选择严苛的标准？是否有外部资源支持？有的时候，旧的创造力系统由于观念守旧，不接受创新，那么创新者就需要建立新的创造力系统。例如，法国印象派兴起的初期，法国主流的新古典主义画派并不接纳这些作品。莫奈、雷诺阿、塞尚等一群艺术家另外组织了"落选者沙龙"，以回应古板的巴黎官方沙龙。随着越来越多人开始理解和欣赏印象派的画作，印象派建立了自己在西方美术史上的领域。

3. 尽早系统学习领域知识

创新者是否及早地接触到相关领域的知识，了解领域的游戏规则是决定创新成败的关键因素。一个领域重要的创新者往往是最早接触到相关领域的人。创新者恰好在一个领域兴起的趋势中走到了舞台的中央，兼具天时地利人和。很多怀有远大抱负的创新者，如前面讲到的试图证明哥德巴赫猜想的科学家，一直没有真正进入相关领域学习，不了解相关领域的符号系统和游戏规则，那么永远也不会被相关领域认可。

二、创新生态系统思维

创造力系统为人们提供了一个普适的框架，是理解各种各样的创新者成败的关键。然而，创造力系统并不是稳定、静止不变的。一项创新有可能在一段时间不被认可，但是在许多年后随着适当的社会文化情景出现，又重新被认识和认可。在商业创新领域，一个新产品进入市场的过程中，创新者常常面临着进入时机的考虑，如果过早进入又可能会因为市场不成熟而失败，如果过晚进入又可能会错过时机，让竞争对手发展起来。如何选择这个时机，就需要创新者采取创新生态系统策略，系统扫描周边的创新生态环境。

扩展案例8-3

索尼和 Amazon 的电纸书之战

索尼是电纸书领域的技术领导者。早在1991年，索尼就推出了一台重达1公斤的电子阅读器，内置3.5英寸屏幕，售价550美元，并附赠10万字的图书。新的图书通过磁盘存储，每章磁盘售价达20～50美元。由于太贵，这款产品没有获得大范围成功。2006年，索尼推出了首个电子墨水屏的电纸书——Libre，让电纸书和其他智能设备形成差异化的优势，成为电纸书行业最重要的技术创新。这台设备由成功领导了索尼CD机和智能电话的产品设计师浮田主导，比亚马逊的 Kindle 要早了三年。然而，由于出版社对电纸书冲击纸质书的担忧，Libre 仅仅有1 000本书，不能满足客户对书的需求。浮田一直在自建网络书店，他通过索尼自有的数字零售平台 Connect，把 Libre 上的图书种类逐步提升到

20 000 种。

Libre 推出后，贝索斯对它可能对图书销售行业产生的冲击感到担忧，同时又觉得是一个好的机会。三年后，亚马逊推出了 Kindle。得益于亚马逊和出版社稳定的合作关系，Kindle 在推出时就有 88 000 本电纸书，书籍定价只有 10 美元，比纸质书便宜不少。Kindle 的推出迅速点燃了电纸书市场，大获成功。而索尼的 Libre 虽然有先发优势，但在销量上远远落后于 Kindle。

Kindle 和 Libre 的故事告诉我们，创新者的成功不仅依赖于自身的创意，还依赖于周边让产品价值得以完整体现的生态系统。创新者需要具备洞悉生态系统全局的思维。电纸书的成功，优质的电子墨水只是第一项技术因素，而和出版商、图书零售商等协作者的关系也同样重要。只有产品具备完整性，主流顾客才愿意付费。否则产品就只能一直停留在一小群对新技术热衷的极客那里。

（资料来源：罗恩·阿德纳，广角镜战略）

罗恩·阿德纳（Ron Adner）提出了企业创新的生态系统思维，他认为创新者非常容易由于视野过窄，忽略创新生态系统中的风险而遭受失败。他提出了以下三种创新者需要高度关注的创新生态风险：

（1）执行风险。执行风险是指在规定的时间内，推出新产品或新服务时面临的挑战。

（2）合作创新风险。合作创新风险是指将创新产品商业化，依赖于合作者的程度。

（3）采用链风险。采用链风险是指供应商为产品及时提供所需组件的风险。

索尼在 Libre 中，通过和高品质的电子墨水公司 E-ink 实现合作，解决了采用链风险，成功开发出有良好阅读体验的电子阅读器屏幕。然而，索尼没有获得出版商的支持，没有能够解决合作创新风险。亚马逊的 Kindle 后来居上，一方面利用索尼已经开拓出来的电子墨水技术，快速完成电纸书的硬件设计；另一方面，凭借和出版社合作的优势，比索尼更充分地解决了图书数量不足的问题，让产品真正完整起来。

阿德纳认为，要系统审视环境中的合作创新风险和采用链风险，把注意力、时间和资源聚焦在链条中最薄弱的环节，而不是一味地增加自己的自主创新能力。往往是这些最薄弱的环节制约着创新系统的整体价值。Kindle 推出电纸书时，技术指标其实不如索尼 Libre。Kindle 只能显示四种深度的灰度，但是 Libre 能够显示八种深度的灰度。但是 Kindle 抓住缺乏内容这一影响用户体验的痛点，快速破解合作创新风险，最终使得 Kindle 成为电纸书的代名词。

卓越的创新者会全面扫描创新生态系统中的合作创新风险和采用链风险，

从而做出在正确的时间和正确的地点进入正确的市场的关键决策。这些创新者明白，仅仅提供比竞争对手优秀的产品是不够的，需要确保让产品得以实现价值的所有元素，在产品推向市场的时候都能够全部到位。否则，宁可遏制成为第一个进入市场的头衔的冲动。创新者需要以清醒的头脑，关注周围有什么人或者事物会对产品产生阻碍或协助的作用。在时机不成熟时努力完善相关背景因素，降低合作创新风险和采用链风险，最终发力一击，获得成功。

【要点回顾】

本章对三种创新思维进行了介绍。首先，创新者需要不断挑战已有的常识，打破常规；其次，创新者需要跨界思维，综合不同领域的知识提出新的创意；最后，创新者需要基于社会、文化、经济系统来设计如何让创新为系统接受。这些内容能够帮助人们打开创新过程的黑箱，高效创新。

【复习题】

1. （　　）不是人们遵循社会常规的原因？
   A. 追求精确性　　　　　　　　B. 追求归属感
   C. 保持正面的自我形象　　　　D. 追求创新

2. 专家受限于已有经验，难以创新往往是因为（　　）。
   A. 较高的联想壁垒　　　　　　B. 较低的联想壁垒
   C. 较稳定的联想壁垒　　　　　D. 较不稳定的联想壁垒

3. 根据米哈里·希斯赞特米哈伊的观点，创新是一种（　　）。
   A. 社会文化现象　B. 客观现象　　C. 过程　　　　D. 艺术

第九章
创新项目管理

【学习目标】

1. 了解可预测环境下的项目管理；
2. 熟悉不确定情境下项目管理的理念；
3. 了解不确定情境下项目管理的方法。

【导入案例】

洛克希德·马丁公司的臭鼬计划

1942年，德国梅赛斯密特公司的试飞员弗里茨·温德尔成功试飞ME-262喷气式飞机，震撼了大洋对面的美国人。当时美国还没有喷气式飞机的技术。为了对抗德国人，1943年，洛克希德·马丁公司的工程师约翰逊说服老板在公司内部成立了一个机密机构，由23名工程师和30名支持人员组成，和官僚体系隔绝，只向最高管理层和美国空军负责。这个团队的目标是：在180天内设计出美国第一架喷气式轰炸机。这个项目被称为"臭鼬计划"。最终，臭鼬计划比合同规定时间提前了37天完成了任务，创造了飞机研制史上的奇迹。臭鼬工厂后来作为洛克希德·马丁公司的创新实验室保留下来，完成了U-2长程侦察机、三倍音速的黑鸟侦察机、F-117A隐形侦察机等一系列战斗机的设计。

臭鼬计划对创新项目管理产生了深远的影响，让人们看到一个由精挑细选的成员组成的小团队，通过高效合作，完成"不可能完成的任务"。团队氛围既严肃紧张，又团结活泼，成员有选择穿着的自由，也会通过啤酒大赛或者比腕力等方式庆祝胜利。臭鼬计划的项目管理被总结为14条原则，这也是最早的创新项目管理原则的范例。

1. 项目经理必须获得授权，能够实际完全控制项目的所有方面。他应该向部门经理或上级汇报。

2. 强大但规模较小的项目办公室必须同时由军方和工业界提供。

3. 必须限制与该项目有任何联系的人数，相较于同类项目，该项目仅占10%~25%比例的人数。

4. 必须提供一个非常简单的绘图和绘图发布系统，并具有很大的灵活性来进行更改。

5. 必须有最低数量的报告要求，但重要的工作必须彻底记录。

6. 必须每月进行一次费用审查，不仅包括已经花费和承诺的费用，而且包括到方案结束时的预计费用。

7. 承包商必须得到授权，并且必须承担比正常情况下更多的责任，以获得良好的供应商投标分包合同的项目。商业投标程序往往比军事投标程序好得多。

8. 臭鼬工厂目前使用的检查系统已得到空军和海军的批准，符合现有军事要求的意图，应用于新项目。将更基本的检验责任推给分包商和供应商。不要重复那么多检查。

9. 必须授予承包商在飞行中测试其最终产品的权力。他们可以而且必须在最初阶段进行测试。如果他们不这样做，他们很快就会失去设计其他车辆的能力。

10. 硬件的技术指标一定要在签合同前明确。臭鼬工厂会预先清晰地列出哪些军事规格将不会被采用，以及不采用的原因和建议（标准指标会抑制新技术和创新，而且这些指标经常过时了）。

11. 为一个项目提供资金必须及时，这样承包商就不必一直跑到银行去申请贷款来支持政府项目。

12. 军事项目组织与承包商之间必须相互信任，在日常基础上保持非常密切的合作与联络。这将误解和通信减少到最低限度。

13. 外人进入该项目必须受到适当安全措施的严格控制。

14. 由于只有少数人将被用于工程和大多数其他领域，因此必须提供方法，以奖励良好的表现，而不是根据监督人员的数量支付薪酬。

问题：臭鼬工厂的14条原则，体现了哪些在不确定性情境下项目管理的方法？

（资料来源：根据本尼斯和比德曼《七个天才团队的故事》，张慧倩译，浙江人民出版社，2016；Stunk Works：Kelly's 14 rules & Practices 综合改编）

第一节 可预测环境下的项目管理

一、项目管理概述

项目是一种复杂的、非常规的和一次性的努力,受到时间、预算、资源以及设计用来满足客户需要的性能规格的限制。

项目是组织中的一种特殊工作任务。组织中有很多常规性的工作任务,这些工作任务虽然有着明确的目标,但是并没有规定任务完成的时限。例如,人力资源部门有招聘的任务,但是招聘是一个持续性的任务,并没有一个固定的终点。然而,人力资源部门可能会有"应届生招聘项目",这就是一个有明确目标和明确时间节点的项目。当完成这个项目之后,不会再停留在这个工作上,而是会转向另一个新项目。

项目管理在创新管理中有着重要的作用。在从创意到实际成果产出的过程中,常常要经历"立项"的阶段,组建项目团队,以项目管理的方式纳入组织管理的范畴。项目管理是在科层制下组织实现内部创新的组织架构。组织可以抽调各个职能部门的内部资源,以项目团队的方式形成"矩阵式"组织架构,探索创新领域。项目制使组织一方面能够保持常规性任务的稳定执行,另一方面又能够灵活适应新业务的挑战。在项目实现了非常规性任务的目标后,组织可以设置更加稳定的组织架构,让创新活动以更加正式的方式进行。例如,微信的诞生最初就是腾讯多个项目团队内部竞争,最终获得客户认可的项目团队逐渐发育成一个功能完整的事业部。

项目管理的历史和人类历史一样悠久。在古代,从金字塔到万里长城,这些规模浩大的建筑工程都是通过项目管理的方式组织的。进入工业时代之后,组织逐渐采用项目管理的方式处理非常规、一次性的工作。在移动互联网时代,项目管理的应用更加普遍。由于项目的灵活、不受职能架构限制的种种特点,使它成为实现创新最重要的组织形式。

美国项目管理专家哈罗德·科兹纳(Harold Kerzner)认为,项目管理的发展可以分为项目管理1.0和项目管理2.0两个阶段。项目管理1.0的前提是,项目处在稳定的环境中,项目是可预测的。而在项目管理2.0阶段,项目所处的环境高度不确定,项目管理更强调学习、适应、改进,而非计划和控制。项目管理2.0是对项目管理1.0的继承和发展。本章首先介绍稳定环境下的项目管理。然后,用较多的篇幅讲解在不确定环境下项目管理的理念和方法。

结合经典项目管理和敏捷项目管理的思路，可以帮助创新者在缜密规划和灵活应变之间找到一个恰当的平衡。

稳定环境下的项目管理通常分为四个阶段：项目定义、项目计划、项目执行和项目评估。下面分别对这四个阶段进行详细介绍。

二、项目定义

项目定义需要明确项目要做什么，具体包括以下工具：

（1）定义项目目标。要确定项目要做什么，在何时完成，需要多少钱等一系列具体内容。例如，一个项目的目标是在三个月内，在10万元预算的限制下，设计一种新型的产品并推向市场。"产品设计"就是项目要做的内容，"三个月内"是项目完成的时间限制，"10万元预算"是项目的成本约束。

（2）定义可交付成果。要确定项目生命周期内要交付什么期望的产出。可能是一个设计文档，可能是一个初步的产品原型，也可能是一个成熟的产品等。

（3）定义里程碑。里程碑是项目在某一点上发生的关键突出事件。里程碑表明了从项目开始到项目完成的过程中，关键的阶段性成果是什么。例如，一个新产品从构思到推向市场，可能要经过客户需求调研、产品原型设计、实验性销售等一系列关键步骤，每个关键步骤都有相应的成果要求。里程碑事件是以终为始地推算要实现的项目成果，每一步需要达到怎样的阶段性目标。

（4）定义技术要求。技术要求是为了保证合适的性能，对产品或服务的要求。例如，如果要交付的是一个软件产品，对软件的重要功能、运行的稳定性等都有响应的技术要求。

（5）定义限制和排除条件。限制和排除条件是关于项目中包括什么、不包括什么的说明，以减少项目过程中的不确定性。例如，一个软件开发项目可能包括可使用的软件的交付和为期一个月的辅导培训，但不包括一个月结束之后的辅导培训。限制和排除条件用于明确委托方和项目执行方之间的权利和义务。

（6）定义成果验证人。要确定项目成果由谁来验收，如何验收。

（7）项目优先级。项目需要在质量、时间和成本三个存在矛盾的目标之间找到一个均衡点。理想状况下，低成本、高质量、高速度是项目追求的目标。但当这三个目标不能兼顾时，要明确这三个目标之间的排序是怎样的。

（8）工作分解结构（Work Breakdown Structure，WBS）。工作分解结构是在明确了项目目标和可交付成果后，把工作分成较小的、可执行的工作单元。

（9）工作分解结构的编码。使用编码系统（Coding System）来定义工作分解结构中的层次和单元。

（10）组织分解结构（Organization Breakdown Structure，OBS）。把分拆后的工作结构和组织架构结合起来，把任务落实到人。组织分解结构可以通过责任矩阵的方式来呈现。

项目定义阶段是为项目设定清晰、正确的目标。当设定清楚项目目标后，项目计划是进一步规划目标实现的路径和方法。

三、项目计划

项目计划要定义项目要做什么，在什么时间安排什么工作，如何确保质量，如何制定预算。

计划阶段第一项要完成的工作是估算项目的时间和成本，这是经典项目管理中最核心，也是最容易受到争议的部分。经典项目管理强调在项目一开始就对项目所花费的时间和成本进行估算，而第二节讲到的敏捷项目开发则强调，只有当项目真正开始，才知道应当如何估算项目时间和成本。虽然经典项目管理和敏捷项目管理在如何估算时间和成本上有不同的观点，但是都一致认为，精确地预计项目完成的时间和成本对项目的成功至关重要。这是因为，无论是安排工作、确定项目是否值得做，还是确定项目要投入多少资源，都依赖于对项目时间和成本的估算。如果不能获得估算，项目的计划就无从做起。

在可预测的环境下，项目管理希望把项目时间和成本的估算达到95%的准确率，因此会仔细考虑影响时间和成本的种种因素。成功的项目估算常常依赖于以下因素：①专业人士。通常由熟悉、了解任务的专业人士来估计。②多人估计。一个人的估计存在偏差，通常由多人来估计。可以采用德尔菲法汇总多人的意见。德尔菲法采用匿名方式对选定专家小组进行多轮意见征询。每一轮的意见由调查组汇总后，再发给专家分析判断，提出新的意见，逐渐达成一致。德尔菲法使用时，专家们要采用匿名评审的方式，彼此不发生联系，从而避免相互影响。③正常条件假设。在估算时，需要对完成任务的条件做出假设。一般来说，需要假设任务在正常条件而非极端条件下完成的。例如，当任务紧急时，员工可以24小时加班加点来工作，突击完成任务。但是，在做时间估计时，要根据员工每天工作8小时的正常工作时间来估算。正常条件意味着在计划时不预设会获得额外的资源支持，基于通常条件下做出通常的时间和成本估计。④正确的时间单位。时间单位通常是工作日，但也可能是更大的时间单位（如工作周）或更小的时间单位（如分钟）。时间单位的选择取决于项目完成的时间周期。⑤独立性。对每个任务进行单独的估算，而不是笼统地把任务放在一起，获得一个综合的估算。⑥意外情况。需要预留时间和金钱，以备意外情况的发生。⑦风险。考虑任务中可能发生的风险因素。

计划阶段第二项要完成的核心工作是基于工作分解结构建立关键路径图（Critical Path）。关键路径图是如何完成工作的流程图，展现了要完成的工作任务和活动之间的相互依赖关系。

关键路径图是以"活动"（Activity）作为最基础的单元。活动是指需要花时间完成的一个任务组成部分，会消耗时间或者让人等待。活动采用"动词+名词"的格式描述。活动包括两种：汇合活动（Merge Activity）和平行活动（Parallel Activity）两种。汇合活动是指在这项活动之前，有多项活动指向它。平行活动是指同时发生的活动。路径是相互依赖的活动路径，而关键路径是通过网络的最长路径。如果关键路径的活动发生延迟，那么整个项目的进度也会受到延迟。

可预测环境下，项目管理是以计划和控制为核心理念，通过严谨的事先规范确保项目按照预定计划执行。这种项目管理模式有时会被称为"瀑布流"模式，整个项目被划分成连续不同的阶段，每个阶段都有严格的评审流程，但一个阶段做得好才可以进入下一个阶段。项目管理通过"甘特图"为核心工具。甘特图是一个按照时间、流程安排的行动计划。当行动计划按照时间顺序在甘特图上呈现出现之后，整张图看起来就像是瀑布的水流，因此这种模式被称为"瀑布流"模式。这种模式在1910年由美国陆军部部长威廉·克洛泽设计，在第一次世界大战开始时就得到应用。

瀑布流模式的好处是，在项目开始之前，所有需要做的工作都被清晰地列了出来，人们可以清晰地看到项目的行动步骤，以确保管理者看到所有的事项都在他们的掌控之下。计划和控制是传统项目管理，或者瀑布流模式的核心理念，也是科层制管理模式的核心理念。在第四章，已经讲到了在工业时代的早期，组织架构是以等级鲜明、分工明确的科层制组织架构为主，这种架构下，管理者希望组织是一台可以预测的机器，管理者通过严密的计划后制定的精确的测算，使得项目开始后的每一件事情都在自己的掌控之中。

四、项目执行

项目执行是要在考虑时间、成本、规格等要求的情况下，确保项目按照规定完成。

执行阶段的主要任务是控制进度和评价项目过程中的绩效表现，要实现这一点，需要建立一套项目监控的信息系统。这个信息系统用于在项目执行过程中评估项目的时间进度、成本、存在的潜在问题、需要变动的地方等。进度表是对什么时间完成项目的承诺，鼓励每个人把自己的工作看作整体的一部分，并全力把自己的工作和他人的工作结合起来。

对进度的控制需要建立"正常"项目进度的基准线，进而把实际完成时间和正常时间进行比较，常常通过"动态甘特图"（见图9-1）的方式进行。在动态甘特图中，用不同颜色的色块对实际完成时间和预计完成时间进行比较，以及时估算偏离预计完成时间的偏差。

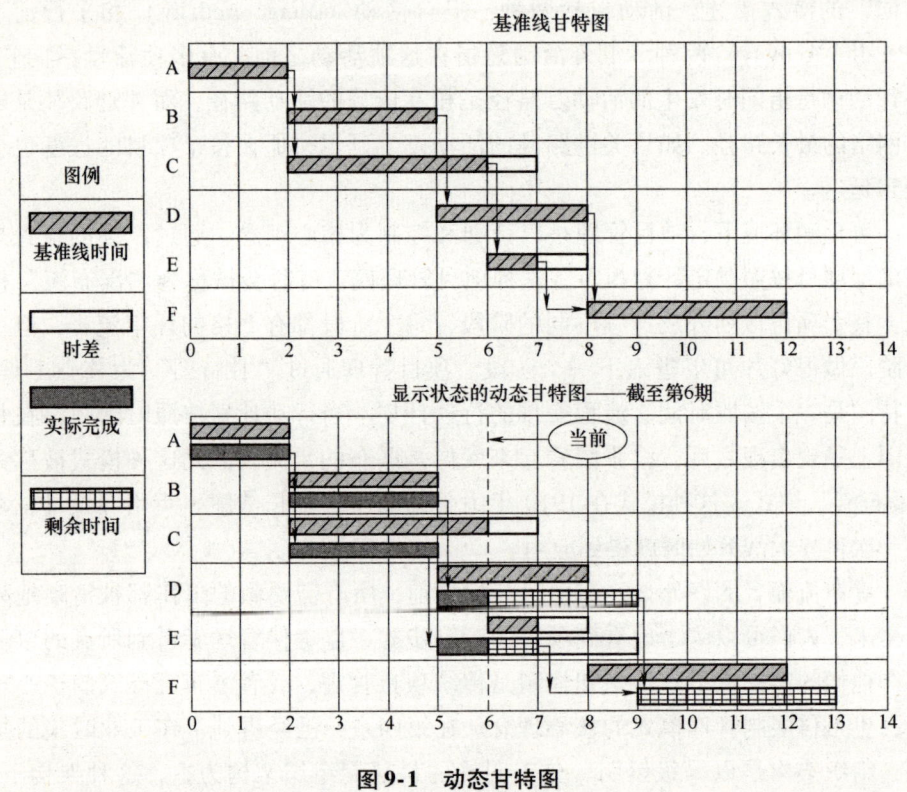

图 9-1　动态甘特图

除了动态甘特图，还可以采用控制图（Control Chart）（见图9-2）对项目偏离预计完成时间的程度进行估计。

对于经典项目管理而言，无论是动态甘特图还是控制图，都反映了"控制"项目按照既定完成时间进行是项目执行的主要任务。当出现偏差时，项目管理者要能够分析造成偏差的原因，从而消除偏差。例如，在一段时间内，当项目执行都出现了较大程度的延迟时，就要去寻找是否存在系统性的偏差影响因素。

项目执行过程中，项目的基准线是可以改变的，但是频繁的改变被认为是

第九章　创新项目管理

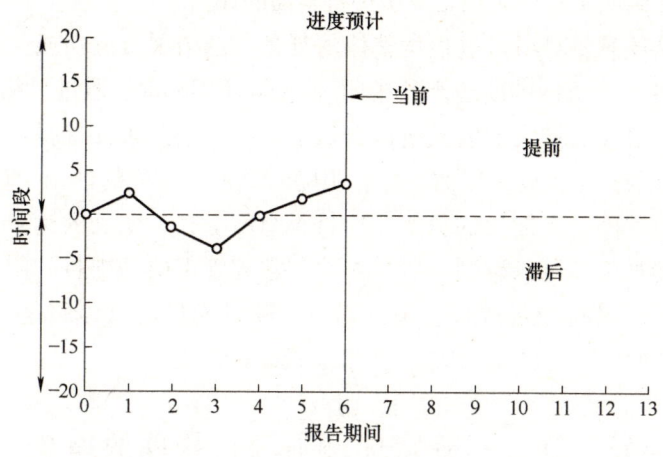

图 9-2　控制图

对项目管理节奏的扰乱。项目的交付范围、时间和成本会随着基准线的改变而改变，项目经理对什么时候可以改变基准线，什么时候不可以改变基准线需要有独立的判断，以确保项目能够产出出色的成果。一种常见的情况是，项目的基准线本身有较高的标准，但是在项目执行的过程中，不断降低基准线的要求，以掩盖较差的项目成果。这种不断的妥协对项目完成是有害的。项目经理需要在理想和现实之间达到平衡，既要最大限度地追求较高的项目成果，又要通过和客户沟通，在品质、时间和成本之间做出现实的妥协。

五、项目评估

项目评估要把项目结果交付给客户，并对项目进行评估。

当项目结束时，需要对项目进行评估，评估既包括对项目是否达到预期的评估，也包括对项目过程的复盘，以及对未来项目的经验教训。

项目结束时，要审视项目完成时的时间、成本和质量是否和预期一样。项目进行过程中可能在需求、优先级等方面发生了变动，这些变动是在项目执行过程中发生的，但是在项目结束的时候，利益相关者需要在一起审视这些变动是否符合需要。

对于客户而言，项目的收尾意味着项目的成果要能够独立运转，达到客户的需求。除了成果的评估，还要对项目成员的表现进行评估。这些评估既包括在这个过程中项目成员对项目的贡献，用于项目奖金的发放，也包括项目成员在项目过程中的成长和学习，用于帮助项目成员在未来的项目中做得更好。可以在项目结束时通过360度评估对成员进行评估，即客户、项目成员的直接上级、同事和下级四个角度对项目成员进行全面的评估。

项目团队还需要对项目过程做整体的复盘,总结项目成功或失败的关键影响因素。1994年,美国的斯迪坦什集团(Standish Group)通过总结8 380个项目,对影响项目成功和失败的关键因素做了总结。按照重要性排序,这些因素包括:用户参与、常务管理层的支持、明确的要求、正确的计划、现实的期望、较小的项目里程碑、有能力的员工、项目小组所有权、明确的远景和目标、努力专注工作的员工。可以看到,用户参与、常务管理层的支持、明确的要求和正确的计划等因素对项目成败有关键影响。项目成员可以参照这些因素列表,结合项目经验总结自己的项目成员/失败关键因素列表。

第二节 不确定环境下项目管理的理念

一、模糊前端和项目的预测

在第一节,介绍了经典项目管理的方法。这种方法以计划和控制为核心,花费大量的时间制订项目计划,在项目执行过程中确保项目的进度按照计划的过程执行,否则就视为"偏差"。在商业环境变化越来越快的时代,准确的计划越来越成为项目管理中巨大的挑战。在可预测性的环境下,项目管理方法中,项目花费时间和成本的预测取决于有经验的外部专家。然而,在不确定的环境下,过往的经验可能会失效,准确的预测也越来越变成一件困难甚至不可能的事情。在这种情况下,项目管理处于"模糊前端"(Fuzzy Front End)阶段,工作信息、预期收益等高度不确定,企业需要从大量创意中选择少数有价值的创新进行进一步开发。

在不确定的环境下,"甘特图"的效果往往难以保证,创新项目需要更加灵活的管理方式。甘特图是项目计划成果的体现。预先规划的细致的行动计划会在甘特图上描述,向高层管理者汇报,获得批准后再进行项目执行。一个庞大的项目,需要完成的工作都被清晰地列出来,每个人都能清楚地看到。甘特图让管理者有一种感觉到项目管理在他们的掌控之下的感觉。但当项目具有高度不确定性时,项目开发过程的时间往往滞后于预定计划,而开支往往会超出最初的预算。甘特图上制订的计划在现实中越来越难以得到落实。

人们逐渐意识到,项目管理中花费了用户大量时间去实现可控性和可预测性。项目管理人员会使用大量的文件和图标,花费大量的时间规划细节,以防止出错。对于他们而言,项目按照计划的时间和成本进行就是最大的成功。所有未知的因素都是需要控制的误差，而不是新的创意和灵感的来源。由于对这种控制和预测的项目管理的不满，以及信息技术行业越来越频繁和不可预测的变化，从 20 世纪 80 年代起，人们逐渐开始寻找新的项目管理方法。

二、从"接力赛"到"橄榄球"的项目管理转型

20 世纪 80 年代，两位日本学者野中郁次郎和竹内中宏在《哈佛商业评论》发表了题为《新新产品开发游戏》的文章，提出了如何在不确定的情境下进行产品开发和项目管理。在这篇文章中，他们指出，传统以高质量、低成本和产品差异化为主导的产品开发模式在快速变化的商业环节中受到挑战，速度和灵活性变得越来越重要。传统产品开发模式是"接力跑步（Relay Race）"式的，由分工清晰的职能团队按照顺序分阶段完成任务，一个阶段的任务完成之后才能完成第二个阶段的任务。对于产品开发而言，这个过程包括概念构思、可行性测试、产品设计、产品开发、预测试、生产制造。市场、研发、支持性团队分工明确，如同接力跑步一样从一个阶段传递到下一个阶段。而新兴的产品开发方式是"橄榄球"式的项目管理方式。产品开发过程由多功能团队在频繁的"传接球"中完成。项目开发并没有明确的区分清晰的阶段。工程师可能在可用性测试之前就开始开发产品，或者团队收到新的信息之后可能要把原来的想法推倒重来。团队成员通过反复的迭代改进共同完成的作品。直到项目快结束的时候，可能仍然会有较大的改动。

野中郁次郎和竹内中宏描述了这类项目团队所具备的六个关键特征。

（一）内置的不稳定性（Built-in Instability）

项目团队的任务来自高层管理团队，但是高层管理团队仅仅给项目团队一个模糊宽泛的目标。高层管理团队既没有提供清晰的产品原型，更没有提供具体的工作计划。这让项目管理团队一方面拥有极大的自由，另一方面又面临着巨大的挑战。目标的不稳定性给项目管理团队带来了"内置"的不稳定性。在传统的项目管理中，项目开始之前需要明确项目的交付成果、交付时间、项目的边界等一系列重要输入信息。然而，在敏捷项目管理的情况下，一开始获得的项目信息是非常宽泛的，高层管理团队也并不清楚应该怎样去做，工作计划更加无从说起。

在这种情况下，项目团队无法从一个具体的工作计划开始工作。经典项目管理的种种工具方法在这种情况下都失效了。这些工具包括工作分解结构、组织分解结构、关键路径图、甘特图等。即便经典项目管理认为甘特图是可以在过程中修改的，也无法在一开始就没有明确目标信息的情况下画出这些信息，

更不可能接受高频度永无止境的修改。传统上，任何项目的管理都需要实现两个目标：可控性和可预测性。项目管理者会花费长达数月的时间规划各种细节，确保不会出现疏漏和每件事情都按照计划执行。而在内置不稳定性的情况下，花费时间规划细节是没有意义的，潜在变化和未知因素不可能被规划限制。内置的不稳定性让项目管理者不得不放弃控制的思想，追求新的解决方法。

（二）自组织的项目团队（Self-organizing Project Teams）

一个自组织的团队是从"零信息（Zero Information）"开始的，没有先前可以参考的信息，团队需要自己开始建立秩序。在具备以下三种情况时，自组织的团队就会出现：

1. 自主（Autonomy）

高层管理者给予项目团队极大的自主性，对项目团队的管控仅仅限于提供资金和对道德规范的指引。高层管理者和项目团队的关系类似于风险投资人和被投资项目的管理。在高度自主的情况下，项目团队需要像创业公司一样运作。自己设定目标、自己尝试、自己设定工作计划。虽然人们都渴望自由的工作，但是较高的自主性对项目团队的综合能力要求很高，团队需要完全为自己负起责任。高自主性的空间仅仅是自组织项目出现的外部条件。高自主性的空间不一定会导致自组织团队的出现。相反，可能会引发团队秩序的失控从而导致项目失败。

2. 自我超越（Self-transcendence）

自我超越、打破常规、超越极限的目标追求是自组织团队出现的第二个条件。自组织团队适用于追求非常规性、没有答案的任务。团队希望具有超越寻常的目标，达到卓越，拒绝平庸，团队需要形成一种不断质疑常规，寻找新的解决思路的氛围。打破常规需要项目团队成员有足够的勇气和其他人想得不一样，坚持自己的看法，并找到合适的方法验证。创新就是一个不断建立新的常规，自我超越，打破建立的常规的过程。自组织团队追求的不是确定性的常规目标，而是要能够在快速变化的环境中找到颠覆现有思维方式的新目标。当自主和自我超越相结合，项目团队就有机会发挥创意，找到新的可能。

3. 交叉孵化（Cross-fertilization）

交叉孵化关系到项目团队内部的进化机制。在传统科层制组织中，大家各司其职，做好自己的本职工作就好，不会考虑别人在做什么。而在自组织团队中，项目团队成员需要互相启发，从彼此的想法中获益。因此，交叉孵化成为自组织团队出现的第三个条件。通过交叉孵化，项目团队成员频繁地交换创意，产生新的想法，验证新的可能，团队自己的进化速度大为加快，也就更有可能打破常规，实现自我超越。

综合来看，自主是组织给予项目团队较大的自主空间，而当团队形成不断打破常规、超越现状的目标意识，以及交叉孵化、自主进化的氛围时，自组织团队才得以形成。

（三）重叠的开发阶段（Overlapping Development Phases）

在经典的项目管理部门，我们讲到了项目管理的关键是把工作任务进行拆解，进而分配给相应的人员来完成。这种细致拆解，按顺序完成和精细分工的方式能够帮助组织协同大量人员，完成复杂的任务。然而，这种管理方式对于自组织团队并不适用。由于缺乏必要信息，项目团队需要自己摸索目标和实现目标的方法，项目的完成是一个反复迭代，逐渐寻找到目标的过程，项目开发的阶段并不是可以清晰划分，而是重叠的（Overlapping）。例如，当产品设计产生之后可能打造最小可行性产品，进行产品测试；也可能进行内外部研讨后发现想法不可靠，重新回到概念构思的阶段。项目的各个阶段之间不是循环往返的过程，而是不断迭代、重构和反复的过程。

项目过程的复杂性对团队成员提出了全新的要求。基于专业能力的分工不足以应对这种复杂的任务流程，需要团队成员进行"共享劳动分工（Shared Division of Labor）"，即团队成员感到自己对项目的任何一个部分都有责任。在明确分工的情况下，团队成员的工作任务明确划分成为工作角色之内的任务和工作角色之外的任务。前者又称为任务绩效，而后者称为周边绩效或组织公民行为，即对组织有好处但又不在事先规定的工作角色之内的行为。项目团队成员需要先把自己手头的任务做好，而组织公民行为是完成对组织有益的但非强制的任务。

在共享劳动分工的情况下，项目成员每个人对团队的任务都要有责任心。这是因为在自组织团队中，任务无法进行清晰、明确、有顺序的分工，团队成员常常需要自行判断要做什么事情才能对项目目标实现做出贡献。团队具备完成项目的所有技能：计划、设计、生产、销售、分销。具有这些技能的成员相互学习，相互提高。在团队内部，成员不会清晰区分团队成员的角色，每个团队成员都具备完成工作所需要的各种技能。

（四）多层次学习和多功能学习

对于自组织团队来说，学习和进步比按部就班的执行任务更加重要，所有的团队架构和功能设计都是围绕学习来进行的。有两种学习方式对于团队至关重要。

(1) 多层次学习 (Multilevel Learning)。多层次学习是指发生在个体、团队和公司各个层面的学习。在自组织团队中，由于充满高度的不确定性，需要不断借鉴各种先进的经验，在团队内部交叉融合，探索新的思路。项目团队在各个层面上都要保持开放心态，学习和了解新鲜事物。

(2) 多功能学习 (Multifunctional Learning)。多功能学习是指项目成员内部相互学习各自领域的知识，以促进团队内部的交叉融合。例如，一位机械工程师可以向一位电子工程师学习相关知识，从而结合两个专业领域，在产品设计中产生新的创意。

多层次学习和多功能学习能够帮助项目团队成员打破边界，产生新的思路。由于组织没有给出明确的项目目标，项目团队自己需要密切合作。

（五）轻微控制 (Subtle Control)

虽然项目团队大部分时间是自主决策，但它们并不是不受任何控制的。高层管理者对团队的轻微控制是要帮助团队避免由于不确定的环境而陷入混乱，同时又要避免过度控制扼杀创新性和主动性。可以采取一些轻微控制的方式，包括增加或减少团队成员，营造开放的工作环境，鼓励团队成员聆听客户意见，建立基于团队表现的评价机制，容忍犯错等。

自我管理的项目团队和背后的大型组织并非是完全割裂的，而是通过有渗透性的"边界"保持着联系。在项目进行的过程中，组织仍然对项目提供着资金、人力等方面的支持。轻微控制的要点是，要帮助项目团队不断实现快速的进化，找到解决问题的突破点。因此，鼓励项目团队从短期的挫败中吸取经验，找到成功的可能，和客户交互，找到新的创意来源等，都是学习的机会。此外，特别需要注意的是自组织的项目团队是作为一个整体运作的，因此，要避免对项目团队个体成员进行评价。

自组织的团队是在自主的环境下，通过追求有挑战的自我超越性目标和相互启发学习而获得成功。这是一个复杂的过程，组织需要关注项目团队本身的成长和进化，而很难通过对结果的强行要求而实现目标。

（六）组织学习迁移 (Organizational Transfer of Learning)

自组织团队所引发的学习不仅限于团队内部，还会扩散到整个组织。当项目结束后，项目小组成员会被派驻到其他项目团队以激活整个公司的创新活力，这个过程被称作"渗透"(Osmosis)。

第三节　不确定环境下项目管理的方法

项目管理专家哈罗德·科兹纳认为，相较于确定环境下的项目管理方法，不确定环境下的项目管理有一些共同的特征，首先，项目成功不仅是在时间、成本和范围的三重制约下完成项目，而且是客户和项目团队共同实现预期的商业价值。以客户为中心的思想被引入项目管理。项目管理不再是项目团队或客户单方面的目标，而是要实现共同认可的商业价值。其次，围绕客户价值，项目管理过程中会收集一系列项目度量指标，监控项目按照预期方向展开而不至于产生过大的偏离。最后，强调项目管理的灵活性，以适应项目成果、完成时间、进度等方面的变化。项目管理不再强调对时间和进度的恪守，而是以项目创造的价值来衡量项目的成功。

不确定环境下的许多项目管理方法被集成在一套称之为"敏捷项目开发"（Scrum）的方法论体系中。这里以敏捷项目开发作为代表，讲解不确定环境下的项目管理要点。最初敏捷项目开发应用在软件行业，但是随着商业环境变化的加剧，越来越多的行业开始应用敏捷项目开发的方法进行项目管理。

2001年，17位软件开发领域的专家聚集在犹他州小城Snowbird，就20世纪90年代以来的软件开发方法进行深入研讨，最终提出了影响深远的《敏捷开发宣言》，包括以下核心价值观：

- 个体和互动高于流程和工具；
- 工作的软件高于详尽的文档；
- 客户合作高于合同谈判；
- 响应变化高于遵循计划。

也就是说，尽管右项有其价值，我们更重视左项的价值！

敏捷开发宣言对项目管理有着深远的影响。20世纪90年代，在软件开发的过程中，程序员们对冗长、繁杂的瀑布流开发模式厌恶已久。工业时代形成的，以计划和控制为核心的项目管理模式并不适合需要频繁变化的软件项目管理方式。程序员们一直在寻求新的软件项目管理方式。敏捷开发宣言让一些新的项目管理原则逐渐成为软件开发的主流，并且随着软件/互联网行业对各种行业的渗透而广为传播。敏捷开发模式认为，项目管理过程中需要人们去发现新的问题，激发新的灵感；而把人类行为限制在甘特图的色块中的做法难以适应人们的创新能力。

敏捷项目管理是以小团队作为基本单元的。一个小团队一般包括7个人，最多不超过 9 个人。这是因为团队成员过多会产生过多的沟通渠道，影响团队内部的沟通效率。和小团队相比，大团队会耗费更多的时间。要完成同样的工作量，3~7 人团队耗费的时间是 9~20 人团队耗费时间的 25%。在项目团队中，大家没有专业的头衔和明确的分工，每个人都是团队的一个成员，能充分交换信息以提升工作的效率。

敏捷项目管理致力于消除工作中的浪费，包括设置较为合理、适合项目团队成员的工作节奏以提升工作效率，设置合理的工作节奏以减少员工工作的浪费；通过对顾客价值的洞察以减少不以客户为中心的工作行为的浪费。

敏捷项目开发包括以下一系列实用的工作方法：

一、用户功能聚焦

敏捷项目管理要求每个团队成员都从用户角度来描述用户希望得到的功能。可以通过用户故事来展现用户需要什么。一个好的用户故事包括三个基本要素：①角色：谁要用这个功能？②活动：需要完成怎样的功能？③商业价值/动机：用户为什么需要这个功能？

在通过用户故事收集各种用户希望实现的功能后，项目团队要对目标进行聚焦。敏捷项目管理的目标虽然是动态变化的，但是有明确的指向，即以最快的速度做出一个对用户最有价值的部分。也就是说，即便暂时还不知道项目的具体目标是什么，但也要不断以用户为中心，找到对用户最有价值的少数功能，以最快的速度实现这些功能。

对于用户而言，不同的功能不是平等的，80% 的价值来源于 20% 的功能。如果能够按照价值高低对各项任务进行排序，就能找到完成哪些 20% 的任务，就可以达成对用户最有价值的 80% 的功能。当这些任务完成的时候，项目团队可能会发现，随着对客户需求理解的深入，剩下的 80% 的任务可能并不需要完成，因为用户并非真正需要这些，一些一开始显得重要的任务在后面其实并不重要。而一些新的重要的任务可能会增加。

用户功能聚焦是一个动态的过程，可以发生在项目管理的任何阶段，这使得项目管理打破了在计划开始就固定目标给项目带来的种种限制，也使得用户和项目团队能够形成相互获益的关系。在经典项目管理中，项目的精力花费在计划阶段，而项目计划制订的权力是在远离客户的高层管理者那里。在敏捷项目开发中，项目的目标是在最短的时间内让用户价值最大化，项目目标的制定和修改掌握在最了解用户的项目经理和用户手里，这是敏捷项目管理在速度和灵活度上优于传统项目管理的精髓所在。

二、渐进式流程

用户价值聚焦带来了优先顺序不停的变动。在这一周的顺序是正确的，但是到下一周顺序可能就随着环境的变化或者新消息的获得而发生变化。一些事情可能会变得更容易，而一些事情可能会变得更困难。对于追求流程和稳定的人来说，这种变动会让人感到不安。频繁的变化无法即时在甘特图上画出来，团队只能依赖频繁、透明的内部沟通机制让成员获得同步信息，了解最新进度。在用户价值聚焦的情况下，团队目标实际上是清晰的，并且一旦有用户使用产品或服务，提供反馈，告诉项目团队自己的工作和生活因为产品/服务发生哪些改变，目标就会立刻变得清晰起来。用户还会告诉项目团队下一个最有价值的20%在哪里，帮助项目团队不断找到对用户最有价值的部分。

渐进式流程极大地节约了项目团队和用户的时间。它不是围绕着一张待办清单要开发出所有的功能，而是不断思考，哪些功能是对用户最有价值的，如何完成这些最有价值的，也就是人们真正需要的功能。当项目团队按照渐进式流程完成计划的一半时，就相当于用一半的时间创造了两倍的价值。而按照瀑布流开发的模式，项目团队可能开发了大量的功能，但是其中大部分对用户没有价值，反而让产品变得复杂。

三、项目进度和障碍清单

对任务完成时间的评估对项目管理至关重要。敏捷开发把项目完成时间的预估视为一个动态的要延迟确定的工作。在经典项目管理中，一开始就要请有经验的专家对项目完成时间进行评估。但是，在敏捷项目管理中，一开始项目完成的时间是未知的，无法评估的。只有当团队实际开始工作时，才能够知道团队成员工作的速度和改善的速度，才能够评估项目完成到底需要多少时间，进度能够加快多少。

敏捷项目管理追求同时实现用户价值最大化和速度最快。敏捷项目管理通过障碍清单来实现项目进度的优化。

障碍是一系列拖累进度的因素。这些因素包括项目团队内部和更大组织范围的障碍。例如，非核心任务所占用的时间、团队所需要的资源、组织的制度流程等。当项目需要更快的进度时，项目团队首先应该考虑能否更加聚焦在关键任务上以加快进度，包括砍掉一些不重要的积压的任务，把一些非核心任务交给其他团队做，关闭一些不重要的任务以缩小项目规模等。当剩下的任务都是对用户至关重要的任务时，要进一步考虑是否有限制进度的制度性和流程性因素。项目负责人可以把这些因素列在清单上请求高层管理者支援。高层管理者收到清单后，可以立刻意识到这些问题应当由哪些部分的负责人去解决，以尽快扫除这些障碍，加快项目团队的进度。项目团队要时常反思，有没有什么可以改变的事情，以加快项目的进度。

四、冲刺周期

经典项目管理是按照甘特图上的行动计划为周期管理项目进度的。而敏捷项目开发则是以冲刺周期（Sprint）作为项目节奏把控基本单元。在每个冲刺周期之前，项目团队都要进行简单的规划会议，问自己如下问题：我们在这个冲刺阶段能完成什么？这些故事完整吗？在冲刺时能够完成吗？到时能够展示给用户真正的价值吗？

前面已经讲到，敏捷项目管理的目标是以最快的速度做出对用户最有价值的那部分产品。冲刺周期是完全围绕着这个目标来设计的。在每个冲刺周期，项目团队要集中精力，做出成果，然后停下来，审视产品怎样。这里的"成果"并不是完整的产品，而是在某些功能上完整，让用户可以使用。也就是说，项目的整体目标始终围绕着给用户设计出有价值相对完整的产品。而每一个周期通过让部分功能完整可用，来实现整体目标的阶段性成果。冲刺阶段仍然是以用户为中心的。冲刺周期专注于当下要做的事情，而不必预测后续的冲刺周期该怎样做。

冲刺周期的核心是做好能够运作的新功能，为用户展示看得见、摸得着的新价值。项目团队可以问用户，这是你想要的功能吗？这能够帮你解决一些问题吗？项目的方向是对的吗？如果用户予以否定的答案，那么冲刺计划可能要进行修改。必须先要明确对用户有意义的价值主张，围绕最核心的价值主张展开冲刺，而不是陷于琐碎的上百项任务中迷失方向。

冲刺周期往往有固定的时间，例如一周、两周或一个月。随着项目的开展，项目成员渐渐知道自己在这个固定期限里能够完成多少工作。组织需要让项目团队成员在冲刺周期期间保持相对的专注，一旦他们决定做什么事情，团队之外的任何人都不能再给他们增加任务，否则会干扰团队的进度。项目成员的时间是最宝贵的资源，项目团队必须能够自主掌控项目成员的时间。

在项目进行过程中，可以通过"待办事项""在办事项""完成事项"来管理成员的任务，并在一张白板上用便笺纸贴上这些任务进度条，以便于项目团队成员都能够清楚地看到彼此的任务进度。当任务开始执行的时候，待办任务会逐渐被转移到完成事项中。完成事项唯一的标准是，完成的东西是对用户是有价值的，或是对其他团队成员的工作产生价值。如果做出的东西是不能使用的，这件任务就并没有被完成。

敏捷项目管理认为，未完成的任务对项目团队是一种巨大的浪费，称之为"在制品（Work in Process）"。在生产管理中，一堆原材料堆放着而没有形成产品是一种成本的浪费。敏捷项目管理把这个概念扩展到所有工作，认为事情如果只是做了一半，比一点都没有开始更加糟糕，尤其在迭代期的最后。只做了一半的事情付出了时间和努力，但是没有得到任何的成果。敏捷项目管理的一切活动都是围绕成果和用户价值的，每个项目成员都要思考，自己的工作如何转化成为能够被用户使用的、完成的、可交付的产品。

五、检查和调整

敏捷项目管理是以学习和进步而非控制为核心的。组织、团队和人都可以视为复杂的自适应系统，敏捷项目管理设定了一套简单的指令，让员工实现自我组织和自我优化。自适应系统能够持续进化的关键在于可以不断利用周围环境的反馈信息进行学习和调整。

用户反馈是敏捷项目管理最重要的反馈。项目团队需要定期展示成果给用户，让用户实际操作使用。除了用户，高层管理者等利益相关者也都可以参加成果展示会。项目的信息对于项目成员和利益相关者都是高度透明的。

团队内部也要定期对项目进行检查和调整，可以问自己这样一些问题：是否朝着正确的方向前进？结果是不是大家想看到的？有什么方法能够改善目前正在做的事情？如何才能更快更好？存在哪些潜在的障碍？敏捷项目管理的结构是围绕学习过程建立的，因此，在评估的时候，不仅要评估项目所取得的成果，还要评估取得成果的方法。每过一段时间就要暂停手头的工作，对效果进行评估，想想有没有需要改进的工作是一件看似容易但实际上要求很高的事情。团队成员需要具备开放、坦诚、实事求是和自律等一系列特质。人们很容易掩饰自己的弱点，回避改进和学习。

在敏捷项目团队中，常常由一个具体的"主管"来负责学习和改进相关的职能。在经典的项目管理中，项目管理者是负责项目要做什么的，然而这里的"主管"不是事无巨细的管理者，也不是具体产品的负责人（产品经理）。而是一个服务者，负责召集会议、确保团队运作过程的透明度、帮助团队发现障碍等。这位"主管"更多的是一个过程的监督者、促进者和教练，要经常问团队成员：你们如何才能做得更好？团队成员的互动情况和工作方法如何？团队的工作方式如何改进？最大的症结出现在哪里？

在冲刺过程中，有一种特殊的检查和调整的方式称为"每日立会"。这个会议是在每天工作开始之前固定举行的。称之为"立会"是因为站着开会能够让大家提高效率，减少开会时间。在这个会议上，"主管"每天就问大家三个问题：

- 你昨天做了什么去帮助团队完成冲刺？
- 你今天打算做什么来帮助团队完成冲刺？
- 什么因素阻碍了团队的前进之路？

每日立会的作用有两个：①通过每天的短会，团队成员明白别人要做什么事情，自己要做什么事情，能够大幅增加完成工作所需掌握的信息，了解工作的全貌。②激发团队成员之间的相互帮助，提升效率。一件任务原本可能需要一天时间完成，但在会议之后，可能有其他团队成员愿意使用对这项任务有帮助的专业技能，花费时间一起来搞定，加快任务完成的速度。每日立会把所有人都集合在同一个房间里，大家通过迅速的讨论，实现团队之间高效的合作。

敏捷项目管理致力于减少时间和其他资源的浪费，通过周期性的冲刺和每日立会形成组织持续改进的节奏。每一个立会，每一次冲刺，都有可能开启全新的任务，实现新的改进和个人的成长。

六、需求变更和成果评估

经典项目管理对项目需求的变更有严格的控制。项目需求的变更权掌握在高层管理者手里。项目变更常常被认为是成本的增加，变更的范围和次数受到限制。在项目开始的时候，项目的成果就事先清晰地约定了，项目执行的过程就是按照预先的约定完成交付的成果的过程。项目距离交付的成果偏差越小，说明项目执行的效果越好。

敏捷项目管理有着完全不同的目标，它并不追求精确无误地按照项目计划实现预期的目标，而是追求在最短的时间内为客户创造最大的价值。因此，敏捷项目管理非常欢迎项目需求的变革。如果在项目开始执行之后发现了一个真正有价值的功能，这个功能能够大幅增加为客户创造的价值，那么就应该考虑纳入产品开发的需求清单。敏捷项目管理不限制项目团队成员的才华和创意，不会因为遵循既有计划而否定用户的真正需求，而是希望尽最大努力扫清为用户以最快时间创造价值的任何障碍。

敏捷项目管理的需求变更是随时随地都可以进行的。一般来说，在每个冲刺周期结束之后，项目目标的负责人都会根据用户的反馈重新安排待办事项的优先顺序，通过和用户坦诚、持续的沟通变更需求的范围。敏捷项目管理的目标是为用户创造价值,让用户满意,并以此来衡量项目的成果。不同于经典项目管理在项目开始就对最终成果进行预测和约束,敏捷项目管理在项目进行的过程中,通过不断为用户创造出实实在在的价值,不断和用户一起定义最终交付的成果,最终为用户创造出足够的价值。这样做对项目团队和用户都会带来一系列挑战,包括成本的评估、交付标准的制定等,需要项目团队和用户之间保持坦诚和沟通,建立信任,共同为用户价值的目标而努力。

【要点回顾】

本章首先介绍了项目管理从制定目标到落地执行的一般过程;然后,介绍了敏捷项目管理的主要思想,特别介绍了野中郁次郎和竹内中宏提到的通过自组织项目小团队进行管理的思想;最后,对敏捷项目开发中的用户功能聚焦、渐进式流程、项目进度和障碍清单、冲刺周期等具体方法进行了介绍。

【复习题】

1. 甘特图背后的思想是( )。
A. 自主   B. 控制   C. 授权   D. 创新
2. 敏捷项目开发把控项目进度的主要单元是( )。
A. 行动计划   B. Sprint   C. 绩效考核   D. 里程碑事件
3. ( ) 不是自组织团队的特征?
A. 自主
B. 自我超越
C. 交叉孵化
D. 彼此信息保密

第十章
走向开放的创新管理

【学习目标】

1. 了解开放式创新的内涵;
2. 了解从封闭式到开放式创新范式的演变;
3. 了解开放式创新管理的方法与程序;
4. 掌握走向开放的创新的典型模式与路径;
5. 熟悉开放式创新的风险与防范措施。

【导入案例】

海尔的 HOPE 创新平台

数字技术特别是互联网颠覆了传统的竞争环境,以往的产业边界变得模糊,出现了融合混战、跨界竞争。在这种情况下,市场对企业的创新能力提出了更高要求:定位要准,速度要快,价格要低,维度要多,是一种新的集技术、流程、模式为一体的综合创新。要做到这一点,海尔以往的内部创新模式显然已经力不从心,企业需要打造敏捷、高效、具备成本优势且可持续的创新型组织,建立"高度互联互通"的开放式创新体系。

2012 年年底,海尔顺应互联网潮流,宣布进入网络化战略发展阶段,企业由封闭的组织向开放的平台转型。2013 年 10 月,由海尔开放式创新中心开发并运营的海尔开放创新平台(Haier Open Partnership Ecosystem,HOPE)正式上线。HOPE 从原有以企业需求为主的单向寻源上升到供需双方的双向互动,通过大量用户对需求和技术的交流与反馈,产生更完善的需求与技术,进而对需求进行技术自动匹配或技术提供,从而产生产品的可行性方案。在 HOPE 上,主要包含以下几类主体:

（1）海尔内部员工。海尔鼓励将员工从雇佣者转变为创业者，每一个员工都可以在海尔平台上创业，直接面对用户，创造价值。这样可以转变员工的内部思维，员工不仅是解决问题的个体，而且可以是发现问题的个体。

（2）个人用户。从 HOPE 建立到现在，挖掘个人用户的潜在需求和解决用户的问题一直是 HOPE 最基本的目标，而在 HOPE 平台上，这部分用户将自己在生活中遇到的问题发布在 HOPE 平台上，为 HOPE 提供了宝贵的资源。从 HOPE 平台上的信息来看，这一部分用户不仅仅提供需求，还积极参与创新需求和技术的评论与关注，帮助需求提供者完善需求，并且能够帮助 HOPE 选择有价值的需求。

（3）外部企业。外部企业是最主要的需求来源，提供了需求总数的 57%，同时也是最主要的技术提供方。HOPE 需求的提供方包含多个外部企业，其中包括世界五百强的南方电网、花旗集团，还有海纳电子、天阳地暖等多个企业，涉及的行业也不再局限于海尔之前的白色家电，而是包含了电力、生物制药、电子信息、微生物肥料、新能源、新材料等多个行业。

（4）高校和研究所。高校和研究所为 HOPE 提供需求方案和技术方案，主要是为 HOPE 提供技术方案以及解决需求方案。这一部分主体的存在保证了技术的多样化和专业化，并保证了需求的快速有效匹配。HOPE 中的高校和研究所包括西北工业大学、清华大学、山东大学、上海交通大学、华南理工大学和中国科学院等高校和研究所，涉及电子信息、微生物肥料、新能源、新材料、机械等多个领域。

基于 HOPE 平台进行开放式创新的代表成果之一是 2014 年 9 月海尔在北京五棵松发布的"空气魔方"。首先，海尔通过 HOPE 平台发布了为不同地域、不同经济水平的用户制作智能空气产品的需求，随后，来自 8 个国家的内外部设计师、工程师、专家和学者共 128 人，进行了专项设计，并历时 6 个月与全球超过 980 万不同类型用户交互意见，利用大数据分析，最终筛选出 81 万粉丝最关注的 122 个具体的产品痛点需求。设计方案在通过可行性分析和样品实测后，直接在京东进行众筹研发，获得 7 563 人支持，筹资 1 100 多万元，最终成功地规模化生产并推向市场。

问题：海尔的 HOPE 创新平台有哪些特点？你能描绘出在该平台上的创新发生路径有哪些吗？

（资料来源：改编自"创新社区中用户创新的创新效应及意见探究：以海尔 HOPE 创新平台为例"，《科学学与科学技术管理》2017 年 02 期，余菲菲、燕蕾）

第一节 创新范式的演变——从封闭到开放

一、封闭创新的挑战

现代企业的出现是工业革命的必然结果，机器大生产代替了手工业工场，管理方式也由经验管理转向科学管理。在19世纪70年代以前，企业的主要组织形式是私营和合伙制，而之后随着技术发展和资源的迅速集中，公司制成为主流。企业史学家艾尔弗雷德·钱德勒（Alfred Chandler）从美国、英国、德国三个主要工业强国各选取200家最大的工业企业，考察它们从1870~1990年的动态发展，发现现代大企业是国民财富最重要的创造者，其通过发展"组织能力"在美国、英国和德国的工业经济增长中发挥了核心作用。为了获得"组织能力"，企业通过垂直一体化、资源垄断等方式构建进入壁垒，技术和资金的集聚使得20世纪的创新活动大多发生在大企业内部。

1974年，经济学家克里斯托夫·弗里曼（Christophe Freeman）将熊彼特的创新观点概括提炼为"熊彼特的大企业创新模型"，大企业将研发活动内生化，从而形成非常有效的自我强化周期：大企业成功的技术创新活动→基础性、应用性技术突破→新产品和服务的推出→通过现有模式获得超额利润→增加研发支出。这种正向反馈的良性循环使大企业对技术创新等发明活动越来越具有主动性和掌控性，该观点较准确地预测了20世纪以来的一大重要趋势，即大企业越来越多地利用内部研发力量进行创新活动。

亨利·切萨布鲁夫（Henry Chesbrough，2003）将这种聚焦于企业内部的创新范式称为"封闭式创新"，意指企业通过强有力的控制研发、生产、销售、售后服务、财务支持等全过程，预期从新产品创新中获取高额的边际利润。封闭式创新强调企业的边界是封闭且不可渗透的（见图10-1），基于"成功的创新需要控制"的理念，认为创新活动应该严格地控制在企业内部，要求企业不断提高研发能力以保证对技术的独享和获取垄断利润，一般采用企业中央实验室的形式，如IBM的沃森实验室、朗讯科技的贝尔实验室、杜邦的杜邦实验室、施乐的帕洛阿尔托研究中心、惠普的中央实验室等。另外，由图10-1可见，在封闭式创新模式下企业的研究部门与开发部门是隔离的，前者是成本中心，后者是利润中心，大量的内部研究项目经过筛选，只有部分经开发部门选中后才能被商业化推向市场。

在20世纪相当长一个时期内，封闭式创新模式在企业发展中起着至关重要

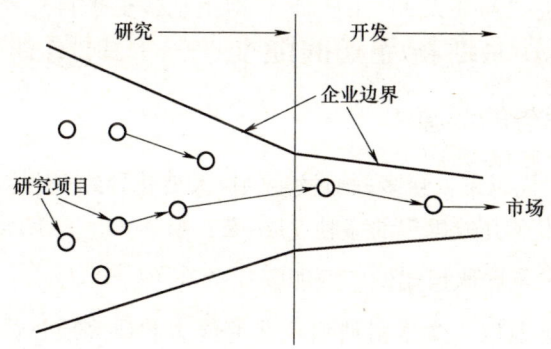

图 10-1 封闭式创新研究与开发过程示意
（资料来源：切萨布鲁夫. 开放式创新——进行技术创新并从中赢利的新规则）

的作用，并获得过巨大的成功。然而，在信息技术及知识飞速发展和广泛传播的背景下，封闭式创新由于过多强化和控制自我研究功能将会面临如下挑战：

（一）"硅谷悖论"

"硅谷悖论"是指最善于进行技术创新的企业往往也是最不善于从中赢利的企业。一些封闭的内部研发成果没有找到应用场景或恰当的商业模式而被束之高阁，不能获利。典型例子是施乐的 PARC，其研究人员的大多数创新为整个社会尤其是计算机领域做出了巨大的贡献，但是并没有为施乐的复印机业务带来好处，施乐"副产品"的市场应用甚至超过了主营产品。

（二）灵活性不足

企业因局限于既有的组织资源、知识和能力，不能应付快速变化与新兴的市场。漫长的研发和市场化周期使企业容易丧失对潜在商业机会的灵敏把握。在新需求和新技术的共同驱动下，以互联网和产业融合创新为核心特征的新变革已然来临。对于大量创新主体而言，如何适应不确定状态是他们每天都会面临的突出问题。

（三）研发骨干流失

无力承担高额研发投入的中小企业因新技术来源壁垒而处于竞争劣势，因而"挖墙脚"频频发生，企业内部不断有怀揣重要创新成果的骨干力量离职出走或另立门户。

（四）闭门造车

研发团队是封闭的，在技术创新上完全孤立，不与外部研发力量有交流或融合。很可能产生"与我无关"的思想，即拒绝接受来自外界的技术，而只相信自己内部的创新，最终导致企业闭门造车。

二、开放思想的渊源

20世纪80年代以来，众多领域发生的巨大变化导致企业创新模式发生了颠覆性的变化，引发了开放思想的蓬勃发展。

（一）知识总量膨胀且知识扩散加剧

高等教育的普及以及学术科研机构研究能力和研究质量的迅速提高，使得知识总量迅速膨胀，由以前富集于企业研究部门和科研单位，转变为广泛分布于产品价值网络中的各个节点。另外，在一些高速发展的行业，即使是监控行业内新出现的专利都很困难。因此，知识的自然配置打破了只有富裕的企业和富裕的国家才能开展创新的垄断局面。并且，由于知识流动性大幅提升，创新活动的分散程度空前提高，高校、政府机构甚至个人的研究活动都有可能产生极具经济价值的创新。

（二）人才流动速度加快

技术外溢速度加快，企业很难有效控制研发人员和内部成果的流动和溢出，因此企业员工的流动性不断加大，尤其是经验丰富、技能高超的员工外流，企业对专利等知识产权的掌控越来越困难。与此同时，高素质人才的就业观念发生重大变化，由以前的忠诚于企业，转变为忠诚于职业；劳动力市场中已经形成一个"拍卖市场"，对于高素质人才，企业只能"价高者得"；国际移民政策和人才引进政策逐渐放宽，促进了国际人才的流动，进而促进知识和技术的跨国流动。

（三）风险投资蓬勃发展

以往在风险投资资源十分贫乏的时候，从大企业里走出来的员工，即使拥有非常有前景的技术和创意，但由于缺乏资本的投入，他们另立门户的希望往往也会落空，同时那些想要吸引有能力的专家离开实力雄厚的大企业的新创企业，也经常会因为没有足够的发展资本而严重削弱了企业的吸引力；风险投资产业的蓬勃发展则使得大量"小而专"的企业得以生存，后者也能够提供更完善的风险管理机制和回报机制，从而大大诱惑了资本与人力，丰富了技术市场的资源供应，使许多商品和服务向市场推广的速度越来越快。

（四）创新成果转化机制多样化

经济全球化浪潮带来了创新的崭新局面，使得创新成果的实现可以在更多种途径中进行，很多以前只能被搁置起来的"无用"研究成果，现在可以在外部寻找更多的实现价值的机会,并且随着产品生命周期越来越短,外部机会越来越多,技术寻找其他出路也显得更加迫切。

(五)创新需求主导力量转向买方

在卖方市场向买方市场的转变过程中,消费者和供应商的专业知识也越来越广博,消费者和供应商主导企业经营的时代逐渐到来。

(六)科学技术更新速度加快,产品生命周期缩短

技术与产品的生命周期日益变短。当前科学技术以几何级数的速度在更新换代,以硬盘驱动器为例,主机驱动器的生命周期从2年缩短到1年。麦肯锡的研究显示:在当今竞争激烈的环境中,超过开发预算而及时将新产品导入市场的项目,要比未超出预算而延迟进入市场的项目获得更多的利益;新产品拖后6个月投放市场,5年内的累计收益将会减少17%～35%;如果开发投入超出了预算的50%以使新产品快速进入市场,那么收益仅仅减少4%。

以上种种变化使企业面临的创新压力加大,单纯依靠内部资源进行秘不示人的"大实验室式"创新变得越来越困难。即使是技术力量雄厚、资本充足的大型企业也不可能拥有创新所需的全部技术和资源,更不可能在所有前沿领域同步自行研发,这要求企业积极寻求和动员外部资源来补充内部研发的不足,探索新型的创新模式。

三、走向开放的创新模式

从封闭到开放,创新要素的分布不再仅集中于企业内部,组织边界从完全封闭逐渐变成局部渗透、可渗透、完全开放的状态。封闭式创新逐渐开放为合作创新、集成创新、分布式创新、开放式创新甚至网络组织创新(见图10-2)。

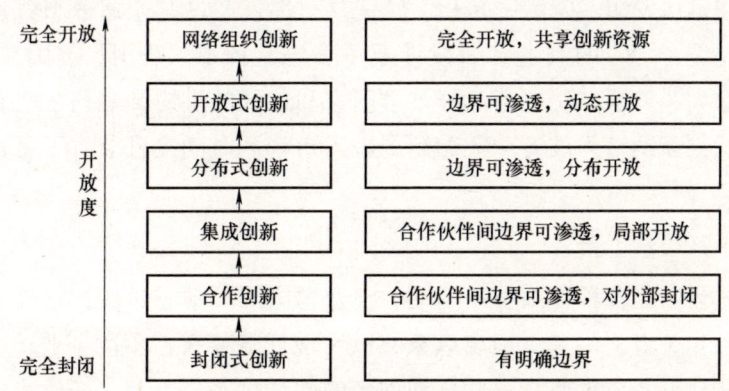

图10-2 逐步走向开放的创新模式

（一）合作创新

合作创新的目的是实现资源共享，创新主体对外界来看是封闭的，合作伙伴间边界可渗透。企业与高校、研究机构甚至包括竞争对手在内的其他企业之间开始形成各种形式的合作关系，通过资源共享和优势互补，提高创新效率，共同实现技术创新，典型模式有战略联盟和研发合资企业等，如两个科技公司建立合作实验室共同开发某项前沿技术。

（二）集成创新

集成创新是利用各种信息技术、管理技术与工具等，对各个创新要素和创新内容进行选择、集成和优化，形成优势互补的有机整体的动态创新过程，其目的是在主动寻求最佳匹配要素的优化组合中产生"1+1>2"的集成效应。集成创新可分为技术集成、知识集成和组织集成。集成创新强调灵活性，重视质量和产品多样化，通过集成创新可以为企业提高产品的创新效率。

（三）分布式创新

分布式创新是一种开放程度更高的集成创新模式，是指创新所需要的技术以及相关能力在多个公司和其他知识生产机构之间分布，由一家主导公司发起，选定创新任务，在研发合作伙伴或者内部分支研发机构之间分配创新任务，最后对研发、创新成果进行集成的研发模式。对跨企业边界的技术创新过程分布式特性的关注引发了分布式创新，其前提是创新所需要的技术和其他能力在一系列企业和其他知识创造机构之间广泛分布。分布式创新强调创新活动地理位置的分布性，可以是企业内部的各创新组织在不同地域的分布，也可以是不同地域企业间的合作和分享。分布式创新的一个典型案例是波音公司的创新模式：波音787飞机从发明、定型、转化、融资几乎都是通过其全球分布式创新网络来实现的。波音787的制造和研发涉及了美国、日本、法国、英国、意大利、瑞典、加拿大、韩国、澳大利亚等多个国家和地区的供应商和研发机构，其全球性分布式创新网络为波音787缩短了进入市场的时间，且节省了可观的研发费用。

（四）开放式创新

开放式创新是各种创新要素互动、整合、协同的动态过程，这要求企业与所有的利益相关者之间建立紧密联系，以实现创新要素在不同企业、个体之间的共享，构建创新要素整合、共享和创新的网络体系。因此，开放式创新下的组织边界可渗透且动态开放。

(五)网络组织创新

这是一种完全开放的,组织边界模糊的创新模式。网络组织是基于信息技术,由专业化联合的资产、共享的过程控制和共同集体目的等要素构成,通过活性节点的网络连接,能够获得某种长期竞争优势的有机组织系统(赵民杰和刘松博,2004)。一个典型案例是基于 Linux 的开放源代码软件的创新发展,1991 年,一个芬兰的大学生将自己编写的第一套 Linux 程序发布到互联网上并开放其技术标准,这种开源的方式使得所有对 Linux 感兴趣的研发人员都可以参与该软件的开发和迭代之中,自发形成一个全球 Linux 技术开发网络。不过目前网络组织创新模式主要集中于软件开发领域,企业主体的商业模式暂不明朗,因此在其他领域的应用并不广泛。

第二节 开放式创新:内涵与理论框架

一、开放式创新的内涵与概念演进

开放式创新概念在 2003 年由哈佛商学院教授亨利·切萨布鲁夫提出,作为与封闭式创新相对应的概念,开放式创新指的是企业发展新技术时应同时将内部和外部的创意有机结合起来,并同时利用内外部的市场通道进行商业化推广。

开放式创新使技术的研发不再像封闭式创新那样在严格封闭的企业边界内秘而不宣地进行,技术可以在一定条件下穿过企业的边界,在企业内部和外部进行流动和重新组合(见图10-3)。在研发阶段,外部项目可通过合作研发、技术许可等方式被企业吸纳,内部项目也可流出企业被其他公司所开发。在开发阶段,可通过技术并购直接推向现有市场,也可将技术剥离面向新市场。

后续学者对开放式创新的定义进行了丰富和拓展,将开放从"技术"和"创意"拓展到"信息""创新资源""知识"等。总结来说,开放式创新是企业在技术研究、产品开发、市场推广等价值创造与获取活动中,突破以往独自封闭创新的形式,采取整合内部与外部资源和商业化途径的一种创新活动模式,也是企业为适应新环境所采取的一种创新发展战略,更是与组织资源、关系、管理、变革等密切相关的一种新的组织实践。

在模式分类上,亨利·切萨布鲁夫(Henry Chesbrough)和阿德里安·克罗瑟(Adrienne Crowther)(2006)根据知识流动的方向将开放式创新划分为内向

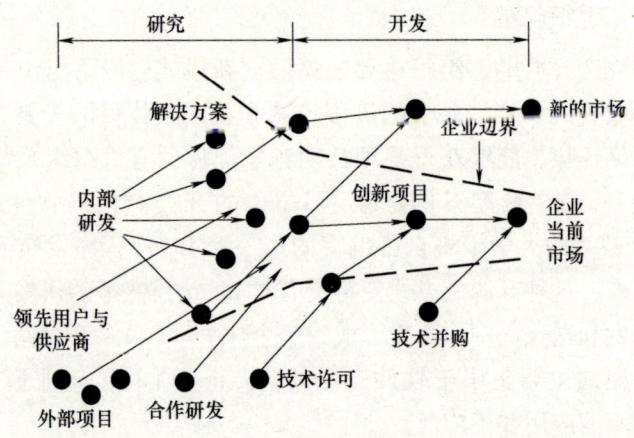

图 10-3　开放式创新研究与开发过程示意

型开放式创新（Inbound Open Innovation）和外向型开放式创新（Outbound Open Innovation）两种类型。其中，内向型开放式创新是企业通过技术搜索的方式从外部主体获取有价值的知识资源和技术资源，并将外部资源整合到企业内部进行技术革新和商业化的过程。例如，宝洁的"联系+开发"项目是内向型开放式创新的典型案例，该项目协同了顾客、供应商、高校、科研机构等外部主体的全球创新网络，从外部获取知识资源并转化为组织内部进行产品创新。外向型开放式创新则是指企业出于经济或战略目的，将企业具有商业价值的知识或技术输出到组织外部由其他组织进行技术商业化的过程，包括技术衍生企业、技术外部授权、技术服务等途径。例如，特斯拉开源所有专利，即是一种外向型开放式创新，企业可以通过专利授权获取技术标准等无形收益。

二、开放式创新与封闭式创新的区别

开放式创新是均衡协调企业内部和外部的资源来产生创新思想，不仅把创新的目标寄托在传统的产品经营上，还积极寻找外部的技术特许、技术合伙、战略联盟或者风险投资等合适的商业模式来把创新思想商业化，形成产业化。其核心理念在于不再区分创新是来自于企业内部还是外部、创新是应用于企业内部还是外部，其目标就是以最小的成本和最短的时间实现创新价值，并获得最大化的收益，它是各种创新要素互动、整合、协同的动态过程。表 10-1 从人才观念、商业模式、知识产权、研发模式、核心能力、内部研究人员职能和用户角色七个方面比较了封闭式创新与开放式创新。

表 10-1　封闭式创新与开放式创新的区别

	封闭式创新	开放式创新
人才观念	企业拥有行业内所有最聪明的员工，创新源于企业内部员工自己进行的发明创造	企业不一定拥有行业内所有最聪明的员工，企业的创新源于企业内部、外部研发
商业模式	内部研发严格保密，并最先把创新成功商业化，通过不断推出新产品、新技术、新工艺赢得竞争优势	较快整合内外部研发资源和创新成果并市场化从中获利；好的商业模式可能会带来后发优势
知识产权	成功源于技术本身。内部创意最多最好的企业一定能在竞争中取胜，因此知识产权垄断非常重要	成功源于对内外部技术的充分及时应用。可通过购买他人的知识产权成功，同时也应该转让出不适宜内部商业化的技术并从中获益
研发模式	封闭式的、高度集权的内部研发模式	开放式的、兼收企业内部和外部所有适合的技术的研发模式
核心能力	产品和服务设计的垂直一体化	外部资源的搜寻、识别、获取和利用，内外资源的整合能力
内部研究人员职能	促进技术的更新换代	促进技术的更新换代、流入与流出
用户角色	被动接受产品	主动的创新合作者

（资料来源：根据 Chesbrough（2003）相关资料整理）

三、开放式创新的特征

（一）开放性

企业开放式创新在思想文化、创新活动、组织支撑方面均具备开放性。从思想文化来看，企业具备开放的创新思想与开放式创新文化氛围，公司上下能够形成一致的开放共识和倾向；从创新活动来看，正如切萨布鲁夫所言，与封闭式创新相比较，企业开放式创新认可"非此处发明"的作用，强调企业应该拓宽创新来源与商业化途径，开放企业的创新边界；从组织支撑来看，开放式创新强调企业要打通组织内部与组织外部之间、组织内部各部门之间、组织内部员工与员工之间的"围墙"，建立开放的场所、平台、机制等。

（二）系统性

企业开放式创新不是单纯的开放式技术创新活动，而是一项全面的、系统的创新工程，需要各部门、各要素的协调配合才能取得成功。一方面，企业开放式创新要全面系统地思考内向型、外向型与双向型开放式创新活动之间的相互影响，不能将它们割裂开来；另一方面，企业开放式创新要从创新管理的理念、活动与组织层面进行系统思考、计划和行动，综合考虑思想文化开放、创新活动开放与组织支撑开放之间的有机结合，协调好各层面开放系统的关系。

（三）战略性

企业开放式创新不是一场追逐热点的"模仿秀"，而是企业基于长远考虑的开放式发展战略。随着开放共享经济的发展，企业间的分工将会越来越细化，企业间的协作也会越来越紧密，企业的组织边界也会越来越模糊，开放发展已经成为大多数企业必然的选择。开放式创新正是企业基于当前发展背景下的一种战略考虑与战略选择，是企业成长的一条战略性路径。从长远发展来看，企业要从思想文化建设与组织支撑建设来增强开放发展的动力和能力，进而把自己打造成为一个全面开放的系统。

四、开放式创新环境中各创新主体的作用

开放式创新的首要特征是开放性。这意味着组织边界可渗透，不仅打破了阻碍组织内外的信息与知识等自由流动的壁垒，还丰富了创新资源的来源。在开放式创新模式下，创新变成一种全局性的活动，内部员工、头部客户、风险投资机构、技术合作者、上游供应商、知识产权持有者等创新主体都将发挥作用。

（一）内部员工

不是每个人都能成为技术发明者，但人人都是创新者（夏皮罗，2002）。创新是一个经济活动过程，是发现价值创造的新方法。因此，激发内部员工的创新积极性，重视普通员工的创新潜力将推动"自下而上"的创新。

阅读材料 10-1

麒盛科技的全员创新之风

2018年的"五一"表彰中，麒盛科技股份有限公司（以下简称麒盛科技）生产部五金厂获评嘉兴市先进集体。作为公司的重要部门，五金厂一直为麒盛科技的"拳头产品"生产五金配件，确保生产系统的有效运作，让人吃惊的是，五金厂的很多工人都是"发明家"。

为了鼓励工人们对技术进行钻研，麒盛科技每个月都会拿出将近20万元，作为对员工创新的奖励，因此全员创新氛围很快被营造出来，车间每个月都有

七八项的创新项目,五金厂的业绩和活力被大大激发,在模具、技术图样各个方面都有创新突破。

(二) 头部客户

用户反馈有助于准确把握市场需求,开发出更容易被市场接受的产品。塔克·罗伯特(Tucker Robert)(2002)的一项研究表明,大部分新产品来源于顾客提出的创意,而非公司内部的头脑风暴或成熟的研发活动。通过与头部客户的密切合作将有助于产生突破性的创新产品,抓住用户痛点做产品已经成为实现创新的重要形式。

(三) 风险投资机构

风险投资为创新提供了自由的孵化平台,无论是高校、政府还是企业中的科研人员,都可以便利地借助风险投资培育、转化自己的科技成果,大幅度提高了创新成果的总量。风险投资为美国带来专利浪潮,这些专利是大企业对外采购技术的重要来源。风险投资向大企业输送了大量成长型科技企业,这些企业大部分直接被大企业收购或在创业板上收购,大企业将收购的成长型企业的创新成果与自己的商业目标整合到一起。通过丰富的资金支持和专业化的服务,风险投资扩大了创新的总量、提高了创新的效率。

(四) 技术合作者

技术的开放与流动是开放式创新最初被提出的核心诉求。技术合作是企业间将各自拥有的互补资源结合在一起,促进知识和技术的创造和有效转移,提高应付复杂情况的能力,共同承担技术创新的风险和成本。企业可通过技术购买与研发外包、技术转让、技术联盟等方式将技术合作者纳入到开放式创新之中。

(五) 上游供应商

与具有创新意识的上游供应商建立长期互信的合作关系是企业获得创新资源的重要方式。通过专业知识和技术的互相交换,有助于建立更富有弹性的产品开发流程。让供应商参与新产品的初期开发和设计,通过将互补的技术和能力相结合将缩短创新周期并提高创新效率。

(六) 知识产权持有者

知识总量的膨胀使企业不能再垄断行业内的创新活动,在一些高速发展的行业,即便是监控行业内新出现的专利都很困难。知识流动性大幅提升,使创新活动的分散程度空前提高,高校、研究机构甚至个体知识工作者都有可能产生极具经济价值的创新。充分利用企业外部的知识产权,以填补企业某些方面的技术空缺,是提高技术创新成功率的有效途径。

在管理和利用多方外部知识产权持有者的过程中,组织也逐渐采纳精益创业(Lean Start-up)的理念,从过去耗费大量时间开发出完美的产品后推向组织外部,到高效利用内部和外部资源快速生产出原型,再快速迭代,让组织内部和外部的新想法能够被更快地执行,导致创造出一系列的可用产品,将大公司的充裕资源与小组织或个人的快速灵活结合起来。

> 扩展案例 10-1

京东方的开放式创新

京东方创立于1993年4月,是一家为信息交互和人类健康提供智慧端口产品和专业服务的物联网公司,据汤森路透《2016全球创新报告》,京东方在半导体领域内的创新指数排名第二。2018年,京东方新增专利申请量9 585件,其中发明专利超过90%,累计可使用专利超过7万件。京东方通过与价值链中的多种角色合作以实现开放式创新,如图10-4所示。

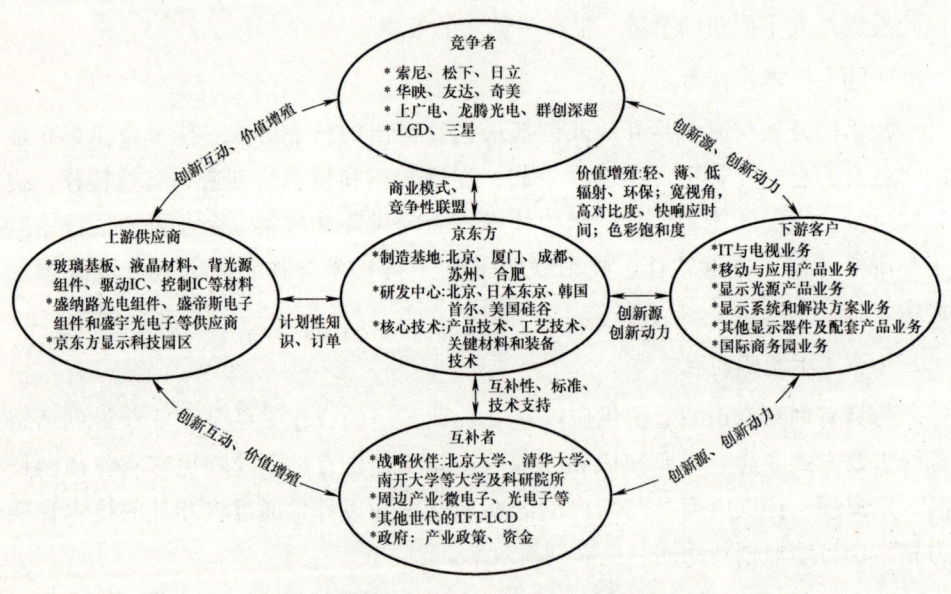

图10-4 京东方的开放式创新

1. 与上游供应商的合作创新

(1) 技术收购。2003年,京东方收购韩国现代的TFT-LCD业务,获得

2 000多项技术专利、三条生产线和全球营销网络，以及1 700多名韩国管理、技术人员，从而将整套研发和生产体系向我国转移。

（2）知识转移。京东方派出400多名技术和管理人员到韩国进行为期半年到两年的工作和学习，同时引入了120多位韩籍工程师和主要管理人员到北京工作，有效地进行并购后的知识整合，留住人才以完成显性知识和隐性知识转移。

（3）产业集成。京东方投资建立京东方显示科技园，吸引产业链上下游20多家企业入驻园区，共同探讨基于共赢基点上的深入合作和战略伙伴关系。

2. 与竞争者的合作创新

建立知识联盟。京东方与日韩、欧美、东南亚等多家竞争者建立知识型的竞争性联盟，通过实时扫描和追踪竞争对手的技术和战略信息，促使京东方与竞争者展开"学习竞赛"，加大了创新意愿和能力。

3. 与下游客户的合作创新

进行按需开发。京东方的液晶显示产品是手机、电视、计算机等行业最重要的原材料之一，这些客户并非"一次性购买者"，京东方主动将下游客户纳入到技术和产品的研发中，主动向他们推广新技术并快速收集反馈，在客户的帮助下将激进的新概念转化为实体产品，如通过组合创新和破坏性创新创造出FFS（边缘场开关）技术等。

4. 与互补者的合作创新

（1）技术互补。京东方在整合北京大学、清华大学和中国科学院的技术资源基础上，进行自主创新，实现了原有的3.5代线向5代线的升级，逐渐形成我国光电显示产业的自主发展能力。

（2）人才互补。京东方与清华大学液晶工程研究中心等机构建立了人才培养计划，并选派人员到日本、韩国等开设液晶专业的院校去学习。

（资料来源：江积海. 基于价值网络的开放式创新——京东方的案例研究）

第三节 走向开放的创新管理：方法与工具

在开放式创新思想下，企业原有的内部创新流程中的价值链的各个环节都有可能被打破。在价值链的不同环节，开放式创新的类型、参与者和实施措施均有所不同。国内学者王季（2016）总结了开放式创新的运行机制（见图10-5），并以封闭式创新下的创新流程（图中实线框）为基础，绘制了开放式创新的具体措施（图中虚线框）。

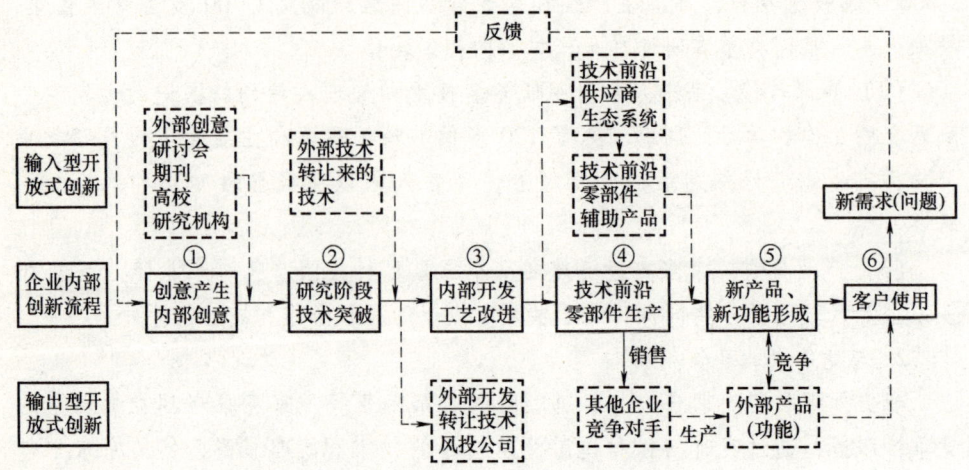

图 10-5　开放式创新的运行机制

一、创意产生阶段

在开放式创新下,创意来自于企业的内外部。例如订阅前沿技术期刊了解当前研究热点与应用方向,举办研讨会或与高校等科研机构开展横向课题合作,听取客户反馈意见获得创新灵感等。

二、研究阶段

除了内部技术研发与突破外,企业还可以从外部获取创新技术,在这一过程中,企业应围绕外部可获得的技术资源进行技术创新活动。供应商、竞争对手、高校和科研机构等都有可能成为外部技术的来源。

三、产品开发、工艺改进阶段

经过研究阶段研制出的新技术,可以通过如下三种基本途径被利用:本地应用、技术转让、技术孵化。本地应用是新技术直接被本公司投入使用;技术转让是通过向其他公司出售技术和专利的使用权来获得收入,往往数额巨大;技术孵化针对的是那些有商业化前景但并不适合在本公司内部开发应用或与公司战略目标不相符的技术或专利,通过将其从母公司中抽离出来,建立新的初创技术公司,引入风险投资或使其进入其他孵化器、加速器等,从而将其推向市场。

四、零部件生产阶段

经过上一阶段,核心研发产品得以市场化,第一步是以可组装的零部件为生产单位进入生产环节，这阶段广泛存在输入型和输出型两类开放式创新。

（1）输入型开放式创新。企业可以通过搜寻市场上处于技术前沿的供应商，或对供应商投资以实现其零部件的技术前沿性，来确保获得符合设计和制造工艺的、具有稳定性能的处于技术前沿的零部件。企业还可以通过支持或投资产品所处的生态系统的办法，增加辅助产品的范畴并提高辅助产品的技术，随着辅助产品对企业产品技术要求的进一步提高，将促进企业产品的技术更新和进步，同时也会扩大消费者对产品的需求。

（2）输出型开放式创新。企业可以将自身研发出的具有前沿技术的零部件销售给行业内的其他公司或竞争对手。一方面，企业能极大地提高该零部件的销量，摊薄高昂的设备制造成本，为企业提供更多资金，能将一些市场标准引入到企业内部系统产品业务部门之中。另一方面，将零部件出售给竞争对手，企业虽然会面临市场竞争的巨大威胁，但未必是对公司技术优势的浪费。因为如果不出售给对手，那么该公司必须保证能够在相当长的时期内控制并保持技术的优势。而在外部知识资源十分丰富的情况下，企业要做到这一点很难。

五、新产品、新功能的形成阶段

通过对上一阶段生产的具有前沿技术的零部件进行组装，新产品、新功能逐渐形成，在推向市场后将可能面临外部相近功能类型的竞争对手，而这些竞争对手很有可能是在上一阶段中购买了本公司所生产的具有前沿技术的零部件。这种激烈的竞争威胁将会促进企业积极进行新一轮的研发和更高层次的技术突破。

六、客户使用阶段

客户通过对新产品/功能的使用，可以为企业带来创新的灵感和有用的信息。客户在使用过程中可能会出现新的需求或新的问题，企业应快速处理，这将引发新一轮学习和创新过程。客户信息被反馈至创意产生阶段，研发过程以满足用户新的需求和解决用户在使用产品过程中出现的问题为导向，达成更精准、快速的创新。

第四节　企业的开放式创新：模式、路径与最佳实践

开放式创新在被提出来的十几年过程中，在实践中不断出现新的模式与实现路径。大企业往往不会一开始就进行颠覆式的"创新型"组织结构转型，而

是在维持原有科层制组织结构不变的情况下，循序渐进地在不同部门内开展局部创新（举例见图10-6），如研发部通过众包等形式创建创新资源平台，引入外部技术，或接入电商/社交等互动平台，为生产、销售或营销等环节提供新的创意和想法。另外，一些公司在内部成立创业投资部门，承担新技术引入或新企业并购的功能，同时也投资孵化新的创业项目，提升企业创新能力和效益。

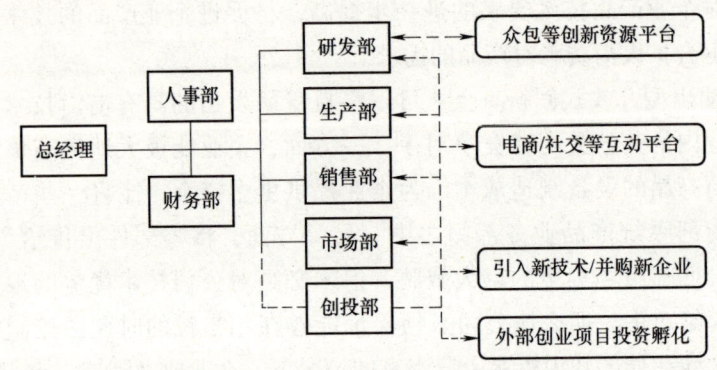

图10-6　开放式创新的实现路径举例

一、基于众包的开放式创新

随着Web2.0技术的发展，世界各地的个人或组织之间的沟通成本下降，沟通渠道多样化，一种通过开放网络、面向外部群体获取知识与技术的创新模式，即基于众包的开放式创新（Crowdsourcing-based on Open Innovation，COI），引起了很多企业的重视，被视为一种具有良好发展前景的开放式创新模式。

学者萨克斯顿·格雷戈里（Saxton Gregory）和拉吉夫·基肖尔（Rajiv Kishore）在2013年给出众包的定义，众包是指组织或个人利用先进的互联网技术，将传统工作模式中交给指定机构或个人（通常为雇员或承包商）的工作以公开征集的方式外包给非特定的分布式网络大众来完成。众包能促进企业通过网络平台获取大量来自外部网络大众的设计或创意，并通过与外部组织进行资源共享，使企业的研发创新活动更具开放性，在新产品研发过程中日益发挥重要作用。

随着信息网络的大量普及，众包平台在实践中开始发挥作用，已经出现不少基于开放式创新思维的众包平台实践与应用研究。科研社交网络和开放式众包科研平台（如IBM的全球创新项目、易科学、猪八戒网等）发展迅猛，为相关领域的科学研究做出了重要的贡献。通过网络平台向企业外部网络大众发布悬赏任务来获取产品创意或者设计，有效地促进了企业外部技术和内部研发交流互动。

科技服务按服务内容的不同，可分为科研服务和技术服务。科研服务众包平台在全球的主要实践形式为学术交流和论文共享平台，在平台中可以查看最新的研究成果，并就相关学术问题进行交流，更多解决的是理论层面的技术问题，实践中以"社区模式"为主（见图10-7）。技术服务众包平台侧重于技术创新方案的交流，运营模式有所不同，可分为问题解决平台和创意生产平台。问题解决平台是指发包方将自己遇到的涉及技术、营销、管理等方面的问题发布在平台上，公开征集最合适的解决方案；创意产生平台通常是以发包方发起竞赛的形式征集创意，评选出入围创意、最优创意，并发放相应奖励。具体运营模式以"任务主题发布模式"为主（见图10-8）。发包方在发布任务的过程中，应设定任务主题，并设置相应的关键词，以方便用户在平台中查找任务，实现发包方和接包方的信息对接，任务发布模式的简便性和易查找性将大大提升任务的完成情况。

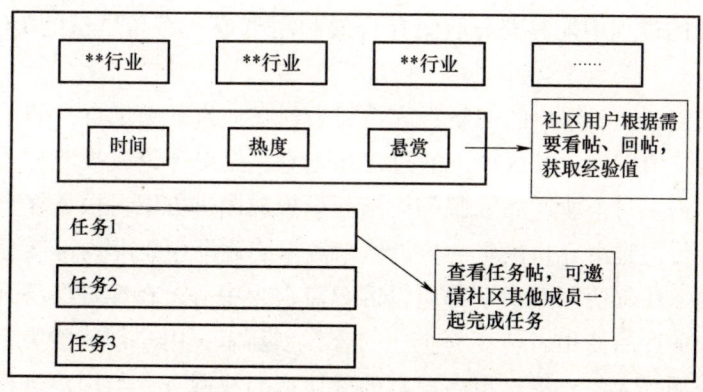

图 10-7　众包的"社区模式"

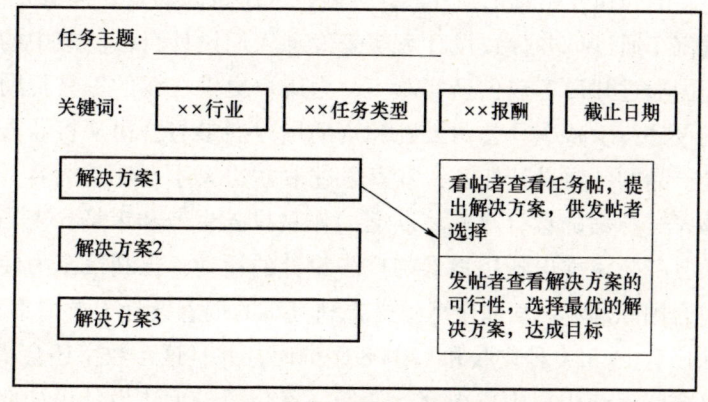

图 10-8　众包的"任务主题发布模式"

但截至目前,专注于科研领域,特别是科技服务类的众包平台在国内尚未出现,仅有的一家科技类众包平台"易科学"也只是关于科研实验和仪器设备的众包平台,并不提供其他科技服务。

二、开放式创新社区:用户生成内容

互联网推动了企业开放式创新与信息技术的深度融合,基于互联网的用户生成内容(User-Generated Content,UGC)成为企业创新的重要来源。为了降低外部用户参与企业内部创新的成本与风险,提高企业的创新绩效和竞争优势,越来越多的企业开始创建一种新的用户创新平台——开放式创新社区,如戴尔的 Idea Storm、星巴克的 My Starbucks Idea 等。开放式创新社区使得企业与外部用户之间的联系不受时间差异、地理边界和组织类型的影响,增强了企业与用户之间以及用户与用户之间的信息交流与资源共享,为企业在实施开放式创新的过程中能够充分收集并有效利用低成本、高质量的 UGC 提供了重要平台。

开放式创新社区用户的创新行为主要表现在:为了满足自身的个性化使用需求或个人价值实现,社区用户通过发布创意、提交评论或投票方式分享他们的经验或知识,对企业产品或服务提出新设想或改进方案。根据客户价值理论分析,企业价值是由客户决定的,价值来源重心逐渐由企业内部转移到企业外部,企业的一切价值创造活动都应以客户需求为中心。在客户经济环境下,用户已由单纯的产品使用者转变为企业的合作创新者,用户创新能为企业带来更多的知识资源,为用户提供更多满意的优质产品或服务,与用户进行价值共创是企业竞争优势的新来源。

越来越多的公司开始意识到开放式创新社区所带来的重要价值并付诸行动。例如,标致汽车通过举办标致设计大赛来发动人们设计自己梦想中的汽车;宝马汽车在德国通过开设客户创新实验室,为用户提供在线的工具帮助他们参与宝马汽车的设计;乐高玩具公司鼓励和资助用户们参与公司从机器人操纵系统到积木套装产品的各项设计任务;宜家通过举办"天才设计"大赛,吸引顾客参加多媒体家居方案的设计,并将获奖的作品投入生产和市场;麦当劳、万事达卡、欧莱雅等公司推出让用户参与广告设计的活动;吉利汽车为使其车标更美观且更符合国际潮流,面向全球喜爱吉利汽车的创意设计人员征集车标设计;搜狗输入法已有 19 354 种皮肤和 12 008 个词库,并且这个数字还会增长,如果不是用社区方式运营用户生成内容,任何一家公司也无法设计出如此多的输入法皮肤和词库。

阅读材料 10-2

星巴克推出 My Starbucks Idea

有谁比顾客和员工更了解企业？然而，企业的改革往往都是由内至外，并由高层管理者主导，导致不少改革不接地气。星巴克的 CEO 兼创始人霍华德·舒尔茨认为只有员工和顾客才是最了解星巴克的人，于是在 2008 年 3 月 19 日推出 My Starbucks Idea 网站，通过互联网收集用户意见，改善服务，增强顾客的正面体验。意见分为三大类：第一类是和产品有关的，例如新产品、咖啡味道等；第二类是和体验有关的，例如店的环境、音乐、付款方式等；第三类是和社区有关的，例如社会责任、社区互动等。

五年内 My Starbucks Idea 共收到超过 15 万条意见，有 277 个建议被采纳，网站上登记用户的投票就超过二百万，参与度非常高。最近几年，每天都有超过 70 项意见被采用，通过这个平台，星巴克管理者更加了解员工、顾客和市场的想法，从而能更有效地推动管理创新。

三、公司创业投资

公司创业投资（Corporate Venture Capital，CVC）是在位企业以获取投资回报和竞争资源为目的，对创业企业开展的股权类投资行为，作为一种内向型开放式创新，CVC 已经成为在位企业获得创新技术和开展产业整合的重要手段。传统的独立风险投资公司以追求财务回报为主要目的，因此希望通过 IPO（Initial Public Offering，首次公开募股）、并购或二次出售部分或全部股权以退出，但 CVC 的首要目标往往是对公司有价值的战略回报，在一定时期内的财务目标往往仅以盈亏平衡为满足线。

CVC 的活动领域通常有如下特点：①处于激烈技术变革、高度竞争、弱独占性的行业；②处于创业企业作为重要创新来源的行业；③企业如果占有更强的技术及市场资源，在 CVC 领域更活跃。由此可见，CVC 的投资活动对母公司的长期发展战略至关重要。自 Intel Capital 公司 1998 年介入我国风险资本市场以来，许多知名的公司在中国设立 CVC，例如西门子创投、Google Venture、Microsoft Ventures 等。国内也出现了很多优秀的 CVC，例如联想旗下的乐基金、联想之星、君联资本，百度旗下的百度投资部，阿里巴巴的阿里资本等。CVC 活动具有明确的战略目标，一般与其母公司的业务紧密相连，能够为初创企业提供资金和技术支持。例如百度投资部专注于互联网及移动互联网领域、阿里资本专注于电子商务及相关行业的投资。近年来，国内越来越多的上市公司也开始积极地开展 CVC 活动，借助于风险投资机构来设立并购基金，实现外延式的发展战略。

开放式创新活动的创新绩效主要包括：战略创新、技术创新、管理创新、制度创新等，CVC 的绩效主要分为财务目标和战略目标，所以在讨论 CVC 对于开放式创新活动实现时，主要集中在研究活动的战略目标上，CVC 从以下三个方面促使开放式创新战略目标得以实现：

（一）提高企业技术创新的效率

CVC 所锚定的风险企业一般来讲都为初创型企业，组织灵活，技术人才占比较大，其技术创新效率比大公司更高，所以企业进行 CVC 能够显著提高技术创新效率。此外，当企业内部研发受阻，技术创新效率低时，CVC 是提高企业技术创新效率的一个最佳途径，刘建香（2008）研究提升技术创新效率途径时发现，在技术购买、技术联盟、企业风险投资等几个途径中，公司风险投资方式在所需投资、所需时间和战略灵活性都处于非常有利的地位，CVC 的优势是明显的。

（二）实现业务多元化

企业进行风险投资活动时通常已经发展较为成熟，有业务扩张需求但缺乏相关行业技能。有研究表明，企业在进入新行业时，自身的新业务拓展费用远高于与已在行业的企业进行合作，而 CVC 通过股权投资扩张新业务，选择风险企业进行培育，投入成本少，技术要求低，投入效果明显。

（三）促进投资公司主营业务增长

（1）投资于母公司主营业务所在行业的风险企业。CVC 能够显著提高企业的技术创新与研发效率，势必会提高产品或服务的质量，体现出差异性，在众多同类产品中脱颖而出，进一步形成品牌价值，有效提升产品的核心竞争力。

（2）投资于公司的上下游产业。上游能够提供原料，下游关乎市场和销售，若投资上下游产业，能够很好地利用上游压缩生产成本，利用下游扩大市场份额。

安德鲁·罗曼斯（Andrew Romans）在 2018 年出版的《创投帝国：企业风险投资策略与最佳实践》一书中提出，大企业如果想进行风险投资，建议向 SAP、微软等公司学习，先向其他风投基金投资（即 Fund of Funds，FoF），再进行直接投资，这样有助于实现战略目标和财务目标，又能有力掌控自己的直接投资计划。FoF 是一种专门投资于其他证券投资基金的基金，对于大企业而言，选择投资领域时首先要考虑的是自己的核心业务与边缘业务,但在 VUCA 时代,可能存在的巨大投资机会往往与企业现有业务毫不相关。没有人能够预知未来,撒开一张大网能够让企业始终关注整个大环境,而整合的企业风投战略 FoF 能够让企业省去撒网这一步。

阅读材料 10-3

西班牙电信风投公司的 FoF

西班牙电信集团创立于 1924 年,是世界上最大的电信运营商之一,业务涵盖语音、数据和电视的有线/无线运营,2017 年销售收入超 700 亿美元,税前利润 110 亿~120 亿美元。最近,西班牙电信集团在欧洲和南美洲投资了 5 家风投基金,投资额通常在基金中占比 20%~33%。在每次投资前,以下三个因素是被着重考虑的:①是否能使公司在战略上受益;②是否能够获得稳健的财务和资本回报;③是否能够对当地监管机构和地方政府的关系产生积极影响。FoF 的实践帮助西班牙电信风投公司达成了多笔交易,并且给西班牙电信集团的直接投资带来强大的协同效应。

四、企业内部孵化器

企业内部孵化器(Corporate Incubator)是企业开展开放式创新实践的重要组织形式。与独立运营的商业孵化器不同,企业内部孵化器公司并非独立存在的法人实体,而是作为一个职能部门被设置在母公司内部,运营资金通常来自于母公司的财务拨款而非自身运营收入,其目标也往往不是追求短期经济回报,而是通过与创业团队有效合作,丰富母公司的创新生态并激发母公司内部的"企业家精神",从而激活企业内部创新。

"在位者诅咒"使传统企业内部在突破性创新上乏善可陈,逐步演变为官僚机构。对企业而言,公司孵化器是其践行开放式创新理念的运作平台,是新技术"中途休息的驿站"(切萨布鲁夫,2003),是创业团队与内部官僚机构之间的缓冲区域。内部孵化器承担了内向型开放式创新和外向型开放式创新两种功能。

(1) 内向型开放式创新。固化的组织架构和管理流程使得传统企业厌恶风险,突破性创新很难在官僚机构内部产生并被接受,这导致企业面对带有巨大不确定性的突破性技术时相对保守,内部孵化器引入外部技术资源,降低企业创新成本,加快创意和技术的商业化进程。

(2) 外向型开放式创新。企业可以通过公司内部孵化器提供技术的外部商业化渠道，借此构建"二次评估"机制，纠正对内部技术成果的假阴性判断错误。由于信息不充分，业务部门在对某项内部技术成果进行市场前景预判时，通常会犯假阳性和假阴性两类错误。假阳性错误是指认定某项技术很有发展前景，并给予资源支持其发展，但市场检验的最终结果是失败，这类显性错误在商业化进程中很容易被发现。相反，如果最初判定某项技术并无商业化价值并拒绝进一步投资，但此判定由于其他公司将该技术市场化成功而被证伪，则为假阴性错误。假阴性错误在一个厌恶风险的组织内可能非常普遍，但只有当该技术商业化成功时才能被发现。逻辑上，避免任何一种类型错误的尝试都会提高另一种类型错误发生的可能性，偏向任何一种错误都会增加错误总量。公司孵化器提供的外部商业化渠道可以弥补母公司缺乏管理假阴性错误的短板。即使在孵的技术成果在最初评估中不被业务部门看好，但若其在外部商业化进程中被证明成功，母公司还可以借助当初的投资回购这些创业团队，纠正最初假阴性的判断错误。

图10-9显示了公司内部孵化器结构以及相应的资源流，由图可见，相较于传统独立孵化器，公司内部孵化器的主要资源提供方是母公司，提供了办公环境、财务、行政、法律、知识产权、供应链等有形资源，以及品牌、技术咨询、组织建议、客户网络、跨部门协同等无形资源。公司内部孵化器整合外部资源方的功能虽然被削弱，但依然被保留。当创业团队的服务需求日益复杂，尤其当其业务范围已经拓展到母公司业务组合之外时，单纯来自母公司的资源可能并不能完全满足创业团队的服务需求。届时公司孵化器需要引入部分外部资源对母公司直接对接的资源流进行补充，并借此分散孵化风险，外部资源方包括了专业服务公司、高校和研究所、风险投资方等。

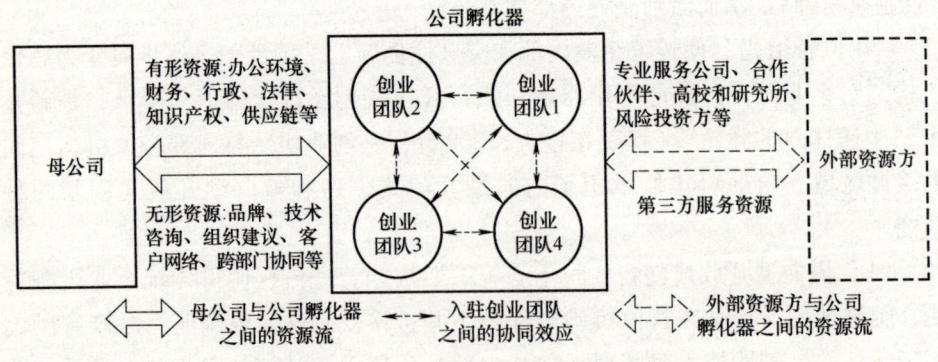

图10-9　公司内部孵化器结构与资源流

在传统体系的基础上，母公司的引入使得公司孵化器的网络体系较为复杂。

公司孵化器在网络体系中的核心地位受到削弱，弱化为母公司开放式创新战略执行机构的角色，充当母公司、创业团队和外部资源方之间的资源掮客和管理平台。创业团队由于经验缺乏而迫切需求的信息、知识以及资本等资源，大部分是通过公司孵化器从母公司各相关职能部门直接导入，而非由外部资源方提供。

公司内部孵化器在运营中肩负母公司与创业团队之间资源对接的功能，并将两者在一定程度上予以隔离，弱化了彼此在激励机制以及公司文化上的冲突。

五、中小企业的开放式创新实践

大企业的开放式创新经验不能直接照搬于小企业，主要有以下四个原因：①小企业没有创新项目组合，没有必要将所有的创新活动放入一个封闭式开放的创新漏斗之中；②小企业开放式创新的研究只有在广阔的商业模式框架下进行才有意义；③小企业开放式创新的负责人是企业家或创始人，而大公司往往指定专门的经理人来负责开放式创新；④小企业的开放式创新采取的是网络形式，这与大企业创新管理网络的方式截然不同，他们靠私人关系、信任、快速决策，非正式沟通是他们与创新合作者交流的主要特点，他们以有限的财务、人力资源和薄弱的技术力量去找寻外部创新来源，这要求他们扮演创新网络管理者的角色，这对于小企业的挑战是他们往往只有管理自己公司的能力。

弗雷德里克·范海沃贝克（Frederik Vanhaverbeke）在2017年出版的著作《中小企业的开放式创新》中提出中小企业开放式创新必须建立自己的框架。当小企业家意识到战略需要调整的时候，开放式创新就可以开始了。中小企业开放式创新的模型，见图10-10。

第一步是寻找新的商业机会。此时，企业家能够预先洞察某个产品或商业模式所蕴含的创业机遇。这种洞察建立在他们多年的行业经验以及对商业趋势和新技术信息的预判之上，但这只是一个模糊的商业构想。

第二步是构建商业模式，并制定创造价值的战略。第一步的商业构想往往包括一系列未经检验的假设，这些假设只有在接触到潜在客户后才能被验证，其中一些假设很可能是错误的。如果是这样的话，企业家需要对假设进行调整，最终能够清晰地获得一个可行的价值主张及如何捕获价值的方式。

第三步在寻找外部关键资源和技术中引入了开放式创新。当中小企业专注于对商业模式进行重大调整以抓住新的商机时，他们往往缺少实施这一调整所

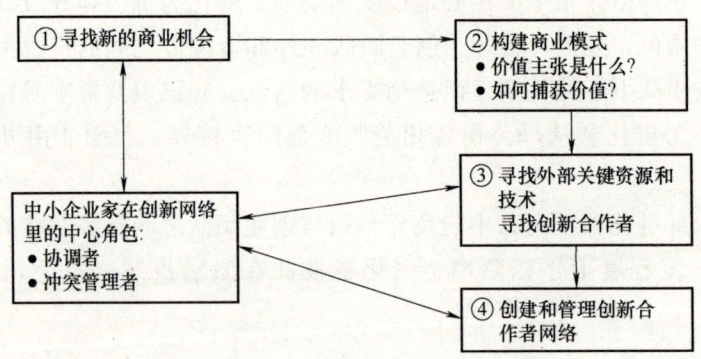

图 10-10　中小企业开放式创新的模型

需的能力和财务资源，从而不得不寻找创新合作者。这一寻找过程会催生与一个或多个创新合作者建立长期关系网络。

第四步是创建和管理创新合作者网络。创新网络不会自然而然地建立起来，参与者需要从中获利而不损害自身利益，这时企业家必须扮演合作者网络的创建者和管理者的角色。管理创新网络是中小企业开放式创新的关键过程，企业家必须明确规则，以便为合作者提供支持，并在出现背叛行为时给予惩罚。在创新网络中，合作伙伴的关系有时候会紧张，因此，企业家需要具备高超的冲突管理技巧。

第五节　风险与防范

创新必然伴随风险，由于经济社会环境的复杂性和不确定性，技术创新的高难度和超前性以及市场的多变性，使得开放式创新客观上存在风险。

一、开放式创新的风险

（一）基本/通识风险

1. 政策风险

政策风险是由于国家经济政策的剧烈调整而导致的不确定而增加的风险，政策/法规上的变动将引发对创新活动不同程度的鼓励或限制。

2. 市场风险

创新成功与否取决于商业化是否实现，市场的高度不确定性使开放式创新常常面临风险,包括市场需求风险、市场供给风险、进入时机风险和市场竞争风险。

3. 资金风险

创新资金供给不充分或不及时都将导致创新错失良机、停滞甚至失败。

4. 技术风险

开放式创新中涉及大量的技术流入与流出,将面临以下风险:①技术评估风险(对投资大、周期长的技术研发进行评估难以预测);②技术成熟度风险(新技术的不成熟性、技术转移可能不成功);③技术变化风险(技术的变化与更迭加速,购买的技术可能很快被超越、遗弃);④技术商业化风险(生产制造能力的局限、商业推广的失败)。

(二)边界模糊下的战略伙伴选择与协作关系风险

劳尔森和索尔特(Laursen &Salter,2006)通过实证研究提出开放式创新与绩效之间的关系呈倒 U 形,即开放度对企业绩效的影响存在一个由促进到阻碍作用的转变,说明过度开放对企业具有负面影响,更为严重的会促使企业文化和组织结构发生变革,增加管理上的难度和技术泄露等风险。

由于开放式创新下的组织边界可渗透,在战略伙伴的选择上,存在两种风险:一是最优性风险,如何保证所选伙伴是最优合作伙伴;二是确定最佳研发周期的风险,若双方步调不一致,容易出现冲突和矛盾。

协作关系风险指的是开放式创新合作方由于协作不完全导致的风险,包括因信任、沟通和交流导致的风险,也包括了由于组织结构、企业文化和技术水平等方面的差异,合作主体在融合管理过程中出现的不协作行为带来的风险。在合作伙伴关系管理上,如果没有切实可行的协调机制来及时调和各方之间的矛盾,容易造成管理结构混乱,导致在合作中各方面的不配合,危及创新绩效。

(三)创新模仿与知识产权风险

开放式创新以一种更加开放的战略性的角度来看待知识和创新源,相对以往的创新而言,开放式创新中涉及更广泛和更核心的知识转移,并且参与知识转移的主体更加多元化,因此,在开放式创新中知识转移的风险程度也相对较高。

在知识产权评估中,首先是评估该知识产权在企业现有商业模式中的价值,对于无法实现价值的知识产权,才会考虑转让,这个过程极易出现"假阳性"或"假阴性"现象;其次是定价问题,一项新技术的经济价值是潜在的,不同的商业模式创造出的价值可能不同,所以价格极难评估,加之双方存在信息不对称,有刻意压价或抬价的可能。

另外,由于我国知识产权法规政策以及法律保护体系不够完善,在开放式创新过程中,可能因技术外泄导致创新模仿和侵权风险。例如,在客户或供应商参与的开放式创新中,企业的目的是从客户那里寻求创新思想和可能的商业机会,但可能面临将自身核心知识暴露给对方的风险。参与创新的客户或供应商可能为了获得利益而将企业的知识或技术要点,或者目前的创新目标和进程外泄给竞争对手。

(四)人员流失与激励风险

开放式创新的合作主体间都有稀缺的且互补的知识资源,这些知识的有效转移将要求各创新主体间相关人员的积极参与,这个过程为合作方了解彼此的技术骨干提供了良好的机会。但在合作结束后,合作的一方可能以高薪等方式掠夺本企业的核心人才资源,使企业由于关键技术人才的流失导致积累的技术诀窍等知识产权的流失。恩克尔等(Enkel et al., 2009)通过对107家欧洲企业的研究,显示过度开放使企业的长期绩效受到负面影响,企业还会产生对外部资源的过度依赖,导致对内部员工的创新成果给予的有效激励不足。如果激励机制没有充分体现公平原则,使合作各方承担的创新风险与获得的创新收益不相匹配,就会导致创新积极性低下,开放式创新将面临失败的风险。

在自由市场环境下员工的流动性是很难控制的问题,虽然很多企业会签订保密协议或竞业协议等,但是开放式创新的合作方可能是供应商、科研机构等非直接竞争的机构,不受竞业协议约束。另外,风险投资机构的蓬勃发展为核心员工"自立门户"提供了助力。

二、风险防范

(一)技术全面评估

对投资大、周期长、收益不确定的开放式创新项目,立项前要进行全面、准确的风险评估和可行性研究;要避免技术不成熟时进入市场;要及时监测技术更新与变化。

(二)加强过程控制

在开放式创新过程中对创新人员、研究进程、技术开发等进行有效控制,对员工信息及其新想法、新创意、新知识进行有效的处理,使创新团队人才不会因得不到重视而离开企业。利用信息技术、互联网、云计算等先进工具,有力控制广泛分布于各个节点的信息与技术。

（三）合理选择战略伙伴

克服机会主义行为,选择信用度高的伙伴进行合作。设立顺畅有效的沟通交流机制,进行充分的信号传递和全方位的信息沟通交流,使各方对创新项目的认同高度一致。建立开放包容的合作组织框架,使技术思想、技术平台各异的合作伙伴间的技术衔接无阻。

（四）完善合作契约规范

增加参与者知识产权保护意识,采用合作契约规范参与成员间的机会主义行为,确保知识产权不会外泄。在合作契约中明确界定已有知识产权,对新产生的知识产权的归属和分配也要指明,防止有人利用合同、契约的漏洞谋取私利,危害开放式创新的整体利益。

【要点回顾】

进入信息时代之后,原本聚焦于企业内部的封闭式创新受到极大挑战,创新要素的分布不再仅集中于企业内部,组织边界从完全封闭逐渐变成局部渗透、可渗透、完全开放的状态,创新范式逐步转向开放式创新。开放式创新使技术的研发不再像封闭式创新那样在严格封闭的企业边界内秘而不宣地进行,技术可以在一定条件下穿过企业的边界,在企业内部和外部进行流动和重新组合。本章介绍了开放式创新的运行机制,并逐一解读了众包、UGC 社区、企业风险投资、内部孵化器等在中国落地生根的开放式创新实践,并概括了开放式创新的风险与防范措施。

【复习题】

1. 在研究阶段,企业的开放式创新举措可以是（　　）。
   A. 项目只能由企业外部往内流动
   B. 内部难以继续开发的项目可以往外流动
   C. 严格保密禁止流动
   D. 以上都不对

2. （　　）属于封闭式创新。
   A. 合作研发　　　　　　　　　　B. 技术许可
   C. 技术并购　　　　　　　　　　D. 中央实验室

3. （　　）不是 CVC 活动领域的常见特点。
A. 处于激烈技术变革、高度竞争、弱独占性的行业
B. 处于创业企业作为重要创新来源的行业
C. 企业占有更强的技术及市场资源
D. 企业主营业务是金融

参考文献

[1] 阿德纳. 广角镜战略：企业创新的生态与风险［M］. 秦雪征，谭静，译. 南京：译林出版社，2014.

[2] 阿尔弗洛德. 创造股东价值［M］. 昆明：云南人民出版社，2002.

[3] 埃里克森，普尔. 刻意练习：从新手到大师［M］. 王正林，译. 北京：机械工业出版社，2016.

[4] 埃利斯. 理性行为情绪疗法［M］. 郭建，叶建国，郭本禹，译. 重庆：重庆大学出版社，2015.

[5] 阿拉奥. 潜力：21世纪英才新标准［J］. 哈佛商业评论，2014，6（9）：5-6.

[6] 安德鲁. 创投帝国——企业风险投资策略与最佳实践［M］. 周宏亮，唐英凯，译. 北京：中国人民大学出版社，2018.

[7] 安德斯. 最佳猎头的秘密：如何识别并留住一流人才［M］. 全虹，译. 北京：中国电力出版社，2012.

[8] 安科纳，布雷斯曼. 外向型团队：如何创建引领潮流的成功队伍［M］. 唐森，译. 北京：商务印书馆，2009.

[9] 巴纳德. 经理人员的职能［M］. 王永贵，译. 北京：机械工业出版社，2013.

[10] 班杜拉. 思想和行动的社会基础：社会认知论［M］. 林颖，等译. 上海：华东师范大学出版社，2018.

[11] 卢克斯，斯旺，格里芬. 设计思维：PDMA新产品开发精髓及实践［M］. 马新馨，译. 北京：电子工业出版社，2018.

[12] 博克顿. 项目管理之美［M］. 李桂杰，黄明军，译. 北京：机械工业出版社，2009.

[13] 布莱恩. 技术的本质［M］. 曹东溟，王健，译. 杭州：浙江人民出版社，2018.

[14] 德普雷，肖维尔. 知识管理的现状和未来［M］. 刘庆林，译. 北京：人民邮电出版社，2004.

[15] 成素梅，孙越. 维基百科的知识评价基础［J］. 自然辩证法研究，2018（2）：48-53.

[16] 陈曦，王执铨. 决策支持系统理论与方法研究综述［J］. 控制与决策，2006，21（9）：961-968.

[17] 戴尔，葛瑞格森，克里斯坦森. 创新者的基因［M］. 曾佳宁，译. 北京：中信出版社，2013.

[18] 达里奥. 原则［M］. 刘波，綦相，译. 北京：中信出版社，2017.

[19] 稻盛和夫. 赌在技术开发上［M］. 曹寓刚，译. 北京：机械工业出版社，2017.

[20] 大野耐一. 大野耐一的现场管理 [M]. 崔柳, 译. 北京: 机械工业出版社, 2016.
[21] 德鲁克. 管理: 使命、责任、实践 (使命篇) [M]. 陈驯, 译. 北京: 机械工业出版社, 2006.
[22] 德鲁克. 后资本主义社会 [M]. 傅振焜, 译. 北京: 东方出版社, 2009.
[23] 德鲁克. 创新与企业家精神 [M]. 蔡文燕, 译. 北京: 机械工业出版社, 2018.
[24] 邓舒夏. 手机摄像头越做越强大, 相机厂商如何应对? [EB/OL]. (2018-12-18). [2019-07-25]. https://www.cbnweek.com/articles/normal/23047.
[25] 德韦克. 终身成长: 重新定义成功的思维模式 [M]. 楚祎楠, 译. 南昌: 江西人民出版社, 2017.
[26] 蒂尔, 马斯特斯. 从0到1: 开启未来商业的秘密 [M]. 高玉芳, 译. 北京: 中信出版社, 2015.
[27] 丁俊武, 杨东涛, 曹亚东, 等. 情感化设计的主要理论、方法及研究趋势 [J]. 工程设计学报, 2010, 17 (1): 12-18.
[28] 菲尔普斯. 大繁荣 [M]. 余江, 译. 北京: 中信出版社, 2018.
[29] 芬恩, 拉斯金诺. 精准创新: 如何在合适的时间选择合适的创新 [M]. 中欧国际工商学院专家组, 译. 北京: 中国财富出版社, 2015.
[30] 冯优达. 浅谈矩阵管理在现代企业管理中的应用 [J]. 商业文化, 2015 (12): 47-48.
[31] 格兰特. 离经叛道: 不按常理出牌的人如何改变世界 [M]. 王璐, 译. 杭州: 浙江大学出版社, 2016.
[32] 格雷, 拉森. 项目管理 [M]. 郝金星, 袁胜南, 徐涛, 等译. 4版. 北京: 人民邮电出版社, 2013.
[33] 葛文德. 清单革命 [M]. 北京: 北京联合出版公司, 2017.
[34] 耿瑞利, 申静. 社交网络用户知识共享研究: 特征, 内容与展望 [J]. 图书情报知识, 2018 (1): 16-26.
[35] 明茨伯格. 卓有成效的组织 [M]. 北京: 中国人民大学出版社, 2002.
[36] 黄乾贵, 张艳. 人工智能的发展现状与展望 [J]. 煤矿机械, 2002 (4): 10-11.
[37] 黄希庭, 郑涌. 心理学导论 [M]. 3版. 北京: 人民教育出版社, 2015.
[38] 江积海. 基于价值网络的开放式创新——京东方的案例研究 [J]. 研究与发展管理, 2009, 21 (4): 60-67.
[39] 贾夏帕拉. 知识管理: 一种集成方法 [M]. 安小米, 译. 北京: 中国人民大学出版社, 2013.
[40] 杰克逊. 适于管理者的创造性整体论 [M]. 高飞, 李荫, 译. 北京: 中国人民大学出版社, 2005.
[41] 吉诺. 好奇心的商业价值 [J]. 哈佛商业评论, 2018 (9-10): 12-14.
[42] 卡梅隆, 奎因. 组织文化诊断与变革 [M]. 北京: 中国人民大学出版社, 2006.
[43] 科特勒, 凯勒. 营销管理 [M]. 王永贵, 译. 北京: 中国人民大学出版社, 2012.

[44] 克里斯坦森. 创新者的窘境［M］. 胡建桥, 译. 北京：中信出版社, 2014.
[45] 科兹纳. 项目管理2.0：利用工具、分布式协作和度量指标助力项目成功［M］. 傅永康, 周思雯, 计浩耘, 译. 北京：电子工业出版社, 2016.
[46] 莱斯. 精益创业［M］. 吴彤, 译. 北京：中信出版社, 2012.
[47] 莱斯. 精益创业：新创企业的成长思维［M］. 北京：中信出版社, 2012.
[48] 唐斯、纽恩斯. 大爆炸式创新［M］. 粟之敦, 译. 杭州：浙江人民出版社, 2014.
[49] 梁林梅, 孙俊华. 知识管理［M］. 北京：北京大学出版社, 2011.
[50] 李海波, 刘则渊. 系统思考及其在知识管理中应用分析［J］. 科学与管理, 2011 (4)：28-32.
[51] 李立. 腾讯产品法［M］. 杭州：浙江大学出版社, 2018.
[52] 柳海青. 文档管理系统设计［J］. 中小企业管理与科技, 2018 (21)：172-173.
[53] 刘劲松, 胡必刚. 华为能, 你也能：IPD重构产品研发［M］. 北京：北京大学出版社, 2015.
[54] 刘旭东. RSS技术在数字图书馆知识服务中的应用［J］. 情报科学, 2011, 29 (11)：1684-1687.
[55] 李旭, 徐永式, 绳鹏. 关键人和关键意见领袖［J］. 企业管理, 2005 (2)：32-35.
[56] 李志刚. 知识管理原理、技术与应用［M］. 北京：电子工业出版社, 2010.
[57] 龙圣杰. 基于用户需求和产品层次的设计思路探讨［J］. 机械设计, 2013, 30 (6)：126-128.
[58] 卢克斯. 设计思维简介［M］. 马新馨, 译. 北京：电子工业出版社, 2018.
[59] 迈尔斯. 社会心理学［M］. 侯玉波, 等译. 北京：人民邮电出版社, 2016.
[60] 麦格尼格尔. 自控力：和压力做朋友［M］. 王岑卉, 译. 北京：北京联合出版公司, 2017.
[61] 麦考德. 奈飞文化手册［M］. 范珂, 译. 杭州：浙江教育出版社, 2018.
[62] 波特. 国家竞争优势［M］. 李明轩, 邱如美, 译. 北京：中信出版社, 2012.
[63] 塔什曼, 奥赖利三世. 创新跃迁：打造决胜未来的高潜能组织［M］. 成都：四川人民出版社, 2018.
[64] 马赛. 基于知识管理的企业最佳实践模式设计［J］. 现代经济信息, 2011 (14)：27-28.
[65] 马斯洛. 动机与人格［M］. 许金声, 译. 北京：中国人民大学出版社, 2012.
[66] 米尔顿, 拉姆. 知识管理：为业绩赋能［M］. 张丽娜, 吴庆海, 译. 北京：人民邮电出版社, 2018.
[67] 米勒. IESE最受欢迎的创新课［M］. 魏群, 译. 北京：中信出版社, 2013.
[68] 摩尔. 跨越鸿沟［M］. 赵娅, 译. 北京：机械工业出版社, 2009.
[69] 莫斯. 魔法师与他的学徒们：MIT媒体实验室的创新密码［M］. 邱乎, 赵佳琪, 译. 北京：中信出版社, 2016.

[70] 罗宾斯，贾奇. 组织行为学 [M]. 孙健敏等，译. 16版. 北京：中国人民大学出版社，2016.

[71] 罗杰斯. 创新的扩散 [M]. 唐兴通，郑常青，张延臣，译. 北京：电子工业出版社，2016.

[72] 乔治，西蒙斯. 真北：125位全球顶尖领袖的领导力告白 [M]. 刘祥亚，译. 广州：广东经济出版社，2008.

[73] 契克森米哈赖. 心流：最优体验心理学 [M]. 北京：中信出版社，2018.

[74] 秦长江，侯汉清. 知识图谱——信息管理与知识管理的新领域 [J]. 大学图书馆学报，2009，27（1）：30-37.

[75] 桑瑟兰. 敏捷革命：提升个人创造力与企业效率的全新协作模式 [M]. 蒋宗强，译. 北京：中信出版社，2017.

[76] 沙龙. 试错：通过精益用户研究快速验证产品原型 [M]. 北京：电子工业出版社，2017.

[77] 沙因. 组织文化与领导力 [M]. 北京：中国人民大学出版社，2014.

[78] 圣吉. 第五项修炼 [M]. 张成林，译. 北京：中信出版社，2009.

[79] 盛小平. 知识管理：原理与实践 [M]. 北京：北京大学出版社，2009.

[80] 舍伍德. 系统思考 [M]. 刘昕，译. 北京：机械工业出版社，2014.

[81] 斯莱沃斯基. 需求：缔造伟大商业传奇的根本力量 [M]. 龙志勇，魏薇，译. 杭州：浙江人民出版社，2013.

[82] 斯洛曼，费恩巴赫. 知识的错觉 [M]. 祝常悦，译. 北京：中信出版社，2018.

[83] 施密特，罗森伯格，伊格尔. 重新定义公司：谷歌是如何运营的 [M]. 靳婷婷，译. 北京：中信出版社，2015.

[84] 苏杰. 人人都是产品经理2.0：写给泛产品经理 [M]. 北京：电子工业出版社，2017.

[85] 索贝尔. 经度：一个孤独的天才解决它所处时代最大难题的真实故事 [M]. 肖明波，译. 上海：上海人民出版社，2015.

[86] 科普兰，科勒，默林，等. 价值评估：公司价值的衡量与管理 [M]. 高建，等译. 北京：电子工业出版社，2002.

[87] 唐钦能，高峰，王金平. 知识地图相关概念辨析及其研究进展 [J]. 情报理论与实践，2011，34（1）：121-125.

[88] 坦姆仆. 激励知识工作者 [M]. 珠海：珠海出版社，1998.

[89] 特维施，尤里奇. 下一个大机遇：如何选择和创造最佳机遇 [M]. 许岚，译. 北京：中国人民大学出版社，2012.

[90] 田书格. 知识组织浅论 [J]. 图书馆理论与实践，1999，3：3-5.

[91] 田效勋，柯学民，张登印. 过去预测未来：行为面试法 [M]. 北京：中国轻工业出版社，2018.

[92] 熊彼特. 熊彼特经济学全集 [M]. 李慧泉，刘霈，译. 北京：台海出版社，2018.

[93] 王本吉,郭琪,高国伟. 基于创新的现代知识型企业特征及其趋势分析——以 MAKE 获奖企业为对象 [J]. 改革与开放, 2019 (4): 8-11.

[94] 王淮,祝文让. 打造 Facebook——亲历 Facebook 爆发的 5 年 [M]. 北京: 文化发展出版社, 2013.

[95] 王季. 基于开放式创新的企业主导的产业链创新系统构建——以中国装备制造业复杂技术产品为例 [M]. 北京: 经济管理出版社, 2016.

[96] 王诗沐. 幕后产品: 打造突破式产品思维 [M]. 北京: 电子工业出版社, 2019.

[97] 王云霞. 用 Lotus Notes 实现企业的知识管理 [J]. 北京档案, 2004 (8): 35-35.

[98] 万斯. 硅谷钢铁侠: 埃隆·马斯克的冒险人生 [M]. 周恒星, 译. 北京: 中信出版社, 2016.

[99] 韦伯. 经济与社会 [M]. 上海: 上海人民出版社, 2010.

[100] 威格尔. 设计思维: 连接调研与概念设计的桥梁 [M]//卢克斯, 斯旺, 格里芬. 设计思维: PDMA 新产品开发精髓及实践. 马新馨, 译. 北京: 电子工业出版社, 2018.

[101] 魏晓平,肖贤勇. 人工智能与知识管理关系刍议 [J]. 科技管理研究, 2005, 25 (10): 72-74.

[102] 魏炜,朱武祥. 你门口的数码打印店是这样的商业模式 [J]. 2007 (4): 22-24

[103] 魏炜,朱武祥. 发现商业模式 [M]. 北京: 机械工业出版社, 2009.

[104] 魏炜,朱武祥. 重构商业模式 [M]. 北京: 机械工业出版社, 2010.

[105] 魏炜. 商业模式的经济解释 [J]. 中欧商业评论, 2011 (10): 50-55.

[106] 温伯格. 知识的边界 [M]. 胡泳, 高美, 译. 太原: 山西人民出版社, 2014.

[107] 西尔,克拉克. 场景: 空间品质如何塑造社会生活 [M]. 祁述裕, 吴军, 刘柯瑾, 译. 北京: 社会科学文献出版社, 2019.

[108] 希斯赞特米哈伊. 创造力: 心流与创造性心理学 [M]. 黄钰苹, 译. 杭州: 浙江人民出版社, 2015.

[109] 杨堃. 决胜 B 端: 产品经理升级之路 [M]. 北京: 电子工业出版社, 2019.

[110] 姚威,韩旭,储昭卫. 创新之道: TRIZ 理论与实战精要 [M]. 北京: 清华大学出版社, 2019.

[111] 叶英平,陈海涛,陈皓. 大数据时代知识管理过程, 技术工具, 模型与对策 [J]. 图书情报工作, 63 (5): 5-13.

[112] 易凌峰,朱景琪. 知识管理 [M]. 上海: 复旦大学出版社, 2008.

[113] 尤里奇. 通用电气案例 [M]. 柏满迎, 等译. 北京: 中国财政经济出版社, 2005.

[114] 约翰松. 美第奇效应 [M]. 刘尔铎, 杨小庄, 译. 北京: 商务印书馆, 2010.

[115] 曾润喜,王琳,杜洪涛. 基于知识管理视角的大数据研究网络与结构研究 [J]. 情报学报, 2016, 35 (11): 1173-1184.

[116] 张利华. 华为研发 [M]. 3 版. 北京: 机械工业出版社, 2017.

[117] 张芸. 基于知识图谱的国内云存储研究可视化分析 [J]. 科技创业月刊, 2017, 30

(15): 6-9.

[118] 钟华. 企业IT架构转型之道：阿里巴巴中台战略思想与架构实战［M］. 北京：机械工业出版社，2017.

[119] 郑文全. 知识管理和知识管理系统：概念基础和研究课题［J］. 管理世界，2012（5）：157-169.

[120] 周辉. 产品研发管理：构建世界一流的产品研发管理体系［M］. 北京：电子工业出版社，2012.

[121] 周良海，张长元. 知识联盟价值创造逻辑分析［J］. 南华大学学报（社会科学版），2007（1）：62-64.

[122] 竹内弘高. 创造知识的企业：日美企业持续创新的动力［M］. 北京：知识产权出版社，2006.

[123] AMIT R, ZOTT C. Value creation in e-business［J］. Strategic management journal, 2001, 22 (6-7): 493-520.

[124] ASHFORTH B E, MAEL F. Social identity theory and the organization［J］. Academy of management review, 1989, 14 (1): 20-39.

[125] BECK K, GRENNNING R, MARTIN R, et al. 敏捷软件开发宣言［EB/OL］. [2019-09-20] https://agilemanifesto.org/iso/zhchs/manifesto.html.

[126] BENNETT N, LEMOINE J. What VUCA really means for you［J］. Harvard Business Review, 2014, 92 (1-2): 11-14.

[127] BRAY D W, GRANT D L. The assessment center in the measurement of potential for business management［J］. Psychological Monographs: General and Applied, 1966, 80 (17): 1-27.

[128] CHANDY R K, TELLIS G J. The incumbent's curse? incumbency, size, and radical product innovation［J］. Journal of Marketing, 2000, 64 (3): 1-17.

[129] CHESBROUGH H W. Open innovation: The new imperative for creating and profiting from technology［M］. Cambridge: Harvard Business Press, 2003.

[130] CHESBROUGH H, CROWTHER A K. Beyond high tech: early adopters of open innovation in other industries［J］. R&d Management, 2006, 36 (3): 229-236.

[131] CHRISTENSEN J F, OLESEN M H, KJæR J S. The industrial dynamics of Open Innovation—Evidence from the transformation of consumer electronics［J］. Research policy, 2005, 34 (10): 1533-1549.

[132] CIALDINI R B, GOLDSTEIN N J. Social influence: Compliance and conformity［J］. Annual Review of Psychology, 2004, 55: 591-621.

[133] COLOM R, JUNG R E, HAIER R J. Distributed brain sites for the g-factor of intelligence［J］. Neuroimage, 2006, 31 (3): 1359-1365.

[134] CRANDALL C S, ESHLEMAN A, O'BRIEN L. Social norms and the expression and sup-

pression of prejudice: the struggle for internalization [J]. Journal of personality and social psychology, 2002, 82 (3): 359-361.

[135] CROPLEY A. In Praise of Convergent Thinking [J]. Creativity Research Journal, 2006, 18 (3): 391-404.

[136] EDERER F, MANSO G. Is pay for performance detrimental to innovation? [J]. Management Science, 2013, 59 (7): 1496-1513.

[137] ENKEL E, GASSMANN O, CHESBROUGH H. Open R&D and open innovation: exploring the phenomenon [J]. R&d Management, 2009, 39 (4): 311-316.

[138] GARRETT J J. Elements of user experience, the: user-centered design for the web and beyond [M]. New Jersey: Pearson Education, 2010.

[139] HASHMI A R. Competition and innovation: The inverted-U relationship revisited [J]. Review of Economics and Statistics, 2013, 95 (5): 1653-1668.

[140] HUNG K P, CHOU C. The impact of open innovation on firm performance: The moderating effects of internal R&D and environmental turbulence [J]. Technovation, 2013, 33 (10-11): 368-380.

[141] KANO N, TAKAHASHI F. The Motivator Hygiene Factor in Quality [C] //Japanese Society for Quality Control, Abstracts of the 9 Annual Presentation Meeting. 1979.

[142] KOLB D. Experiential learning: Experience as the source of learning and development [M]. New Jersey: Pearson Education, 2015.

[143] LAURSEN K, SALTER A. Open for innovation: the role of openness in explaining innovation performance among UK manufacturing firms [J]. Strategic management journal, 2006, 27 (2): 131-150.

[144] LEE Y C, SHEU L C, TSOU Y G. Quality function deployment implementation based on Fuzzy Kano model: An application in PLM system [J]. Computers & Industrial Engineering, 2008, 55 (1): 48-63.

[145] LEVASHINA J, HARTWELL C J, MORGESON F P, et al. The structured employment interview: Narrative and quantitative review of the research literature [J]. Personnel Psychology, 2014, 67 (1): 241-293.

[146] LICHTENTHALER U. Open innovation: Past research, current debates, and future directions [J]. Academy of management perspectives, 2011, 25 (1): 75-93.

[147] LOCKE E A, LATHAM G P. Building a practically useful theory of goal setting and task motivation: A 35-year odyssey [J]. American psychologist, 2002, 57 (9): 705-717.

[148] LOZADA M. Job Shadowing-Career Exploration at Work [J]. Techniques: Connecting Education and Careers, 2001, 76 (8): 30-33.

[149] MAGRETTA J. Why business models matter [J]. Harvard business review, 2002, 80 (5): 86-89.

[150] MAHADEVAN B. Business models for Internet-based e-commerce: An anatomy [J]. California management review, 2000, 42 (4): 55-69.

[151] MAINEMELIS C. Stealing fire: Creative deviance in the evolution of new ideas [J]. Academy of management review, 2010, 35 (4): 558-578.

[152] MASLOW A H. A theory of human motivation [M]. New York: Simon and Schuster, 2013.

[153] MAYER R C, GAVIN M B. Trust in management and performance: who minds the shop while the employees watch the boss? [J]. Academy of management journal, 2005, 48 (5): 874-888.

[154] MCCLELLAND D C. Human motivation [M]. London: CUP Archive, 1987.

[155] MULLANY M. 他分析了20年的Gartner技术周期，发现这些有趣的现象 [EB/OL]. [2017-09-06] (2019-07-25) https://36kr.com/p/5091656

[156] JOHNSON M W, CHRISTENSEN C M, KAGERMANN H. Reinventing your business model [J]. Harvard business review, 2008, 86 (12): 57-68.

[157] PILLER F T. Mass customization: reflections on the state of the concept [J]. International journal offlexible manufacturing systems, 2004, 16 (4): 313-334.

[158] RIES E, EUCHNER J. What large companies can learn from start-ups [J]. Research-Technology Management, 2013, 56 (4): 12-16.

[159] ROSS S C. The road to self-leadership development: Busting out of your comfort zone [M]. West York Shire: Emerald Group Publishing, 2015.

[160] SAXTON G D, KISHORE R. Rules of Crowdsourcing: Models, Issues, and Systems of Control [J]. Information Systems Management, 2013, 30 (1): 42-26.

[161] SCHILLING M. Strategic management of technological innovation [M]. 5th ed. New York: McGraw Hill Education, 2017.

[162] SCHMIDT F L, HUNTER J E. The validity and utility of selection methods in personnel psychology: Practical and theoretical implications of 85 years of research findings [J]. Psychological bulletin, 1998, 124 (2): 262-274.

[163] SHAPIRO S M. 24/7 Innovation [M]. New York: McGraw-hill, 2002.

[164] SLYWOTZKY A, WEBER K. Demand: Creating what people love before they know they want it [M]. London: Hachette UK, 2011.

[165] STEEL P, KÖNIG C J. Integrating theories of motivation [J]. Academy of management review, 2006, 31 (4): 889-913.

[166] TAYLOR A. The next generation: Technology adoption and integration through internal competition in new product development [J]. Organization Science, 2010, 21 (1): 23-41.

[167] VANHAVERBEKE W. Managing open innovation in SMEs [M]. Cambridge: Cambridge University Press, 2017.

[168] WALDROP M. The chips are down for Moore's law [EB/OL]. (2016-02-09) [2019-07-25] http://www.nature com/news/the-chips-are-down-for-moore-s-law-1.19338.

[169] WRZESNIEWSKI A, Dutton J E. Crafting a job: Revisioning employees as active crafters of their work [J]. Academy of management review, 2001, 26 (2): 179-201.

[170] ZHOU J. When the presence of creative coworkers is related to creativity: role of supervisor close monitoring, developmental feedback, and creative personality [J]. Journal of applied psychology, 2003, 88 (3): 413-422.